Le trasformazioni dell'impresa televisiva verso l'era digitale

European University Studies
Europäische Hochschulschriften
Publications Universitaires Européennes

Series XL
Communications

Reihe XL Série XL
Kommunikationswissenschaft und Publizistik
Média et Journalisme

Vol./Band 91

PETER LANG
Bern · Berlin · Bruxelles · Frankfurt am Main · New York · Oxford · Wien

Benedetta Prario

Le trasformazioni dell'impresa televisiva verso l'era digitale

PETER LANG
Bern · Berlin · Bruxelles · Frankfurt am Main · New York · Oxford · Wien

Bibliographic information published by Die Deutsche Bibliothek
Die Deutsche Bibliothek lists this publication in the Deutsche Nationalbibliografie; detailed bibliographic data is available on the Internet at ‹http://dnb.ddb.de›.

ISSN 0176-3725
ISBN 3-03910-685-6

Ai miei genitori

Abstract

Il principale obiettivo di questa ricerca è di analizzare la televisione da un punto di vista economico, descrivendo le principali caratteristiche di un'impresa televisiva – il prodotto, le risorse e la catena del valore – prima nella fase analogica e poi in quella digitale, così da evidenziare il mutamento che il passaggio da una all'altra sta determinando.

La storia economica della televisione europea può essere suddivisa in tre grandi fasi. La prima fase, che possiamo chiamare «fase del dominio monopolistico assoluto», ha impegnato soltanto imprese televisive pubbliche che rispondono essenzialmente alle logiche tipiche degli apparati di Stato, finanziandosi per mezzo della tassazione (canone). La seconda fase, consentita dalla liberalizzazione dell'accesso alle frequenze, ha visto l'avvento di imprese televisive commerciali a capitale privato che hanno strutturato il proprio *business* intorno alle entrate pubblicitarie. Negli ultimi anni poi, mentre le risorse primarie tradizionali (canone e pubblicità) hanno vissuto una situazione di crescita ridotta o addirittura di stagnazione, ha preso avvio la terza fase, contraddistinta dalle fortune di un nuovo modello imprenditoriale privato, quello della televisione a pagamento, che ha nei corrispettivi degli abbonati la principale fonte di ricavo.

La c.d. «rivoluzione digitale», che si manifesta nel progressivo intreccio di telecomunicazioni, informatica e contenuti grafici, audiovisivi e alfanumerici (convergenza), ha coinvolto direttamente anche il sistema radiotelevisivo. Le implicazioni più rilevanti da un punto di vista tecnologico della convergenza tra questi settori – con tutte le conseguenze a livello economico – sono le applicazioni multimediali e interattive al centro della televisione digitale.

Si cercherà, quindi, di capire quali sono i nuovi operatori coinvolti in questo processo, e quali le opportunità e le minacce che esso comporta.

Le implicazioni più rilevanti della televisione digitale sono ormai ben note: da una parte un uso più efficiente dello spettro hertziano, per via del fatto che la banda necessaria a trasmettere un canale televisivo in tecnica analogica permette di trasmettere fino a sei canali in tecnica digitale; dall'altra parte la possibilità di interconnettere il televisore alla linea telefonica domestica, impiegando così la televisione come vettore dei servizi associati ad Internet e sfruttando Internet per lo sviluppo di servizi televisivi interattivi.

La digitalizzazione trasforma non solo il modo in cui si guarda e si usa la televisione, ma anche il modo in cui l'impresa televisiva viene gestita. In un simile contesto di cambiamento, finora si sono per lo più svolte riflessioni concernenti i profili più strettamente tecnologici ed i risvolti sociali del processo in atto, ma non è stato fatto altrettanto per quanto riguarda le trasformazioni dell'impresa televisiva, che non potrà più limitarsi come prima ad offrire canali, ma dovrà trovare nuovi modelli organizzativi e produttivi, estendendo la propria proposta commerciale a servizi diversi ed ulteriori, e più in generale sviluppando in tempi rapidi di un modello imprenditoriale differente da quelli tradizionali.

Quanto profondi sono i cambiamenti a livello di prodotto, di risorse e di catena del valore? Quali sono i caratteri economici della nuova impresa televisiva e i suoi possibili modelli di business? È ancora possibile ed appropriato parlare d'impresa televisiva? Per rispondere a tali domande in modo concreto si è provveduto ad esaminare più da vicino il caso di BSkyB, che costituisce un punto di osservazione davvero ideale, non solo per essere l'impresa televisiva digitale attualmente di maggior successo in Europa, ma anche e soprattutto perché la sua offerta, ormai interamente digitale, è distribuita principalmente attraverso il satellite, il cavo e la rete terrestre.

Il principale risultato di questa ricerca sembra essere l'impossibilità di far rientrare l'impresa televisiva digitale in uno dei modelli economici già consolidati – l'impresa televisiva pubblica, l'impresa televisiva commerciale e l'impresa televisiva a pagamento – e la necessità di creare un nuovo modello di impresa che meglio si adatti alla realtà.

La principale caratteristica di questo nuovo modello è che esso offre non soltanto programmi televisivi, ma anche servizi interattivi. Per questa ragione sembra corretto parlare di «impresa televisiva multicanale e multiservizio». Nel suo insieme, l'offerta è caratterizzata da:

- servizi diffusivi (ossia programmi televisivi);
- servizi interattivi.

Per quanto riguarda i servizi diffusivi, l'offerta si distingue in canali ad abbonamento *basic*, canali ad abbonamento *premium*, canali *pay per view* e canali *near video on demand*. Ispirandosi all'offerta dell'impresa televisiva a pagamento e superando i limiti della tradizionale offerta monocanale, la proposta commerciale dell'impresa multicanale e multiservizio è organizzata in aggregazioni di canali (pacchetti) con prezzi di abbonamento differenti.

Per quanto riguarda i servizi interattivi, è importante ricordare la distinzione tra servizi interattivi legati ai programmi televisivi trasmessi, che consentono agli utenti di ricevere informazioni (attraverso la guida elettronica) sulla programmazione aggiornata in tempo reale e sui programmi del palinsesto settimanale oppure di selezionare autonomamente i punti di ripresa degli eventi sportivi e televotare, e i servizi interattivi indipendenti dalla programmazione televisiva, come ad esempio i servizi transattivi *(t-commerce)*, che permettono di fare acquisti, giocare, scommettere, gestire le proprie finanze, organizzare un sistema di contabilità domestica ecc.

Infine, per quanto concerne le risorse, oltre alle tradizionali fonti economiche legate ai servizi diffusivi, un'impresa multicanale e multiservizio può fare affidamento su:

- la pubblicità interattiva;
- la percentuale sul valore delle transazioni e del *t-commerce;*
- il diritto d'entrata che i fornitori dei servizi interattivi (banche, video, giochi *on-line*, operatori *t-commerce*, scommesse ecc.) pagano per esser presenti nel *walled garden;*
- la percentuale sulle entrate da traffico telefonico generato dall'utilizzo del canale di ritorno degli abbonati;
- la commercializzazione dei dati degli utenti dei servizi.

Sommario

Introduzione

La presente ricerca si propone di studiare l'evoluzione dell'impresa televisiva a fronte della sempre maggior diffusione della televisione digitale.

Com'è noto, la storia economica della televisione europea può essere sommariamente suddivisa in tre grandi fasi. La prima ha visto sulla scena unicamente imprese televisive pubbliche: è questa la fase del dominio monopolistico assoluto in cui il servizio televisivo ha risposto essenzialmente alle logiche tipiche degli apparati di Stato, finanziandosi per mezzo della tassazione (canone). La seconda fase, consentita dalla liberalizzazione dell'accesso alle frequenze, ha visto l'avvento di imprese televisive commerciali a capitale privato che hanno strutturato il proprio *business* intorno alle entrate pubblicitarie. Negli ultimi anni poi, mentre le risorse primarie tradizionali (canone e pubblicità) hanno vissuto una situazione di crescita ridotta o addirittura di stagnazione, ha preso avvio la terza fase, contraddistinta dalle fortune di un nuovo modello imprenditoriale privato, quello della televisione a pagamento, che ha nei corrispettivi degli abbonati la principale fonte di ricavo.

La c.d. «rivoluzione digitale», che si manifesta nel progressivo intreccio di telecomunicazioni, informatica e contenuti grafici, audiovisivi e alfanumerici (convergenza), è un processo d'innovazione apprezzabile a tre livelli: tecnologico, industriale e commerciale. Si tratta, in sintesi, di una trasformazione dei sistemi di produzione e trasmissione di informazioni che corrisponde al graduale passaggio da una società essenzialmente basata sulla produzione e il consumo di beni materiali ad una società in cui diventano centrali la produzione ed il consumo di beni immateriali (società dell'informazione). Questo processo d'innovazione, sotto il profilo tecnologico, ha coinvolto direttamente anche il sistema radiotelevisivo, dove la digitalizzazione delle reti di trasmissione (che ha inizialmente investito il settore del satellite e del cavo ed ora è matura per estendersi alle reti televisive terrestri) rende più veloce, potente e flessibile la distribuzione di contenuti e l'accesso a nuove forme di comunicazione interattiva.

Le implicazioni più rilevanti della televisione digitale sono ormai ben note: da una parte un uso più efficiente dello spettro hertziano, per via del fatto che la banda necessaria a trasmettere un canale televisivo in tecnica analogica permette di trasmettere fino a sei canali in tecnica digitale; dall'altra parte la possibilità di interconnettere il televisore alla linea telefonica domestica, sfruttando così la televisione come vettore dei servizi associati ad Internet e sfruttando Internet per lo sviluppo di servizi televisivi interattivi.

Oggi la televisione digitale porta già in quasi trenta milioni di famiglie europee una quantità e qualità di programmi e servizi impensabili per la televisione tradizionale, ma la prospettiva è di sostituire completamente in un periodo relativamente prossimo la televisione analogica presso tutte le famiglie europee (c.d. passaggio al «tutto digitale»). Per far ciò è di decisiva importanza l'introduzione della televisione digitale terrestre, attualmente in fase di avanzata sperimentazione in molti paesi europei, che permetterebbe tra l'altro di realizzare l'accesso universale ad Internet: in Europa, infatti, la televisione analogica ha un tasso di penetrazione (98% delle famiglie europee) notevolmente più elevato di quello del PC (pari al 50%).

In un simile contesto di cambiamento, finora è stata fatta una riflessione articolata sui profili più strettamente tecnologici ed i risvolti sociali del processo in atto, ma non altrettanto è stato fatto per quanto riguarda le trasformazioni dell'impresa televisiva, che dovrà trovare nuovi modelli organizzativi e produttivi e non potrà più limitarsi ad offrire canali, ma dovrà estendere la propria proposta commerciale a servizi diversi ed ulteriori, sviluppando in tempi rapidi un modello imprenditoriale differente da quelli tradizionali.

Obiettivi

Questo studio ha per obiettivo di descrivere ed analizzare in modo sistematico la televisione come impresa televisiva, esaminando gli elementi che la caratterizzano – *in primis* il prodotto, le risorse e la catena del valore – prima nella fase analogica e poi in quella digitale, sì da evidenziare il mutamento che il passaggio dall'una all'altra sta determinando. Poiché la televisione digitale è uno dei principali frutti della convergenza, si cerca inoltre di schematizzare tale concetto, studiando le figure coinvolte e le opportunità e i rischi che essa comporta.

Quanto profondi sono i cambiamenti a livello di prodotto, di risorse e di catena del valore? Quali sono i caratteri economici della nuova impresa televisiva e i suoi possibili modelli di *business*? È ancora possibile ed appropriato parlare d'impresa televisiva? Per rispondere a tali domande in modo concreto si è provveduto ad esaminare più da vicino il caso di BSkyB, che costituisce un punto di osservazione davvero ideale, non solo per essere l'impresa televisiva digitale attualmente di maggior successo in tutt'Europa, ma anche e soprattutto perché la sua offerta, ormai interamente digitale, è distribuita principalmente attraverso il satellite e il cavo, e attraverso la rete terrestre.

Attraverso questa analisi teorica, integrata da un'esperienza ‹sul campo›, s'intende verificare se l'impresa televisiva digitale rientra nei modelli economici già consolidati – l'impresa televisiva pubblica, l'impresa televisiva commerciale e l'impresa televisiva a pagamento – o se invece emerge un nuovo modello di impresa caratterizzato da elementi che la distinguono dai modelli precedenti. Si cercherà, quindi, di definire un nuovo modello di impresa televisiva nell'era digitale (c.d. impresa televisiva multicanale e multiservizio).

Piano dell'indagine

Questa ricerca ha per contesto generale di riferimento l'Europa ed è concettualmente suddivisa in tre parti: la prima, costituita dai capitoli nn. 1, 2 e 3, è dedicata all'economia televisiva tradizionale; la seconda, comprendente i capitoli nn. 4, 5 e 6, concerne l'avvento della televisione digitale e le novità che essa comporta; la terza (capitolo n. 7) tratta infine il caso di BSkyB.

Più precisamente – in conformità a quanto appena anticipato – nel capitolo n. 1 sono esaminate le caratteristiche del prodotto e dell'attività televisiva nei tre modelli tradizionali: servizio pubblico, commerciale e a pagamento. Poiché ogni impresa opera strettamente in contatto con il proprio settore di riferimento, è parso poi conveniente definire e illustrare – nel capitolo n. 2 – il settore televisivo nel suo complesso, utilizzando, pur con qualche variante, il modello di analisi di Porter. In particolare, si pone l'accento sulla regolamentazione, che deve essere considerata una variabile fondamentale nello sviluppo della televisione e di conseguenza del modello di *business* dell'impresa televisiva. Il capitolo n. 3 descrive la situazione del mercato televisivo analogico e la relativa regolamentazione nei principali paesi europei: Francia, Germania, Gran Bretagna, Italia e Spagna.

Completata così, almeno nelle sue linee essenziali, l'analisi dell'impresa televisiva analogica, nel capitolo n. 4 è stato preso in esame il fenomeno della convergenza tra il settore delle telecomunicazioni, l'industria dei contenuti e il settore dell'informatica, premessa all'avvento della televisione digitale. Nel capitolo n. 5 sono poi illustrate le caratteristiche della nuova forma televisiva e sono evidenziati gli aspetti più indicativi della televisione digitale terrestre e i motivi che spingono i governi a voler passare ad una trasmissione esclusivamente digitale. Il capitolo n. 6, che conclude la seconda parte, analizza la situazione del mercato televisivo digitale negli stessi paesi considerati dal punto di vista della televisione analogica, ed illustra le principali strategie adottate dai rispettivi governi per passare al «tutto digitale».

I risultati ottenuti in sede teorica saranno infine vagliati alla luce dell'esperienza concreta nel capitolo n. 7, onde verificarne la correttezza ed individuare spunti per la loro integrazione ed il loro affinamento.

Capitolo primo
I caratteri economici della televisione

1.1 L'impresa e il sistema economico

La televisione può essere definita da più punti di vista, con accezioni assai differenti[1]. È un apparecchio, un elettrodomestico, un fornitore di servizi nella vita di tutti i giorni ed anche una fonte informativa e d'intrattenimento.

La televisione è uno strumento che offre o dice qualcosa al telespettatore, il quale valuta l'offerta o il messaggio in modo diverso a seconda della propria capacità recettiva. È inoltre un oggetto sociale (presente, cioè, nei processi sociali che viviamo) ed è un oggetto storico. Infine, ma non da ultimo, la televisione può essere intesa come impresa di cui è utile approfondire l'organizzazione, i tipi di risorse, i prodotti, le strategie, i processi organizzativi, i processi di produzione e le logiche di mercato in cui è inserita. Proprio in quest'ultima prospettiva si intende qui studiare la televisione.

1 La televisione, come gli altri mezzi di comunicazione, è oggetto di studio di discipline molto diverse, che si occupano, ad esempio, del contenuto e degli aspetti tecnologici. L'economia dei *media* studia come i mezzi di comunicazione perseguono i propri obiettivi all'interno di un mercato adottando la strategia più consona alla situazione. Secondo quanto afferma PICARD, *Media Economics*, Sage Publications, Londra, 1989, p. 4, «*Media economics is concerned with how media operators meet the informational and entertainment wants and needs of audiences, advertisers and society with available resources*» e secondo ALBARRAN, *Understanding Markets, Industries and Concepts*, in *Media Economics*, Iowa State University Press, 1996, p. 5, «*Media economics is the study of how media industries use scarce resources to produce content that is distributed among consumers in a society to satisfy various needs and wants*».

Prima di spiegare l'attività dell'impresa televisiva, le relative caratteristiche del prodotto e la relativa catena del valore, si ritiene opportuno fare alcune osservazioni di carattere generale sull'impresa e la sua attività. Qualsiasi attività di produzione di beni o servizi, assume una dimensione economica non appena «si sviluppano processi di scambio che si concretizzano in forme di mercato attraverso le quali alcuni soggetti (domanda) sono disposti ad acquistare i prodotti/servizi di altri soggetti (offerta)»[2]. Nel momento in cui nasce un mercato e l'attività di produzione si trasforma da produzione limitata al consumo a produzione per lo scambio, viene introdotto il concetto di impresa.

L'impresa è definita[3] come un istituto caratteristicamente economico, un complesso organizzato di elementi, di fattori, di energie e di risorse personali e materiali che svolge un'attività di produzione e/o scambio di beni e/o servizi. I fenomeni economici di un'impresa si suddividono in fenomeni produttivi (interni), che riguardano la trasformazione dei fattori e delle materie prime in beni e servizi dotati di valore economico, e in fenomeni di scambio (esterni) relativi all'acquisto dei fattori e alla vendita dei beni e dei servizi prodotti. Le attività economiche tipiche di un'impresa comprendono quattro funzioni fondamentali:

a) l'acquisto dei fattori produttivi;
b) la produzione, che consiste nella lavorazione e/o nell'assemblaggio degli elementi acquistati;
c) la distribuzione, che consente di rendere accessibile al consumatore il prodotto o il servizio offerto;
d) la vendita del prodotto o del servizio al cliente.

Un'impresa opera in un sistema economico, definito come l'insieme degli attori (consumatori, imprese, istituzioni), che sono interessati alla produzione, all'utilizzo e al consumo di beni, e delle relazioni tra di essi. L'impresa e il sistema economico hanno un rapporto di reciprocità per

2 DEMATTÉ-PERRETTI, *L'impresa televisiva*, Etas Libri, Milano, 1997, p. 5.

3 Tra gli altri AIROLDI-BRUNETTI-CODA, *Economia aziendale*, il Mulino, Bologna, 1994, pp. 38–47.

cui la prima viene influenzata dal secondo e, simmetricamente, il secondo è influenzato dalla prima. Nelle società occidentali il sistema economico è basato principalmente sugli scambi di mercato; ciò che viene scambiato sono i diritti di proprietà, che permettono a chi li possiede di poter disporre liberamente di un bene o di una risorsa e contemporaneamente di escludere gli altri dall'uso di esso. La relazione di un'impresa con il sistema economico deriva da una parte dal fatto che essa opera prevalentemente in una situazione di mercato, nella quale è un importante attore organizzato in un settore eterogeneo e indipendente; dall'altra parte, anche se le origini dell'impresa sono molteplici, il suo sviluppo è legato all'opportunità di mercato e la sua esistenza è soggetta a criteri economici. La dimensione economica di un'impresa è il principale aspetto dal quale dipende la sua sopravvivenza. I risultati economici dell'impresa dipendono a loro volta da una serie di scelte[4] (operate dal titolare o delegate al *management*) sulle diverse attività dell'impresa stessa. Le conseguenze delle scelte relative ai clienti, ai contenuti e alle condizioni di offerta sono i ricavi, mentre le conseguenze delle modalità di realizzazione delle prestazioni offerte sul mercato sono i costi.

Nella prospettiva dell'impresa lo scambio di mercato impone prima di tutto di identificare i propri clienti, capirne i bisogni, le percezioni e i desideri, sulla cui base definire la propria offerta (di beni o servizi e di prezzo) in modo che questo abbia un valore superiore alle alternative messe a disposizione dalla concorrenza. In seguito è importante che l'impresa comunichi con i clienti potenziali al fine di far conoscere la propria offerta, influenzare la loro valutazione su di essa e far così «scattare» il meccanismo di acquisto[5].

4 Il concetto alla base di questo modello è quello di scarsità, secondo cui non ci sono abbastanza risorse per fornire a chiunque tutti i beni desiderati. Ciò implica che l'impresa, così come i singoli individui, deve prendere delle decisioni confrontando costi e benefici.

5 Si vedrà in seguito, per quanto riguarda l'impresa televisiva e la sua attività economica, come questi criteri possano subire modifiche a seconda del modello di *business*.

In conclusione il successo di un'impresa dipende non solo dalla sua organizzazione interna e dal dinamismo del *management* che prende le decisioni, ma anche dal modo in cui si orienta verso i clienti, pianifica il processo produttivo, capisce e interpreta la concorrenza ecc. Più sinteticamente si può dire che l'impresa deve prima di tutto capire il sistema economico in cui opera.

Occorre tuttavia ricordare che l'economia non è l'unica variabile in grado di influenzare l'impresa: anche la politica, la società e la tecnologia possono talora incidere notevolmente su di essa.

1.2 Il prodotto televisivo

La tipologia del prodotto o servizio che un'impresa offre permette di inquadrare ciascuna impresa in un determinato settore, caratterizzato da particolari strutture e logiche economiche di riferimento[6]. Al fine di individuare le principali dimensioni economiche dell'attività televisiva distinguendo tra tre tipologie di impresa – pubblica, commerciale e a pagamento –, si ritiene dunque opportuno, innanzitutto, mettere in luce le caratteristiche del prodotto televisivo.

Che cosa s'intende per «prodotto televisivo»? Il concetto non è univoco: alcuni autori parlano di programma televisivo, altri di palinsesto, altri di canale e altri ancora di attenzione dei telespettatori.

In una prospettiva di tipo economico, la concezione più idonea del prodotto pare quella della programmazione televisiva (palinsesto)[7] e dei suoi elementi costitutivi (i programmi, appunto).

6 La stretta relazione tra impresa e settore e ancora tra impresa e mercato sarà oggetto dei capitoli 2 e 3.

7 Il termine «palinsesto» deriva dal greco *παλί* che significa «raschiato di nuovo» e in origine era usato per indicare la pergamena dalla quale venivano ripetutamente raschiate le precedenti scritture per far posto a nuovi testi. Il

Collins, Garnham e Locksley[8] identificano sette caratteristiche economiche del prodotto televisivo:

1) *immaterialità:* nel caso di un programma, il valore essenziale è il contenuto informativo o d'intrattenimento e non, come pure da taluni[9] è stato sostenuto, il segnale elettronico prodotto dalla telecamera. Ciò cui il consumatore è interessato è, infatti, il messaggio immateriale e intangibile e non il *medium* che lo veicola;
2) *novità:* se già disponiamo di una certa informazione non ne abbiamo più bisogno; il nuovo valore può derivare soltanto da nuovi prodotti. Questa peculiarità non è propria dei beni materiali, come una pagnotta di pane, il cui valore può essere ricavato da un processo di consumo materiale che può essere ripetuto un numero indefinito di volte finché il bisogno persiste;
3) *non alternatività:* la quantità dei servizi consumati da un individuo non riduce quelli disponibili da parte di altri. Il programma televisivo non viene distrutto dall'atto del consumo. Se si guarda un programma televisivo non si diminuisce l'altrui possibilità di vederlo. È questo uno dei principali elementi che caratterizzano la categoria di beni che gli economisti definiscono «beni pubblici»[10];

---

termine è stato introdotto nel linguaggio televisivo, negli anni Cinquanta, da un funzionario RAI, per indicare, esclusivamente nel contesto italiano, la griglia temporale di organizzazione della programmazione televisiva: uno spazio sul quale si susseguono in continuazione scritture e riscritture. In Francia, si usa il termine *grille*, che pone l'accento sulla struttura formale dello schema di programmazione, mentre nei paesi anglosassoni il termine utilizzato è *schedule* e fa riferimento alla dimensione della pianificazione temporale.

8 COLLINS-GARNHAM-LOCKSLEY, *The Economics of Television,* Sage Publications, Londra, 1988, pp. 6–10.

9 A tal proposito si ricorda NEGROPONTE, *Essere digitali*, Sperling & Kupfer Editori, Milano, 1995, DE KERCKHOVE, *Brainframes*, Baskerville, Bologna, 1993 e ONG, *Oralità e scrittura*, il Mulino, Bologna, 1976.

10 I beni pubblici sono quei beni e servizi «a consumo collettivo» *(joint consumption good)*, per i quali l'aumento del consumo da parte di un soggetto non riduce la disponibilità per il consumo di un altro *(more for you means no less for me)*.

4) *non escludibilità:* un programma che viene trasmesso in una casa, viene simultaneamente trasmesso in tutte le altre case con televisore nella stessa area di ricezione[11];
5) *costi marginali vicino allo zero:* il costo per offrire il prodotto ad un utente ulteriore, in aggiunta ad una determinata audience, è – come per altri beni culturali – quasi nullo. Se il costo marginale di ogni spettatore aggiuntivo in una data area di ricezione è quasi zero per il produttore, non è però pari a zero per il consumatore, poiché questi dovrà fare alcuni investimenti per ricevere il segnale (acquisto del televisore, di un'antenna ecc.)[12];
6) *breve durata:* un programma tipicamente televisivo, ossia un programma di flusso (a differenza di un programma di *stock*)[13] ha una vita molto corta, perché perde il suo valore nel momento in cui viene trasmesso e, di conseguenza, rappresenta per l'impresa televisiva un investimento mediamente più rischioso;
7) *rapida innovazione produttiva:* il bisogno dell'innovazione del prodotto non è tipica della sola industria culturale, ma soltanto in quest'ultima l'innovazione del prodotto è una condizione essenziale per l'esistenza dell'impresa, in quanto un programma propriamente televisivo ha una durata breve (in virtù anche della caratteristica di «novità»). Ne consegue che ciò che viene comunemente denominata «fase di produzione» dovrebbe essere più correttamente descritta come

11 Come si vedrà più avanti, tecnologicamente è possibile escludere i telespettatori rendendo indecifrabile il segnale.

12 Questo vale per l'impresa televisiva pubblica e commerciale, ma non per l'impresa televisiva a pagamento, in quanto ciascun nuovo abbonato genera un costo aggiuntivo sotto forma di decodificatore, antenna o infrastruttura cavo, a seconda del sistema di distribuzione.

13 I programmi televisivi possono essere distinti in programmi ad utilità ripetuta (film, seriale ecc.), detti anche programmi di *stock*, che possono essere trasmessi più volte o venduti a terzi che a loro volta li utilizzano in altri momenti o in altre aree, e in programmi ad utilità non ripetuta, detti anche programmi di flusso, il cui valore si annulla una volta trasmessi.

«fase di ricerca e sviluppo»[14]. Ogni programma televisivo è un prototipo; ciò che in una normale industria di beni di consumo è visto come produzione, nell'industria culturale è un processo di riproduzione[15]. Un'impresa televisiva deve quindi investire molto nella fase di ricerca e sviluppo del prodotto, poiché ogni nuova produzione che richiede il lancio di un nuovo prodotto sul mercato, la cui domanda è piuttosto incerta, implica ingenti investimenti.

Fino all'avvento della televisione a pagamento, guardare la televisione è stata un'attività sostanzialmente gratuita[16]. Guardare la televisione è per

14 È per questo motivo che nell'industria televisiva si dà molta importanza al reparto Ricerca e Sviluppo.

15 RICHERI, *Le reti-mercato e l'economia dell'industria editoriale*, Centro Studi San Salvador di Telecom Italia, Venezia, 1995, pp. 29–31, osserva che l'industria culturale, che è un settore a grande intensità di lavoro (*labour intensive*) non meccanizzabile, dove la produttività non cresce o cresce lentamente all'aumentare degli investimenti fissi, per sopravvivere è costretta a rinnovare costantemente i prodotti, ma il processo produttivo in questo campo offre assai pochi margini di innovazione. Nei prodotti culturali non c'è la possibilità di questo tipo d'innovazione e di miglioramento o adattamento ulteriori del prodotto. La realizzazione di prodotti culturali offre pochi margini alle economie di scala e all'innovazione del processo, mentre l'innovazione di prodotto è assai più rigida che in altri settori. Per questi motivi le imprese tendono a concentrare le loro strategie di sviluppo nella fase di confezionamento e di distribuzione dei prodotti. Uno stesso prodotto può essere commercializzato in molti modi ed essere offerto ad una molteplicità di pubblici grazie al fatto che normalmente si presta ad essere trasferibile da un supporto all'altro. Dunque la fase più importante in cui si decide il grado di sfruttamento del prodotto è quella della riproduzione e della distribuzione, perché è in questa fase che si concentrano le opportunità di innovazione ed è qui che si può ottenere una riduzione dei costi e dei vantaggi competitivi.

16 Come afferma SARGANT, *Learning for TV: the Next Ten Years*, in un intervento tenuto alla British Royal Society of Arts, Londra, dicembre 1986, *«Broadcasting is not of course, free to the consumer, but is has been, heretofore, free at the point of use. Viewers choosing to watch an individual programme are making choices about the use of their leisure time not about their money. Moves to video,*

lo spettatore un'attività senza prezzo[17], ma che richiede investimenti di risorse non economiche, in quanto egli deve pur sempre sacrificare l'opportunità di utilizzare diversamente il suo tempo. La televisione compete quindi con altre attività per conquistare il tempo libero delle persone.

In conclusione, il prodotto dell'impresa televisiva è rappresentato dalla programmazione o dal palinsesto offerto agli spettatori attraverso il televisore. L'impresa televisiva appartiene perciò al terziario (che produce o fornisce servizi) e, all'interno di esso, al settore dell'informazione e della comunicazione.

1.3 L'attività televisiva e la sua dimensione economica

L'attività dell'impresa televisiva in senso stretto consiste nella costruzione del palinsesto, cioè nella disposizione in successione di un insieme di programmi di una certa durata, all'interno di un intervallo temporale, secondo una logica e un ordine prefissati. In riferimento a questi elementi, ciascuna impresa deve scegliere la durata delle trasmissioni, il tipo e la frequenza di programmi da trasmettere, la collocazione temporale e la struttura di successione. L'impresa televisiva o editore televisivo rappresenta quindi «il soggetto istituzionale ed economico che organizza i modi, i tempi e i luoghi dell'offerta televisiva, scegliendo l'insieme dei telespettatori cui rivolgersi e decidendo la composizione del palinsesto»[18]. La logica economica dell'impresa televisiva, nel caso tra-

---

cable, satellite and pay TV, will change the nature of the viewers' decision to ones which include elements of both the use of time and the use of money. These decisions will therefore be more affected by the alternative claims on that time and money both from the individual and their family».

17 DUNNET, *The world television industry: an economic analysis*, Routledge, Londra, 1990, p. 20.

18 DEMATTÉ-PERRETTI, *op. cit.*, p. 7.

dizionale della diffusione gratuita, è quella di organizzare la programmazione per formare e mantenere (fidelizzare) l'audience. L'audience è una merce rara che viene scambiata in base ad un prezzo definito in rapporto alla quantità e qualità, in base cioè alla sua composizione. La programmazione televisiva, invece, è una merce che non viene direttamente pagata dal telespettatore.

L'attività dell'impresa televisiva, per predisporre il palinsesto e farlo quindi pervenire allo spettatore, presuppone l'esistenza di altre due funzioni economiche collegate (vedi fig. 1): la prima, posta a monte, consiste nella produzione (o acquisizione) dei programmi che sono poi organizzati all'interno del palinsesto; la seconda, collocata a valle, consiste nella distribuzione in un determinato territorio geografico del segnale televisivo corrispondente al palinsesto.

PRODUZIONE	Impresa di produzione audiovisiva
ORGANIZZAZIONE	Impresa televisiva
TRASMISSIONE	Impresa di telecomunicazioni

fig. 1 – (Dematté-Perretti, L'impresa televisiva, p. 7)

Il ciclo produttivo dell'offerta televisiva, ossia l'insieme delle fasi di trasformazione economica necessarie a realizzare il prodotto finito da destinare al consumatore, è formato da tre tipi di attività economiche distinte che sono realizzate da soggetti economici specifici (qualora non ci sia integrazione verticale): il produttore di programmi audiovisivi, l'impresa televisiva e l'impresa di telecomunicazioni. Assumendo l'impresa televisiva come punto di riferimento e di osservazione, il primo rappresenta il fornitore di programmi; il secondo il produttore del palinsesto mediante la composizione dei programmi in sequenza e il terzo rappresenta il distributore del prodotto finito.

Distinguere le tre funzioni economiche permette di capire le relazioni e le logiche interne dell'industria televisiva. In realtà ci sono casi in cui queste funzioni, almeno in parte, sono svolte contemporaneamente da una stessa impresa. Si verificano cioè dei fenomeni di integrazione verticale[19] attraverso i quali gli attori che operano in una determinata fase del ciclo produttivo estendono la propria attività ad una fase precedente (integrazione a monte) oppure ad una fase successiva (integrazione a valle)[20].

Il palinsesto televisivo risulta composto dalla successione coordinata, secondo una certa logica, di unità distinte rappresentate dai diversi programmi audiovisivi. Come in precedenza affermato lo svolgimento dell'attività televisiva in senso stretto richiede la disponibilità di programmi e presuppone, quindi, l'esistenza di un'attività a monte rappresentata dalla produzione audiovisiva[21]. L'impresa televisiva deve, quindi, decidere se acquistare oppure produrre i diversi programmi che formeranno il palinsesto. Nel complesso le alternative tra *make* (produzione)

19 Secondo quanto afferma HUMPHREYS, *Mass Media and Media Policy in Western Europe*, Manchester University Press, Manchester, 1996, p. 202, l'integrazione verticale *«[...] secured access to production resources and distribution networks; and it kept transactions and profits within the same business»*.

20 Più precisamente, l'integrazione verticale tra produzione e organizzazione è presente in quasi tutte le imprese televisive, mentre soltanto in Italia le imprese televisive ricorrono all'integrazione verticale anche per quanto riguarda la fase di trasmissione.

21 La produzione audiovisiva consiste nella ripresa di eventi reali e artificiali destinati al cinema e alla televisione, attraverso l'utilizzo di due tecniche distinte: quella cinematografica e quella televisiva. Per produzione televisiva si intende la realizzazione dei programmi destinati esclusivamente alla televisione. Questi ultimi si possono suddividere in due categorie: *fiction*, realizzati sia dalle imprese di produzione cinematografica sia da quelle televisive con tecniche televisive e cinematografiche e *non-fiction*, realizzati dalle imprese di produzione televisiva con tecniche televisive.

e *buy* (acquisto), a disposizione dell'impresa televisiva si delineano in quattro possibili opzioni[22]:

a) produzione interna;
b) produzione in appalto;
c) coproduzione;
d) acquisto dei programmi.

La *produzione interna* è realizzata e finanziata dalle imprese televisive e richiede importanti risorse e strutture produttive. La produzione interna costituisce un elemento importante nella pianificazione del palinsesto, in quanto permette, a differenza dell'acquisto, di caratterizzare meglio i programmi e adeguarli con più aderenza ai desideri dell'utente[23].

La *produzione in appalto* viene commissionata a produttori indipendenti, generalmente nazionali ed è, a seconda dei paesi, una scelta che soddisfa soprattutto la domanda delle imprese televisive minori, nonché la domanda, di regola residuale, delle grandi imprese televisive. Quest'ultima deriva sia da motivi di convenienza economica rispetto alla produzione interna, sia da motivi collegati agli obblighi normativi che impongono alle imprese televisive maggiori di destinare alla produzione indipendente una determinata quota delle ore di trasmissione[24].

La *coproduzione* viene realizzata da più soggetti, che forniscono le strutture produttive e/o i finanziamenti. Le coproduzioni avvengono generalmente a livello internazionale e riguardano soprattutto i programmi

22 Si veda a tale proposito DEMATTÉ-PERRETTI, *op.cit.*, pp. 64–69 e SPITZ, *Fattori critici di successo delle televisioni nazionali europee nel mercato degli anni '90*, Difo – Druck GmbH, Bamberga, 1993, pp. 195–209.

23 Tenuto conto della difficoltà di un loro confronto, a causa dei diversi metodi contabili adottati dalle singole imprese televisive, si può affermare che i costi di produzione interna sono piuttosto elevati.

24 Ad esempio, in Gran Bretagna la BBC è obbligata a riservare ai produttori indipendenti una quota pari al 25% del tempo di trasmissione (con l'esclusione dell'informazione).

di *fiction*, i documentari e i grandi programmi artistico-culturali. I vantaggi della coproduzione derivano dalla ripartizione di costi, che altrimenti non potrebbero essere sostenuti da un unico soggetto, dalla riduzione dei rischi e dalla possibilità di sfruttare il prodotto su più mercati nazionali.

L'*acquisto dei programmi* riguarda sia la produzione cinematografica (film) sia quella televisiva con predilezione per i programmi di *fiction*. L'acquisto è molto costoso per certi film di successo, ma in generale il prezzo pagato è inferiore ai costi di produzione ed è più conveniente rispetto alle altre tipologie perché comprende molti prodotti esteri a basso costo, in quanto già remunerati[25].

Le diverse alternative *make* or *buy* comportano una decisione che non è esclusivamente di tipo economico-finanziario – basata cioè sulla scelta dell'opzione più conveniente – ma è soprattutto di tipo strategico e comporta, quindi, un'analisi dell'impatto a lungo termine sull'intera struttura aziendale. Produrre internamente ciò che prima era acquistato sul mercato pone l'esigenza per un'impresa televisiva di dotarsi delle strutture e delle competenze necessarie e quindi comporta dei costi fissi. Da un punto di vista operativo tale esigenza viene normalmente soddisfatta o con la costituzione di una nuova struttura all'interno dell'azienda oppure con l'acquisto di una già presente nel settore.

25 Solitamente vengono acquistati prodotti audiovisivi americani, più precisamente statunitensi, perché il loro costo è più basso. Negli Stati Uniti sono, infatti, presenti tre livelli di sfruttamento del prodotto televisivo: al primo livello si trovano le grandi reti nazionali, al secondo livello le affiliate di queste stazioni nazionali e, al terzo livello, si trovano le stazioni indipendenti che trasmettono nelle proprie aree geografiche. Una serie televisiva, ad esempio, viene venduta prima alle reti nazionali, dopo un certo periodo di tempo, a prezzo inferiore, alle affiliate e infine viene venduta alle stazioni indipendenti. In questo modo il prodotto televisivo viene remunerato tre volte, ottenendo grosse entrate che permettono di vendere il prodotto a prezzo notevolmente inferiore sui mercati esteri, dal momento che tutte le spese sono già state coperte.

In termini economici, l'alternativa *make* significa avviare un processo di integrazione verticale, i cui vantaggi sono riconducibili da un lato al controllo dei margini (ricavi-costi) e dall'altro al controllo ambientale.

Nel primo caso l'azienda, attraverso l'integrazione, trasferisce al proprio interno costi e ricavi che in precedenza erano stati affrontati da fornitori terzi. Solitamente un'impresa televisiva ricorre all'integrazione quando i costi di acquisto di un particolare programma rappresentano una quota talmente considerevole dei costi totali che può diventare opportuno produrlo direttamente piuttosto che acquistarlo. Nel secondo caso, relativo al controllo ambientale, l'impresa televisiva è in grado di assicurarsi la disponibilità di un prodotto in base alla quantità, alla qualità e ai tempi da essa considerati più opportuni.

L'integrazione verticale comporta per un'impresa anche degli svantaggi, come ad esempio il potenziale aumento del rischio di impresa connesso alla diversità delle competenze necessarie e all'aumento dei costi fissi. Se in una determinata impresa i vantaggi dell'integrazione verticale non sono rilevanti oppure non compensano gli svantaggi, allora si ricorre all'alternativa *buy* che, comportando costi fissi inferiori (non c'è, infatti, bisogno di dotarsi di una struttura produttiva), offre una maggiore flessibilità operativa. È solo analizzando la propria posizione finanziaria e competitiva sul mercato che un'impresa televisiva, può valutare le opzioni *make* e *buy*.

In definitiva l'impresa televisiva deve scegliere il tipo e le caratteristiche del prodotto che vuole offrire e avere come riferimento necessario il mercato che lo domanda. Con il termine mercato, in relazione alla domanda, si è soliti fare riferimento a due concetti[26]:

a) l'insieme dei soggetti che consumano un determinato prodotto o usufruiscono di uno specifico servizio: i consumatori;
b) l'insieme dei soggetti che acquistano, pagandolo, un determinato prodotto o uno specifico servizio: gli acquirenti.

26 Dematté-Perretti, *op. cit.*, p. 9.

Non sempre i due concetti coincidono. Ci sono situazioni in cui il soggetto è sia consumatore sia acquirente (ad esempio quando va al cinema e paga il biglietto d'ingresso per assistere allo spettacolo). In alcune forme di televisione, come nel caso della televisione finanziata dalla pubblicità o dal canone, invece, i consumatori non sono acquirenti diretti[27] (cfr. parr. 1.4.1 e 1.4.2).

L'impresa televisiva deve individuare i consumatori e gli acquirenti cui rivolgersi, e offrire un prodotto in grado di soddisfare le loro esigenze.

Esaminando il mercato televisivo in riferimento ai consumatori, è possibile distinguere le imprese in base alle caratteristiche del palinsesto offerto per soddisfare la domanda. Esistono tre principali tipologie di palinsesto che si differenziano a seconda dell'ampiezza e della profondità dell'assortimento dei programmi presenti:

a) generalista, che comprende un assortimento molto ampio di programmi in grado di rispondere alle esigenze di un pubblico vasto ed eterogeneo;
b) tematico, focalizzato solo su alcuni tipi di programmi rivolto ad un pubblico eterogeneo;
c) segmentato, rivolto ad un pubblico omogeneo in termini ad esempio di fascia d'età o di sesso[28].

Se si considera invece il mercato televisivo in riferimento agli acquirenti e alle tipologie di ricavo, è possibile distinguere le imprese in base a tre fonti di entrata:

27 Nel caso della televisione a pagamento, invece, consumatori e acquirenti coincidono.

28 Come osserva NIZZOLI, *La «migrazione digitale» e le migrazioni editoriali*, in *La tv diventa digitale. Scenari per una difficile transizione*, a cura di Fleischner e Solmavico, Franco Angeli, Milano, 2002, p. 116, un palinsesto tematico si differenzia rispetto a quello generalista sul lato dell'offerta, in quanto i programmi vengono scelti per affinità di tema, mentre un palinsesto segmentato si differenzia rispetto al palinsesto generalista sul lato della domanda.

- il canone (finanziamento pubblico)
- la pubblicità
- gli abbonamenti

rappresentate da altrettanti soggetti in veste di compratori/clienti del prodotto (Stato[29], imprese, famiglie).

Sovrapponendo le due dimensioni del mercato, in termini di consumatori/tipologie del palinsesto e di acquirenti/tipologie delle fonti di ricavo, è possibile – come hanno dimostrato più autori[30] – abbozzare uno schema in grado di evidenziare le caratteristiche delle diverse imprese che operano nel settore televisivo.

	FORME DI FINANZIAMENTO		
PALINSESTO	canone	pubblicità	abbonamento
generalista	impresa tv pubblica	impresa tv commerciale	
tematico			impresa tv a pagamento *(pay TV)*
segmentato			

fig. 2 – (v. pure Dematté-Perretti, L'impresa televisiva, p. 11)

L'offerta televisiva pertanto è riconducibile a tre modelli economici di riferimento, cui corrispondono le imprese televisive[31]:

29 L'impresa televisiva pubblica si distingue per il fatto di essere finanziata dal canone, che rappresenta un tributo pagato allo Stato dai cittadini che possiedono almeno un televisore; i relativi proventi affluiscono all'Erario e vengono poi devoluti alla società radiotelevisiva concessionaria del servizio pubblico per finanziare l'attività.

30 Tra i quali si ricorda DOYLE, *Media Ownership*, Sage Publications, Londra, 2002.

31 ANDERSEN CONSULTING, *The impact of digital television on the supply of programmes*, Bruxelles, 1998, p. 117, rifiuta la tradizionale categorizzazione degli operatori televisivi secondo il criterio fonte di finanziamento e opta per una distinzione tra *broadcaster* di prima, seconda e terza generazione. Con il

a) pubblica o di servizio pubblico;
b) commerciale;
c) a pagamento *(pay TV)*.

Tenuto anche conto di una terza dimensione, quella del mercato / territorio cui l'attività televisiva è rivolta, è possibile un'ulteriore distinzione delle imprese in locali, nazionali, multinazionali e globali. Le imprese televisive si possono poi distinguere ancora in base ai mezzi di trasmissione utilizzati per diffondere i loro servizi: via etere, via cavo e via satellite[32].

Per definire ciascuna impresa televisiva occorre quindi considerare più dimensioni, spesso interdipendenti: la tipologia del palinsesto e delle risorse finanziarie, il territorio in cui il segnale viene illuminato e il mezzo di trasmissione con cui il segnale viene diffuso.

1.4 I modelli economici

Come già osservato nel par. 1.3, l'attività di un'impresa televisiva è condizionata dal genere e dalla composizione delle fonti di ricavo.

Le forme di finanziamento di un'impresa televisiva – a seconda del modello di *business* – sono tre:

---

termine «prima generazione» ci si riferisce alle emittenti esistenti prima dell'inizio degli anni '80, che non sono tutte necessariamente finanziate dallo Stato, che devono rispettare delle rigide regole e offrire un palinsesto generalista e che spendono soprattutto per programmi autoprodotti; i *broadcaster* di seconda generazione sono le emittenti nazionali che sono entrate nel mercato nel periodo di liberalizzazione negli anni '80, che offrono un palinsesto generalista, ma con un accento sui programmi di intrattenimento e che pur avendo in maggioranza programmi autoprodotti acquistano molti contenuti; sono considerati di terza generazione i *broadcaster* che negli anni '90 si basano sugli abbonamenti e forniscono un'offerta tematica per lo più acquistata.

32 A tale proposito si rimanda al par. 5.2.

1. i fondi pubblici (il canone, i fondi dello Stato, le sovvenzioni);
2. gli investimenti pubblicitari;
3. gli abbonamenti.

Dal momento che anche la logica che presiede alla costruzione del palinsesto, come si vedrà più avanti, si differenzia a seconda delle diverse fonti di finanziamento che contraddistinguono le imprese televisive, si ritiene ora opportuno illustrare i tre diversi modelli di *business* presenti nel panorama televisivo: pubblico, commerciale e a pagamento.

Bisogna però precisare subito che attualmente a livello europeo (come si può vedere dalla fig. 3) non esiste una corrispondenza biunivoca tra fonti di ricavo e modelli di impresa televisiva.

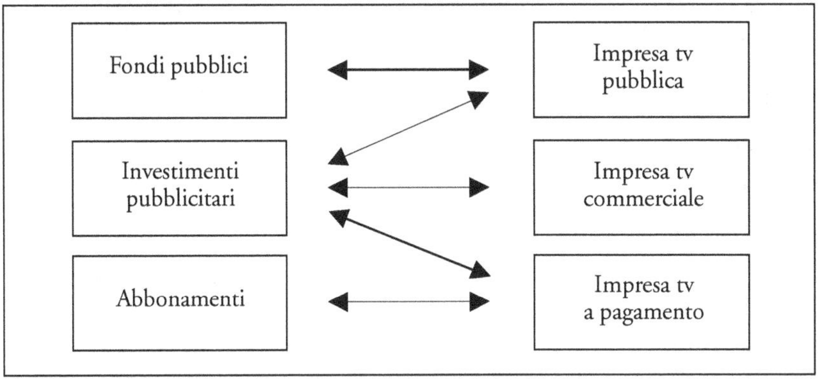

fig. 3 – (Dematté-Perretti, L'impresa televisiva, p. 183)

Mentre i fondi pubblici e gli abbonamenti individuano una corrispondenza univoca, rispettivamente con le imprese televisive pubbliche e con quelle a pagamento, gli investimenti pubblicitari sono comuni, seppur in diversa misura, a tutte le tipologie: nel caso delle imprese televisive commerciali, infatti, rappresentano l'unica fonte di finanziamento; nel caso delle imprese televisive pubbliche rappresentano una fonte aggiuntiva, mentre nel caso delle imprese televisive a pagamento coprono una quota minoritaria delle entrate.

1.4.1 Il modello d'impresa televisiva pubblica

L'impresa televisiva pubblica ha come finalità di sfruttare le risorse disponibili per offrire un servizio televisivo accessibile a tutti i telespettatori e corrispondente alle indicazioni dell'istituzione pubblica di riferimento (Governo, Parlamento ecc.). Il fine di questa tipologia di impresa televisiva non è il profitto economico, ma il soddisfacimento di un bisogno di interesse generale, la cui esistenza è il presupposto stesso del servizio pubblico.

La sua fonte principale o esclusiva di finanziamento è il canone, ovvero la tassa che ogni possessore di un apparecchio televisivo deve pagare a prescindere dall'uso che ne fa. I limiti del canone sono la sua dipendenza dal potere politico e il fatto che è sempre più difficile individuare la corrispondenza tra canone e servizio. In aggiunta al canone, l'impresa televisiva pubblica può essere finanziata anche da:

- inserzioni pubblicitarie, purché tale fonte non snaturi le sue funzioni di servizio pubblico[33];
- sovvenzioni pubbliche o fondi dello Stato;
- donazioni volontarie.

Il diretto coinvolgimento del soggetto pubblico nell'attività televisiva ha mutato, nel tempo, la propria ragione d'essere. L'impresa televisiva pubblica ha operato per decine di anni fuori mercato, vale a dire, in un sistema monopolistico. Il diretto coinvolgimento dello Stato o di altri soggetti pubblici nell'attività televisiva è iniziato negli anni '20 in Gran Bretagna: l'emittente pubblica inglese BBC *(British Broadcasting Corporation)*[34] ha per prima stabilito i principi fondamentali del servizio pub-

33 Il limite della pubblicità nell'impresa televisiva pubblica è rappresentato dal fatto che la logica della massimizzazione dell'audience è spesso in contraddizione con la logica di servizio pubblico.

34 John Reith, direttore della BBC sostenne che il compito del *broadcasting* pubblico – in particolare radiofonico – dovesse essere quello di informare, educare e divertire.

blico radiofonico, che hanno costituito poi il punto di riferimento per la televisione negli altri paesi europei. Il servizio pubblico radiotelevisivo è stato ritenuto, fin dagli inizi, come un'attività che dovesse essere esercitata direttamente dallo Stato. I motivi che hanno portato gli stati europei – ad eccezione del Lussemburgo dove non si è mai sviluppato un modello pubblico del servizio radiotelevisivo – a compiere questa scelta sono diversi[35].

Una prima ragione è tecnica: il monopolio naturale è stato, infatti, giustificato dalla limitatezza dello spettro hertziano. Lo Stato deve garantire l'universalità del servizio, che deve essere accessibile a tutti nello stesso modo.

La seconda ragione è di tipo culturale ed educativo. La televisione in Europa è vista come strumento di crescita culturale e dunque serve ad una funzione tradizionalmente riservata all'amministrazione statale. L'esercizio di una funzione pedagogica comporta, tra l'altro, che il servizio pubblico debba dedicare spazio e tempo agli artisti, alle opere ed alle attività che rivestono un ruolo importante nel campo culturale nonché alla programmazione che difende e rafforza l'identità nazionale sia linguistica che culturale, e debba privilegiare prodotti dell'industria audiovisiva nazionale.

C'è anche una motivazione politico-giuridica per il modello europeo di servizio pubblico: la televisione deve garantire il pluralismo e la libertà di espressione. L'impresa televisiva pubblica deve impegnarsi a rappresentare in maniera imparziale e bilanciata le diverse istanze politiche e sociali dedicando loro spazi comunicativi equivalenti[36], trattare

35 Tra i molti autori si ricorda RICHERI, *La Tv che conta*, Baskerville, Bologna, 1993, pp. 50–51.

36 SCIANÒ, *Parole che durano*, Usigrai, Roma, 2003, nell'indicare le ragioni del servizio pubblico radiotelevisivo, ha sottolineato come «il privato assolve legittimamente la sua funzione esprimendo la parte. Solo ciò che è pubblico può avere l'obbligo di rappresentare il tutto, cioè di essere pluralista [...]. Il servizio pubblico deve sentire su di sé la responsabilità di esprimere tutte le correnti che fanno il patrimonio culturale di un paese [...], ha il dovere di

con obiettività ed equidistanza le minoranze linguistiche e garantire il pluralismo religioso e quello culturale.

L'impresa televisiva pubblica, proprio perché finanziata dal canone, fin dalla sua nascita – come già osservato – ha dovuto svolgere una funzione pedagogica, divulgativa e di promozione culturale. Le conseguenze pratiche di tale modello si rispecchiano nell'offerta di un palinsesto generalista, contraddistinto da una composizione ampia ed articolata, sia nei generi sia nelle tipologie dei programmi trasmessi, al fine di soddisfare le esigenze di tutta la popolazione.

Nelle imprese finanziate interamente o prevalentemente con risorse pubbliche, in cui l'acquirente del servizio è rappresentato dallo Stato e i consumatori dai cittadini, l'obiettivo perseguito è rappresentato dalla massimizzazione dell'accesso in base al quale un servizio pubblico deve essere utilizzato dalla maggior parte degli utenti. Il modello pubblico favorisce quindi «l'obiettivo di massimizzare il beneficio della collettività mantenendo l'equilibrio economico»[37].

1.4.2 Il modello d'impresa televisiva commerciale

L'impresa televisiva commerciale ha come finalità di vendere spazi di programmazione agli inserzionisti che intendono diffondere le proprie informazioni commerciali ai telespettatori. Il prezzo di questi spazi dipende soprattutto dalla quantità e in parte dalla qualità del pubblico (come ad es. dalla sua composizione socio-demografica) che prevedibil-

---

essere presente in tutto il territorio nazionale [...], di dare importanza alle minoranze etniche e culturali [...], di utilizzare le sue risorse per ulteriori investimenti produttivi, di sperimentare nuove tipologie di comunicazione, nuovi linguaggi espressivi, nuove tecnologie: tutte cose che il privato non è tenuto a fare».

37 Dematté-Perretti, *op. cit.*, p. 183.

mente assisterà ad un programma. In altri termini, l'impresa televisiva commerciale è un'impresa che produce audience da vendere agli inserzionisti pubblicitari. Per l'impresa televisiva commerciale la pubblicità rappresenta l'unica fonte di finanziamento.

L'affermazione dell'impresa televisiva commerciale in Europa è avvenuta con modalità e in periodi differenti: in Gran Bretagna nel 1955, in Italia nel 1976, in Francia e Germania nel 1984 e in Spagna nel 1989. Ad eccezione dell'Italia[38], il modello commerciale è stato introdotto attraverso politiche esplicite e programmate, con concessioni rilasciate a privati secondo programmi trasparenti. La presenza del soggetto privato nel settore televisivo europeo è essenzialmente determinata dalle opportunità di profitto connesse all'esistenza di due mercati: il mercato pubblicitario e il mercato televisivo.

Il mercato pubblicitario è costituito dagli investimenti che le imprese effettuano nella comunicazione al fine di promuovere i propri prodotti/servizi (c.d. comunicazione commerciale) e/o la propria immagine (c.d. comunicazione istituzionale) presso i consumatori. Le imprese televisive vendono spazi pubblicitari alle imprese che vogliono reclamizzare i propri prodotti.

L'impresa televisiva opera così su due segmenti – quello televisivo e quello pubblicitario – ma su un solo mercato, che coincide con quello pubblicitario: nel segmento televisivo i programmi costituiscono i fattori di produzione, il palinsesto rappresenta il prodotto e gli spettatori corrispondono ai consumatori; nel mercato pubblicitario il palinsesto costituisce il fattore di produzione, gli spettatori il prodotto e gli investitori pubblicitari i clienti.

Il valore di uno spazio pubblicitario, inoltre è in funzione del pubblico – inteso in senso quantitativo e qualitativo: più il bacino di ascolto è ampio e omogeneo, più aumenta il valore dello spazio e, di conseguenza, il suo prezzo relativo. Per queste ragioni l'impresa televisiva commerciale si trova nella necessità di delineare con maggior precisione

38 In Italia l'affermazione del modello commerciale è avvenuto in maniera caotica, attraverso una soggettiva interpretazione delle lacune normative.

possibile la quantità e la composizione qualitativa dei telespettatori potenziali, in quanto il pubblico rappresenta il «prodotto» venduto agli inserzionisti ed entrambi gli operatori sono interessati ad evidenziarne le caratteristiche: i primi perché, appunto, devono proporzionalmente stabilire il prezzo degli spazi pubblicitari e i secondi perché possono così verificare la corrispondenza rispetto ai propri *target* e ai parametri quantitativi e qualitativi per i quali hanno pagato.

Il mercato pubblicitario condiziona pertanto la logica e l'attività dell'impresa a livello del segmento televisivo. Innanzitutto, la produzione e la composizione del palinsesto sono rivolte ad attrarre il maggior numero di spettatori e quindi si concentrano su quei programmi che hanno una più elevata potenzialità d'ascolto e su una collocazione che permette di sfruttarla al massimo. Per generare il massimo di audience la televisione commerciale deve sfruttare le proprie risorse in modo che:

- i programmi scelti siano capaci di attrarre la quota più alta di pubblico che nelle diverse fasi della giornata è davanti al teleschermo (massimizzazione dell'audience);
- la successione dei programmi sia in grado di mantenere l'attenzione dei telespettatori già conquistati e di attrarne altri (si parla in tal caso di traino);
- i programmi siano più attraenti di quelli trasmessi dal principale concorrente o siano in grado di conquistare i telespettatori che cercano programmi di genere alternativo a quello trasmesso dal concorrente principale.

La distribuzione dell'offerta, inoltre, non è vincolata dall'imperativo del servizio universale (come per l'impresa televisiva pubblica), ma dal principio economico secondo il quale la copertura del territorio deve essere in funzione della densità della popolazione.

Anche nel caso dell'impresa televisiva commerciale il palinsesto offerto è generalista, ma si differenzia rispetto a quello proposto dall'impresa televisiva pubblica, dal momento che il vero oggetto di scambio dell'impresa televisiva commerciale è il pubblico. Il palinsesto, che da prodotto è diventato fattore di produzione, viene modificato nelle forme e nei contenuti in modo da segmentare il pubblico in macro-categorie distinte in base al loro potenziale di acquisto e in modo da adeguare l'offerta di spettatori alla domanda del mercato pubblicitario. L'impresa televisiva commerciale, che fin dalle sue origini ha svolto una funzione di intrattenimento più che di informazione, inizialmente ha privilegiato l'acquisto di programmi, in particolar modo di *fiction* essendo il genere di maggior richiamo presso il pubblico.

Le imprese televisive finanziate con la pubblicità, in cui l'acquirente del servizio è rappresentato dalle imprese e i consumatori dai potenziali clienti di queste, hanno dunque come obiettivo la massimizzazione dell'ascolto. In realtà, come ben evidenziano Dematté e Perretti, l'obiettivo consiste «nel raggiungere il livello senza scendere al di sotto di una certa soglia (altrimenti si devono risarcire gli inserzionisti), ma anche senza oltrepassarla (poiché si regalerebbe agli inserzionisti l'ascolto aggiuntivo)»[39].

1.4.3 Osservazioni comuni

Il modello tradizionale di impresa televisiva pubblica e il modello di impresa televisiva commerciale divergono fin nei rispettivi principi fondamentali[40]. Il primo fattore di distinzione fra questi due modelli di impresa televisiva riguarda la diversa missione: per l'impresa televisiva pubblica l'ascolto è l'indicatore fondamentale del gradimento dei telespettatori nei confronti dei programmi offerti e solo di riflesso la fonte di entrate pubblicitarie; per l'impresa televisiva commerciale, invece,

39 DEMATTÉ-PERRETTI, *op. cit.*, pp. 132–134.

40 Come osserva TRACEY, *The decline and fall of public service broadcasting,* Oxford University Press, Oxford, 1998, p. 11, *«[t]he models invoke different conceptions of democratic rights and freedoms, different views of the relationship between culture and economics».*

l'ascolto in sé non è il vero fine, ma lo strumento necessario per conseguire certi livelli di fatturato pubblicitario, che ne rappresentano l'essenziale obiettivo. Infatti, l'intera programmazione dell'impresa televisiva commerciale è finalizzata ad acquisire non generici ascoltatori, ma i cosiddetti «contatti» (gli ascoltatori cioè dei singoli *breaks*) da rivendere agli inserzionisti pubblicitari[41]. Questa diversa matrice trae origine anche dalle differenti modalità di finanziamento delle aziende: la pubblicità è la risorsa fondamentale per le imprese televisive commerciali, mentre per l'impresa televisiva pubblica il canone è la fonte di finanziamento principale e la pubblicità assume un carattere accessorio.

Una caratteristica comune ai due modelli è, invece, data dal fatto che in entrambi i casi viene offerto un palinsesto generalista (seppur con alcune differenze), condividendo la stessa logica, cioè aggregare e soddisfare la maggioranza dei telespettatori.

1.4.4 Il modello d'impresa televisiva a pagamento

L'impresa televisiva a pagamento ha come finalità di vendere l'accesso alla sua programmazione. A differenza degli altri modelli in questo caso l'impresa offre un servizio ad un prezzo e spetta all'utente valutare se gli interessa quel servizio a quel determinato prezzo. Lo spettatore, oltre che destinatario del prodotto televisivo (consumatore) risulta essere anche cliente (acquirente) dell'impresa, in quanto paga direttamente per accedere ai programmi. A differenza di quanto avviene nel modello di impresa televisiva pubblica e commerciale, l'acquirente e il consumatore dell'impresa televisiva a pagamento coincidono.

L'impresa televisiva a pagamento ha come riferimento primario l'abbonato e rivolge pertanto una grande attenzione alla soddisfazione dei

41 Si veda a tale proposito DE VESCOVI, *Il mercato della televisione*, il Mulino, Bologna, 1997, pp. 80–81.

suoi bisogni. La principale fonte di ricavo per un'impresa televisiva a pagamento sono gli abbonamenti pagati dagli utenti[42].

Le principali caratteristiche di un'impresa televisiva a pagamento sono le seguenti:

- la programmazione è trasmessa in forma codificata e solo chi paga l'abbonamento è dotato di mezzi per decodificare la trasmissione e vedere i programmi;
- solitamente nella programmazione offerta gli spazi pubblicitari sono limitati o inesistenti;
- l'obiettivo non è di massimizzare l'audience ma di massimizzare il numero di persone che apprezzano in generale il servizio e sono disponibili a pagarlo per utilizzarlo. Ne consegue che le forme della programmazione, della promozione e del *marketing* sono nettamente distinte da quelle degli altri modelli di impresa televisiva[43].

Il modello dell'impresa televisiva a pagamento si è sviluppato nel momento in cui un numero sufficiente di spettatori è stato disposto a pagare direttamente il consumo di programmi televisivi che non trovavano

42 L'abbonamento solitamente è caratterizzato da un canone mensile e da una durata *standard* di sei mesi oppure di un anno, al termine del quale il cliente può decidere se rinnovarlo o interromperlo. Il pagamento può essere effettuato in una soluzione unica o in più soluzioni attraverso varie forme. L'importo mensile varia a seconda della durata dell'abbonamento e della forma di pagamento. Si tende a preferire un abbonamento di durata maggiore per mantenere il cliente fedele il più a lungo possibile e l'addebito diretto in banca, perché implica minori costi di gestione. Il prezzo dell'abbonamento è in funzione anche del numero di canali offerti, del tipo di distribuzione, a seconda che questa comporti una spesa a carico dell'utente maggiore (satellite-cavo) o minore (terrestre), del tipo di decodifica e della concorrenza televisiva.

43 In un'impresa televisiva a pagamento il *marketing* deve essere organizzato in modo da disporre informazioni sull'evoluzione della domanda su cui basare la strutturazione del palinsesto dando vita ad un tipo di programmazione che consideri le abitudini degli utenti, quotidiane e settimanali, e di programmi offerti dai diretti concorrenti, e che miri, sulla base del tipo di persone cui si vuole rivolgere, a *target* ben definiti.

collocazione nel palinsesto della televisione pubblica o commerciale, oppure trasmessi in anteprima. Più precisamente, l'evoluzione dell'impresa televisiva a pagamento si presenta in due forme principali:

- l'offerta composta da canali tematici (monogenere) accessibili pagando un abbonamento che varia secondo il tipo di contenuti e il loro grado di attrattività;
- l'offerta di singoli programmi che normalmente corrispondono ad eventi sportivi o artistici trasmessi in diretta e che sono pagati solo da chi intende vederli (pagamento a consumo).

In riferimento alla prima forma, in Europa la televisione a pagamento è apparsa per la prima volta nel 1984 con Canal+, un canale dedicato soprattutto ai film e allo sport, gestito dall'Agence Havas, suo principale azionista[44]. L'impresa televisiva a pagamento si è quindi manifestata inizialmente come impresa televisiva monocanale. Attualmente essa è in fase di sostituzione – come si vedrà più avanti – con un nuovo modello di televisione digitale (c.d. piattaforma digitale multicanale e multiservizio). La realtà della televisione a pagamento si presenta molto differenziata a seconda del paese preso in esame. In riferimento al contesto europeo essa si diversifica in base alla configurazione del mercato (al momento si registra una forte concentrazione), del mezzo di trasmissione (in Europa prevale la televisione via satellite) e della programmazione (multitematica monocanale in Francia, in Germania, Spagna e Belgio con film e sport quali elementi portanti; monotematica multicanale in Gran Bretagna e in Italia, ove il canale cinematografico assume un ruolo principale mentre gli altri rappresentano un servizio aggiuntivo che può essere ricevuto utilizzando lo stesso decodificatore e a fronte di una spesa supplementare esigua).

In riferimento alla seconda forma di impresa televisiva a pagamento, ossia quella incentrata sul pagamento a consumo, essa si è sviluppata

44 Per maggiori informazioni sulla storia di Canal+ si rimanda a RICHERI, *op. cit.*, pp. 136–160.

in Europa successivamente rispetto alla prima forma a partire dagli anni '90.

L'offerta televisiva a pagamento deve essere in grado di attirare nuovi abbonati e di soddisfare le esigenze di quelli già esistenti. Il modello di offerta di un'impresa televisiva a pagamento del primo tipo (offerta composta da canali tematici) è quindi caratterizzato da un palinsesto focalizzato o su una tipologia specifica di programmi, come i film, lo sport, i documentari (modello di offerta tematico) oppure su segmento particolare di popolazione, come i giovani, gli adulti ecc. (modello di offerta segmentato). Inizialmente, infatti, l'offerta si è focalizzata su quei programmi per i quali esisteva già un mercato autonomo di successo, come i film (cinema e *home video*) e lo sport. Dovendo competere con la programmazione generalista e gratuita delle imprese televisive pubbliche e commerciali, l'impresa televisiva a pagamento è stata obbligata a concentrarsi su alcuni elementi distintivi che potessero indurre gli spettatori a pagare per il loro consumo. Questi elementi sono rappresentati da:

- l'esclusiva su alcuni programmi (sport, documentari ecc.);
- l'esclusiva temporale nella trasmissione dei programmi comuni con l'offerta televisiva tradizionale[45].

L'offerta di questo terzo modello televisivo (il primo è il modello di impresa televisiva pubblica e il secondo è il modello di impresa televisiva commerciale) si differenzia rispetto all'offerta generalista non solo

45 Per potenziare le forme di valorizzazione del prodotto cinematografico sui vari canali di programmazione si è cercato di creare per ciascuno di essi un mercato specifico e, in parte, protetto. Le attuali regole sullo sfruttamento dei film attraverso le diverse forme di programmazione stabiliscono le seguenti «finestre», ovvero gli intervalli da rispettare per la programmazione di un film su ciascun distinto canale. Un film può essere trasmesso da un canale televisivo in chiaro dopo 24 mesi dalla sua prima programmazione in sala cinematografica; il termine si riduce a 12 mesi nel caso di un canale televisivo ad accesso condizionato *(pay Tv)*; e ad otto mesi nel caso di un canale distributivo *home video*.

per la tipologia di programmi di grande richiamo (come ad es. film recenti ed eventi sportivi e concerti) oppure di programmi di nicchia (come ad es. sport minori come la pesca, il tennis da tavolo) che non trovano una collocazione nel palinsesto generalista, ma anche per la struttura dello stesso palinsesto. Infatti, essendo caratterizzato dalla multidiffusione o multiprogrammazione[46], ossia dalla ritrasmissione dei programmi in fasce orarie diverse, si allontana dalla comunicazione di flusso propria del modello generalista. La multidiffusione garantisce agli abbonati, in quanto diretti finanziatori, la possibilità di guardare i programmi in orari e in giorni diversi, venendo così incontro alle esigenze e alle abitudini individuali.

Nel secondo tipo di impresa televisiva a pagamento (incentrata sul pagamento a consumo), l'attività di costruzione del palinsesto tende a svanire, o meglio viene svolta dall'utente. Il modello c.d. *pay per view* si basa sull'offerta di singoli programmi per i quali lo spettatore è disposto a pagare. Nel caso dei film (che insieme agli eventi esclusivi in diretta di spettacoli di massa come le olimpiadi e i concerti rappresentano i due principali generi offerti), questi vengono trasmessi ininterrottamente su più canali in modo da dare allo spettatore la possibilità di guardarli in qualsiasi momento della giornata con tempi di attesa molto brevi tra

46 Con la multiprogrammazione il palinsesto dei canali tematici prevede blocchi di programmi che vanno dalle due alle quattro-sei ore di prodotto giornaliero a ripetuto ciclo continuo. In questo modo, i costi di copertura della programmazione sono inferiori a quelli di una programmazione tradizionale che richiede trasmissioni originali per la maggior parte delle 24 ore giornaliere. «Multiprogrammazione» è un termine elegante che nasconde il concetto più tradizionale di replica, ossia la ritrasmissione di un programma già mandato in onda precedentemente con lo scopo di risparmiare sui costi di acquisto o di produzione. Infatti, l'impresa televisiva acquista i diritti per la trasmissione di certi programmi, i quali devono contrattualmente avere determinati passaggi televisivi entro delle finestre stabilite dalle *major* (ad esempio) che le distribuiscono. È logico che l'emittente debba, da un lato, offrire la possibilità ai suoi abbonati di vedere quei prodotti più volte e, dall'altro, avere la possibilità di sfruttare tutti i passaggi per coprire le spese sostenute per l'acquisizione dei diritti.

l'inizio di due «proiezioni» successive. Dal momento che il modello di offerta «personalizzato» elimina la logica del palinsesto, l'impresa televisiva a pagamento si trasforma, in questa sua seconda manifestazione, in semplice mezzo di trasmissione alternativo ad altre forme di distribuzione.

La strategia di una televisione a pagamento è dunque decisamente diversa dalle altre: l'obiettivo non è la massimizzazione dell'audience di ciascun programma, ma «l'audience cumulata, entro un segmento di pubblico limitato, sull'insieme del palinsesto e la sua fidelizzazione»[47]. Quello che conta non è il successo d'ascolto del singolo programma, ma il livello di gradimento complessivo del servizio che determina il tasso di rinnovo degli abbonamenti. Il termine di riferimento nella programmazione non diventa più l'ascolto nei singoli segmenti orari, ma il tasso di abbonamento e di rinnovo che, «essendo in funzione della disponibilità e della qualità dell'offerta, non vincolano l'impresa televisiva ad alcun obiettivo di audience»[48]. Anche la distribuzione non è vincolata alla copertura universale ma solo a quelle zone in cui ha maggiore consistenza il bacino degli utenti potenziali.

1.4.5 Osservazioni generali

Nel corso degli anni '80 si sono evidenziate le due principali fasi attraverso cui l'attività televisiva si è adeguata alle logiche di mercato. La prima fase è quella delle imprese televisive orientate allo sfruttamento delle risorse pubblicitarie (l'impresa televisiva commerciale e, seppur in misura minore, l'impresa televisiva pubblica). La seconda fase è quella dell'impresa televisiva a pagamento basata sull'abbonamento che ogni telespettatore deve pagare per potere accedere ai programmi.

La prima fase, detta anche di *broadcasting*, è caratterizzata da un tipo d'impresa che offre flussi di programmi ad un pubblico indifferenziato.

47 RICHERI, *op. cit.*, p. 143.
48 DEMATTÉ-PERRETTI, *op. cit.*, p. 195.

In particolare, l'obiettivo economico dell'impresa commerciale è raggiunto attraverso due tipi di scambi successivi: il primo, di natura non economica, consiste nell'offrire al telespettatore un flusso di programmi in cambio della sua attenzione o almeno della sua presenza davanti al teleschermo; il secondo scambio consiste nel vendere l'attenzione del telespettatore all'inserzionista pubblicitario. Anche il canone raccolto dalle imprese televisive pubbliche in realtà non rientra nell'ambito dello scambio economico diretto, ma è più assimilabile ad un'imposta pubblica: il canone pagato dal telespettatore è, infatti, del tutto indipendente dal suo consumo di televisione pubblica; in nessun modo il canone può perciò essere considerato come il prezzo pagato per il consumo televisivo.

La seconda fase, chiamata dei videoservizi, è caratterizzata da imprese che offrono programmi o prodotti tematici per pubblici mirati, cui si può accedere soltanto dietro pagamento di un abbonamento. In questa fase si istituisce un vero rapporto di scambio tra chi offre e chi domanda programmi. L'offerta deve, quindi, cercare di adeguarsi alla domanda per ottimizzare le sue entrate economiche, anziché per ottenere ascolti. Nella televisione a pagamento la logica del palinsesto cambia e, nella forma di pagamento a consumo, tende a svanire. Si paga un abbonamento non per accedere ad una programmazione di flusso, ma per disporre di una specifica tipologia di programmi. Quello che conta in questo caso è il palinsesto settimanale o quindicinale che deve da una parte offrire programmi nuovi e dall'altra riproporre lo stesso programma in diverse fasce orarie per garantire a ciascun abbonato ampie possibilità di guardarlo, compatibilmente con la sua organizzazione del tempo (si parla in tal caso di «multiprogrammazione»).

Inoltre, «le imprese televisive con la televisione a pagamento ottengono una maggiore redditività per cliente. Il ciclo economico è assai più rapido dal momento che l'abbonamento è pagato in anticipo e sono eliminati alcuni dei costi di transazione più onerosi grazie al fatto che il rapporto tra chi vende e chi compra non richiede la permanenza continuata di intermediari»[49].

49 Richeri, *op. cit.*, pp. 114–115.

1.5 La catena del valore dell'impresa televisiva

Per catena del valore si intende «un quadro di riferimento che consente di classificare le attività dell'impresa e di analizzarne le competenze (e le risorse)»[50].

Un'analisi strutturale della catena del valore[51] permette di identificare le componenti cruciali che determinano il vantaggio competitivo di un'impresa in un particolare settore[52]. Ogni unità di impresa è da considerare come un nucleo ben definito, dalle cui caratteristiche specifiche nasce un vantaggio nei confronti degli altri concorrenti[53]. La catena del valore mostra le varie unità operative di un'impresa.

Porter[54] suddivide tutte le unità di un'impresa in due gruppi. Al primo gruppo – come si può vedere nella fig. 4 – appartengono i nuclei inerenti alle attività primarie senza le quali non ci sarebbe alcuna produzione di beni «fisici», mentre al secondo gruppo appartengono quelli

50 GRANT, *L'analisi strategica nella gestione aziendale*, il Mulino, Bologna, 1991, p. 136.

51 Secondo quanto affermano CHAN-OLMSTED e KANG, *Theorizing the strategic architecture of a broadband television industry*, in *Journal of Media Economics*, Lawrence Erlbaum Associates, Londra, vol. XVI, numero 1/2003, p. 4, il concetto di «catena del valore» è strettamente correlato alla tematica del modello di *business*, poiché la catena del valore esamina attentamente il valore aggiunto di un prodotto o servizio nella fase di acquisto, trasformazione, gestione, *marketing*, vendita e distribuzione. Analizzare la catena del valore di un'impresa permette di analizzare il settore in cui essa opera segmentando le sue attività che attribuiscono un valore aggiunto al prodotto finale.

52 Il settore e le sue dinamiche saranno oggetto del capitolo 2.

53 Per determinare il vantaggio competitivo di un'azienda rispetto ad altre è necessario individuare le competenze che le risorse tangibili e intangibili di un'impresa sono in grado di conferire all'interno di essa. Si parla in tal caso di «competenze distintive». E per esaminare le competenze è necessario appunto classificare le attività dell'impresa.

54 PORTER, *Il vantaggio competitivo*, Edizioni di Comunità, Milano, 1996, pp. 46–49.

relativi alle attività di supporto, di eguale importanza, ma senza contatto diretto con la produzione e con la distribuzione del bene offerto.

In riferimento all'impresa televisiva le unità primarie sono:

1. l'unità d'acquisto dei programmi;
2. l'unità di produzione audiovisiva;
3. l'unità di programmazione;
4. l'unità di *marketing;*
5. l'unità di distribuzione;
6. le unità di assistenza.

Le unità di supporto sono:

1. l'unità di gestione;
2. l'unità di organizzazione;
3. l'unità del personale;
4. l'unità di ricerca e sviluppo;
5. l'unità di finanza.

fig. 4 – (Spitz, Fattori critici di successo delle televisioni nazionali europee nel mercato degli anni '90, p. 194)

L'*unità di acquisto dei programmi*[55]: innanzitutto bisogna dire che il mercato degli acquisti in Europa è in continua espansione specialmente sui mercati principali come quello tedesco, francese, inglese e italiano. La necessità di acquistare programmi è determinata dal bisogno da parte dei canali di ampliare l'offerta televisiva e dall'incapacità dell'Europa di produrre programmi in numero sufficiente per poter corrispondere alla crescente domanda televisiva. Negli ultimi anni, inoltre, i prezzi dei prodotti statunitensi sono aumentati, ma il divario tra i prezzi di questi prodotti e di quelli europei è tuttora rilevante, a vantaggio dei primi. La decisione di acquistare parzialmente o totalmente i programmi ha un'influenza notevole sulla struttura dell'impresa in quanto, prendendo tale decisione e considerando il più favorevole rapporto tra profitti e costi d'entrata, si determina il posizionamento della televisione e la strategia da perseguire. Le imprese televisive a pagamento, ad esempio, ricorrono, se confrontate con le imprese televisive commerciali o pubbliche, in misura minore alla pubblicità, ma cercano di acquistare programmi (sport, film) con il diritto di esclusiva, spesso pagando somme ingenti.

L'impresa televisiva può anche decidere di non acquisire la proprietà dei programmi, ma soltanto il diritto esclusivo di trasmetterli. La contrattazione dei diritti televisivi si differenzia a seconda della tipologia del prodotto (singolo, seriale), dell'acquirente (impresa televisiva pubblica, commerciale e a pagamento) e del mercato televisivo di appartenenza, e comprende un certo numero di elementi:

1. il periodo di durata dei diritti di trasmissione *(licence period);*
2. il numero di passaggi;
3. la restrizione ad un determinato territorio.

L'analisi della capacità di approvvigionamento, allo scopo di verificare se questa sia sufficiente a garantire la propria programmazione televisiva, è uno dei compiti più importanti dell'unità di acquisto. Per molte

55 Per presentare le caratteristiche delle differenti unità dell'impresa televisiva, si fa qui riferimento a SPITZ, *op. cit.*, pp. 195–234.

imprese televisive la dipendenza da un solo fornitore può risultare fatale, soprattutto in un periodo di crisi o di scarsità di materiale.

L'*unità di produzione audiovisiva:* la produzione televisiva implica la realizzazione del prodotto televisivo (film, sport, *show*, documentari) con l'ausilio di risorse umane (registri, attori, autori, tecnici), materiali (studi, accorgimenti tecnici) e immateriali (diritti di idee, manifestazioni). Se si esamina il mercato televisivo, si possono identificare – come già precedentemente illustrato – tre modi di produrre i programmi televisivi:

a. le autoproduzioni, per cui i programmi sono interamente prodotti da un'impresa televisiva;
b. le produzioni in appalto, commissionate a produttori indipendenti;
c. le cooperazioni e le coproduzioni con altre televisioni o con altri produttori.

I principali punti di forza da analizzare nell'unità di produzione televisiva sono:

- la gamma dei programmi;
- il flusso di produzione;
- i mezzi e la tecnologia di produzione (modernità, grado di automatismo);
- la capacità produttiva;
- la produttività;
- i costi di produzione;
- gli investimenti.

La domanda di programmi, specialmente di *fiction*, da parte delle emittenti televisive può quindi essere soddisfatta, oltre che attraverso l'acquisto dei programmi, attraverso la produzione.

L'*unità di programmazione* ha il compito di organizzare i programmi in forma di palinsesto. Il ruolo e i vincoli della programmazione influenzano la strategia di un'impresa televisiva. La programmazione è il fattore più importante che determina il successo di una emittente. In base alle finalità dei modelli di impresa televisiva, la programmazione assumerà – come in precedenza osservato – caratteristiche specifiche.

Ad esempio, per l'impresa televisiva commerciale la logica di costruzione del palinsesto deve tener conto, in quanto veicolo e supporto di contatti pubblicitari, oltre che delle esigenze degli utenti, anche di quelle delle imprese inserzioniste. Nel caso dell'impresa televisiva a pagamento l'unità di programmazione deve invece cercare di offrire ai suoi abbonati quei programmi che meglio consentono di fidelizzare il telespettatore.

L'*unità di **marketing*** deve analizzare dove e come è possibile eccellere rispetto ai propri diretti concorrenti. È necessario ottimizzare i programmi, la qualità, i canali di distribuzione e i canali di vendita, il rapporto con il cliente a seconda che l'impresa televisiva sia pubblica, privata o a pagamento. Dato che un'impresa televisiva (esclusa l'impresa televisiva a pagamento) non ha un contatto diretto con l'utente, la sua immagine è di primaria importanza. L'unità di *marketing* rappresenta una sorta di filtro tra l'utente e la televisione: non solo l'immagine di una società, ma anche la creazione dell'identità di un canale è importante per potersi differenziare dalla concorrenza, per permettere all'utente di identificarsi con il canale stesso e per segmentare l'audience.

Con la liberalizzazione del mercato e la diffusione delle imprese televisive commerciali prima e a pagamento poi, l'aspetto più importante per un'emittente televisiva privata non è più quello di dare al pubblico ciò di cui si riteneva avesse bisogno, ma è il fatto stesso del consumo (con ciò si dà pieno ingresso ad una logica di mercato): la formazione, la programmazione e la struttura del palinsesto diventano di primaria importanza e gli indici di ascolto (per l'impresa televisiva commerciale) o il pagamento degli abbonamenti (per l'impresa televisiva a pagamento) diventano la misura del successo, dato che in un ambiente competitivo il pubblico che ascolta un programma è un risultato da conquistare.

L'*unità di distribuzione* decide attraverso quale mezzo trasmettere il segnale televisivo e gestire l'attività di trasmissione. La trasmissione televisiva può essere analizzata in base a più elementi:

1. gli *standard* televisivi utilizzati (Pal, Secam, Ntsc);
2. i mezzi di trasmissione (rete terrestre, cavo, satellite);
3. il tipo di accesso (in chiaro, criptato)[56].

L'*unità di assistenza* racchiude in sé tutte quelle attività che sono strettamente legate al supporto del telespettatore. Evidentemente questa unità assume maggiore rilievo nell'impresa televisiva a pagamento dove l'attenzione per il cliente è di primaria importanza, in quanto la principale fonte di finanziamento è l'abbonamento che il telespettatore-cliente sottoscrive. Le più importanti in un'impresa televisiva sono:

- la vendita del prodotto;
- l'istruzione all'uso del prodotto o del servizio;
- il servizio clienti (specialmente in una *pay TV*).

Per la vendita di un prodotto quale un abbonamento ad una *pay TV* è certo di primaria importanza l'informazione che un venditore può dare sul prodotto stesso e l'assistenza che può offrire dopo l'acquisto: il cliente ha, infatti, bisogno di consigli e di consultazione per scegliere un prodotto ed esige assistenza in caso di guasto o di reclamo.

Le unità di supporto, invece, non hanno contatto diretto con la produzione e con la vendita del bene di consumo.

L'*unità di gestione* valuta le opzioni che hanno conseguenze sull'efficienza e l'efficacia[57] dell'attività d'impresa e quindi sul risultato economico.

56 Il sistema ad accesso condizionato permette di escludere dalla visione tutti coloro che non possiedono il necessario decodificatore e viene utilizzato in due ambiti: nei canali di distribuzione intermedi di collegamento con stazioni terrestri o via cavo, in quanto si tratta di flussi interni riservati, e nei canali di distribuzione finali (etere e satellite) delle imprese televisive a pagamento al fine di escludere dalla visione i non abbonati.

57 L'efficienza misura il rapporto positivo tra *input* e *output*, l'uso delle risorse che deve, infatti, risultare efficiente. L'efficacia riguarda, invece, il grado di

La gestione della dimensione economica dell'impresa è realizzata attraverso l'orientamento del personale ed il continuo monitoraggio dell'attività aziendale, mediante la tenuta della contabilità. Lo strumento che dà informazioni sulle risorse impegnate nell'impresa e sulla situazione patrimoniale in un dato momento è il bilancio, mentre lo strumento contabile che descrive l'andamento delle entrate e delle uscite, il risultato dell'attività, riferito ad un determinato periodo, conseguenti l'uso delle risorse e risultanti dalla creazione delle risorse, è il conto economico.

Per quanto riguarda l'*organizzazione*, negli ultimi anni, a fronte della globalizzazione dei mercati e della nuova struttura del settore televisivo, le imprese televisive si sono viste costrette a valutare gli effetti internazionali delle loro attività aziendali e a richiedere al proprio personale una maggiore flessibilità e mobilità. Le imprese televisive tendono oggi a ricercare forme di organizzazione semplici e dinamiche, idonee a risolvere velocemente i problemi posti dal rapido evolversi del mercato e dall'avvento delle nuove tecnologie. Fanno parte delle attività dell'unità d'organizzazione la struttura stessa dell'impresa e l'ordine delle singole unità della catena del valore, alle quali sono strettamente correlate tutte quelle funzioni che contribuiscono ad aumentare l'efficienza dell'impresa.

Il funzionamento dell'organizzazione dipende dalla combinazione della suddivisione dei compiti in un'impresa, dell'interazione e del coordinamento delle singole attività. Nella pratica peraltro all'organizzazione formale si sovrappone spesso un'organizzazione informale, che scaturisce dai ruoli assunti in concreto dai membri dell'organizzazione[58].

---

raggiungimento degli obiettivi, che dipende dalla capacità di acquisizione / produzione e sviluppo delle risorse, e dall'ottimizzazione dei costi.

58 Le strutture organizzative più comuni che possono anche combinarsi tra loro sono: la struttura funzionale (organizzata per similitudine di risorse o attività), la struttura divisionale (organizzata per unità imprenditoriali), la struttura a matrice (organizzata con principi diversi) e la struttura a rete (organizzata su forme di delega).

Le imprese televisive sono tendenzialmente caratterizzate da una struttura organizzativa reticolare, di *network*, volta a coordinare i diversi soggetti che vi operano e ad adattarsi con facilità e tempestività all'ambiente esterno. In una simile struttura organizzativa assume sempre più importanza l'informazione, la sua circolazione al fine di ottimizzare le attività di un'unità e di coordinare le singole unità per permettere lo svolgimento di tutte le operazioni in modo ottimale.

In un'impresa televisiva l'*unità di ricerca e sviluppo*, che può essere interna o esterna, studia nuovi *format*, programmi e servizi, analizza le caratteristiche dei differenti *target* che intende raggiungere e sperimenta le nuove tecnologie. In questa unità si trovano tutte le strutture in relazione allo sviluppo di un servizio o alla costruzione di un programma televisivo.

Come illustra Spitz[59] l'efficacia di una simile unità è misurabile solo in base alla tempestività con cui un prodotto viene lanciato sul mercato o dall'importanza che le informazioni che da essa provengono hanno per le altre unità.

Un'altra unità di supporto è l'*unità di finanza* che si occupa della gestione degli aspetti finanziari. In particolare, si occupa di ottenere le linee di credito dalle banche o gli aumenti di capitale di soci necessari a sostenere i progetti d'investimento dell'impresa definiti nel piano strategico. Inoltre, si occupa della gestione dei flussi finanziari in entrata e in uscita dall'azienda (incassi e pagamenti) relativi alla gestione ordinaria.

Le attività della catena del valore di un'impresa televisiva sono in stretta correlazione tra di loro e si influenzano vicendevolmente in modo differente. In base all'analisi della catena del valore, ossia in base all'individuazione delle proprie risorse e competenze, l'impresa televisiva può modificare la strategia perseguita in modo tale da sfruttare pienamente le proprie forze e proteggersi rispetto alle proprie debolezze.

59 SPITZ, *op. cit.*, pp. 229–230.

1.6 Le fonti di costo e di ricavo

È ora opportuno esaminare più da vicino alcuni degli aspetti economici dell'attività televisiva.

Il fine di ogni impresa è, in prima approssimazione, quello di creare ricchezza, cioè di realizzare ricavi superiori ai costi. Il reddito[60] costituisce «l'espressione monetaria dell'incremento di ricchezza derivante dall'attività dell'impresa ed è rappresentato dalla differenza tra i ricavi dei prodotti/servizi venduti e i corrispondenti costi di produzione»[61]. Ogni impresa tende perciò a realizzare un reddito positivo.

A seconda della funzione economica cui si riferiscono, i costi dell'impresa televisiva si distinguono in:

1. costi dei programmi (acquisto-produzione);
2. costi della struttura televisiva (preposta alla costruzione del palinsesto);
3. costi di trasmissione (di distribuzione del segnale).

Tutte e tre le categorie di costi variano in rapporto alla quantità ed alla qualità dell'offerta: i costi di produzione variano in funzione del numero di ore acquistate o prodotte, i costi della struttura televisiva in funzione dell'organico e del costo del personale ed i costi di trasmissione in funzione del numero delle ore trasmesse e della quantità e della tipologia degli impianti utilizzati.

È importante sottolineare che in un'impresa televisiva il livello dei costi è stabilito in base al numero potenziale di spettatori che si cerca di raggiungere e, una volta determinato tale livello, i costi non variano al mutare del numero effettivo degli spettatori. Infatti, come in precedenza già illustrato, una caratteristica del prodotto televisivo è il costo marginale vicino allo zero.

60 Si fa qui riferimento al concetto di risultato operativo della gestione caratteristica (cioè al risultato derivante dallo svolgimento delle attività tipiche della gestione industriale o commerciale) e alle variabili economiche pertinenti.

61 DEMATTÉ-PERRETTI, *op. cit.*, p. 212.

Nella voce[62] costi di produzione si includono l'acquisizione delle risorse e il modo in cui queste vengono combinate e impiegate nell'ambito dei processi di trasformazione[63]. Nel caso della produzione televisiva, le risorse e i relativi costi si riferiscono all'acquisto dei diritti televisivi e degli elementi artistici dei programmi[64]. I costi di trasformazione, invece, si riferiscono soprattutto agli elementi tecnici e cioè all'impiego di attrezzature, impianti, macchinari televisivi e al costo del personale tecnico. Essi si riferiscono alla gestione e al funzionamento dei centri di produzione, e cioè delle strutture televisive (studi, mezzi, attrezzature ecc.) e del personale preposto al loro funzionamento.

I costi dei programmi televisivi si possono dunque suddividere in tre categorie:

- diritti televisivi;
- elementi artistici;
- elementi tecnici.

I costi relativi ai diritti televisivi si riferiscono all'acquisizione del permesso di trasmettere un determinato programma o di utilizzare l'idea di fondo *(format)* oppure si riferiscono anche alla trasmissione di determinati eventi (come nel caso dello sport). I prezzi dei diritti sono in funzione della fascia oraria e delle dimensioni del mercato potenziale in cui il programma viene trasmesso. Per quanto riguarda i programmi sportivi bisogna precisare che i relativi prezzi variano in considerazione del tipo di impresa televisiva (pubblica, commerciale, a pagamento), del

62 Per cercare di illustrare le caratteristiche delle differenti voci di costo si fa riferimento a livello teorico a più autori come DEMATTÉ, GAMBARO, PERRETTI, SILVA, e a livello pratico al bilancio e al conto economico 2002 delle due principali imprese televisive italiane, Mediaset e RAI.

63 Più precisamente i costi di produzione si suddividono in: costi per materie prime, materie sussidiarie, di consumo e di merci, costi per servizi, costi per godimento di beni di terzi e costi per il personale (salari e stipendi, oneri sociali, trattamento di fine rapporto, trattamento di quiescenza e simili), e altri costi.

64 Per la definizione di tale concetto si veda oltre in questo stesso paragrafo.

grado di concorrenza, della dimensione del mercato televisivo e della popolarità di cui un determinato sport gode a livello nazionale.

I costi concernenti gli elementi artistici si riferiscono al *cast*, alla *troupe* artistica e all'allestimento scenico e variano a seconda dei compensi che caratterizzano le prime due componenti. Nei programmi di varietà ad esempio i costi «artistici» rappresentano il 70–80 % dei costi totali e si differenziano a seconda della tipologia e della specificità di ogni singolo programma.

I costi tecnici si riferiscono sia ai mezzi utilizzati per le riprese sia al personale e variano in base alla qualità e alla quantità degli uni e degli altri.

Generalmente, i costi dei programmi (acquistati o prodotti) rappresentano la maggior voce di costo di un'impresa televisiva[65], hanno una forte rigidità e sono relativamente elevati (soprattutto per l'incidenza dei costi fissi) anche a bassi livelli di ascolto.

Dividendo il costo totale di produzione e trasmissione di ogni programma per il numero medio degli spettatori che lo seguono, si ottiene la misura del costo medio per spettatore. Questo costo deve essere inferiore al «costo contatto»[66] cui ogni spettatore viene venduto sul mercato pubblicitario, altrimenti il programma per quanto di successo presso il pubblico, genera delle perdite per l'impresa[67].

Per quanto riguarda i costi dei programmi è utile, inoltre, distinguere tra i programmi ad utilità ripetuta (film, serie televisive ecc.), detti anche programmi di *stock*, che possono essere trasmessi più volte o venduti a terzi che li utilizzano in altri momenti o in altre aree geografiche, e i programmi ad utilità non ripetuta, detti anche programmi di

65 I costi dei programmi sono molto variabili e, considerando gli *standard* qualitativi di una televisione nazionale italiana, essi variano da circa 5 mila euro l'ora per telefilm molto vecchi a oltre 258 mila euro l'ora per *show* di prima serata.

66 Il costo contatto è il costo cui ogni spettatore è venduto sul mercato pubblicitario. L'impresa televisiva vende agli inserzionisti pubblicitari contatti, ossia spettatori, e più i contatti sono numerosi più alto è il prezzo di vendita.

67 Si veda a tale proposito le riflessioni di GAMBARO-RICCIARDI, *Economia dell'informazione e della comunicazione*, Laterza, Bari, 1997, pp. 154–163.

flusso, il cui valore si annulla una volta trasmessi. La spesa per il primo tipo di programmi per un'impresa televisiva rappresenta un costo fisso, ammortizzabile in un certo periodo di tempo. È importante rilevare che il programma televisivo, a differenza di quello cinematografico[68], ha fin dall'inizio un suo pubblico già individuato e previsto. In altri termini, un programma televisivo non è prodotto e poi venduto, ma è prodotto perché è stato già venduto.

I costi di trasmissione o illuminazione rappresentano l'insieme dei costi che un'impresa televisiva sostiene per diffondere il segnale. Questa voce è principalmente composta da costi fissi (trasmettitori, ponti radio, antenne ecc.). L'entità dei costi di trasmissione varia a seconda della tecnica di trasmissione utilizzata[69]: e più precisamente il costo di trasmissione è ottenuto sommando la quota di ammortamento degli investimenti fissi – come ad esempio le antenne e i trasmettitori –, le spese di manutenzione e i costi variabili (soprattutto l'energia elettrica).

68 Per quanto riguarda il prodotto cinematografico non esiste una domanda garantita a priori di un film specifico: ogni film deve conquistare un suo pubblico per remunerare gli investimenti che sono stati necessari a produrlo. Ogni film va incontro ad una domanda dubbia, incerta.

69 Come illustrano DEMATTÈ-PERRETTI, *op. cit.*, pp. 150–162, la trasmissione o illuminazione distribuisce il segnale televisivo sul territorio attraverso una rete di ponti radio che operano su canali differenti oppure attraverso i satelliti, o ancora attraverso un insieme di reti via cavo qualora questa infrastruttura sia disponibile (non essendo economicamente conveniente costruirla per un'unica rete). La rete terrestre di trasmettitori costituisce il sistema prevalente di illuminazione in Europa. La costruzione di una rete nazionale richiede un ingente investimento iniziale di natura sostanzialmente irreversibile e irrecuperabile. La sua dimensione, misurata dal numero di trasmettitori e ripetitori utilizzati, dipende anche dall'area che si vuole raggiungere e dalle condizioni orografiche. Per quanto riguarda la trasmissione via satellite, i costi di illuminazione sono più bassi rispetto a quelli via etere, in quanto l'impresa televisiva si limita ad affittare una quota della disponibilità del satellite. Infine, in riferimento alla illuminazione via cavo, bisogna sottolineare che i costi di tale sistema di trasmissione sono fortemente influenzati dalla politica governativa dei singoli paesi.

Nella voce «costi di struttura» rientrano principalmente i costi di gestione e i costi del personale. Ovviamente i costi del personale e i costi operativi delle strutture di un'impresa dipendono dalla dimensione dell'impresa stessa e sono caratterizzati da una frequenza mensile, a differenza dei costi di trasmissione che hanno una frequenza annuale. Nel caso dell'impresa televisiva a pagamento i costi di gestione rappresentano una voce importante, in quanto il rapporto con il telespettatore-cliente è al centro della sua attività economica.

I ricavi dell'impresa televisiva possono essere suddivisi in tre categorie:

1. i ricavi da fondi pubblici;
2. i ricavi da pubblicità;
3. i ricavi da abbonamenti.

Normalmente i ricavi sono rappresentati dal prodotto del prezzo unitario del bene o servizio per il numero dei beni o servizi venduti; nel caso dell'impresa televisiva, invece, non essendo la produzione e il consumo dei programmi direttamente collegati ad una logica di mercato, non è di regola possibile determinare i ricavi secondo codesto criterio (a ciò fanno eccezione, però, i ricavi da abbonamenti nell'impresa televisiva a pagamento).

I ricavi, come anche i costi di produzione, possono essere suddivisi in fissi o variabili[70], a seconda che essi mutino o non mutino al variare della produzione.

I ricavi da fondi pubblici possono essere sia fissi che variabili. Ricavi fissi sono, ad esempio, i fondi dello Stato, costituiti dai finanziamenti destinati al servizio televisivo e determinati in base al ruolo e alle funzioni che il soggetto pubblico è chiamato a svolgere. Solitamente il loro importo è condizionato dal livello complessivo delle entrate dello Stato e dalle decisioni politiche in merito alla ripartizione dei fondi. Essi non

70 Un esempio di costo fisso è rappresentato dalla manutenzione delle strutture produttive e un esempio di costo variabile è rappresentato dall'acquisto della pellicola.

sono necessariamente in funzione del numero degli spettatori. Un esempio di ricavo variabile, invece, è quello che deriva dal canone: esso dipende, infatti, dal numero delle famiglie dotate di televisore e dal livello di evasione, ma non dipende dal consumo televisivo.

I ricavi dell'impresa televisiva commerciale sono esclusivamente pubblicitari e variano in funzione del numero e del valore degli spazi riservati alle inserzioni di imprese, istituzioni e organizzazioni. In generale si può affermare che un aumento dell'audience permette di incrementare il prezzo di vendita degli spazi pubblicitari e quindi dei ricavi totali[71].

I ricavi dell'impresa televisiva a pagamento sono costituiti dagli abbonamenti e variano in base al loro numero.

71 Più precisamente il prezzo di uno *spot* pubblicitario dipende dal numero previsto di persone che guarderanno un determinato programma al quale lo *spot* è abbinato. Questo prezzo è ottenuto moltiplicando il numero di persone raggiunte dal programma per un costo di contatto unitario, il cui valore è determinato dalle condizioni generali della domanda e dell'offerta di pubblicità.

Capitolo secondo

Il settore televisivo

2.1 Il concetto di settore e la sua analisi

La configurazione e la dinamica di ogni impresa sono profondamente influenzate dalle caratteristiche e dalla dinamica dell'ambiente. Per capire in profondità l'attività economica televisiva è quindi necessario considerare le caratteristiche del settore e del mercato con cui un'impresa televisiva interagisce. In precedenza si è visto che l'ambiente economico modifica l'impresa e che l'impresa a sua volta modifica l'ambiente economico; quest'ultimo è definito come l'insieme di condizioni e fenomeni esterni ad essa, che influenzano in maniera significativa la sua struttura e la sua dinamica. Non tutte le condizioni e non tutti i fenomeni esterni all'impresa, però, sono elementi del suo ambiente: l'ambiente è circoscritto «alle condizioni ed ai fenomeni che vincolano, che stimolano e che indirizzano con intensità apprezzabile le scelte dell'impresa»[1].

L'ambiente economico di un'impresa è essenzialmente composto da:

- i settori;
- i mercati.

Prima di illustrare le specifiche caratteristiche e le logiche interne del settore televisivo, che forma oggetto del presente capitolo, si ritiene opportuno far precedere alcune osservazioni di carattere generale sul concetto di settore[2].

1 AIROLDI-BRUNETTI-CODA, *Economia aziendale*, il Mulino, Bologna, 1994, p. 250.

2 Il concetto di mercato e l'analisi del mercato televisivo sono oggetto del capitolo 3.

In economia aziendale il settore è generalmente definito come un insieme omogeneo di aziende che producono beni analoghi e tra loro intercambiabili[3], e che sono pertanto legate da relazioni di interdipendenza (concorrenza e/o collaborazione). In altri termini, un settore è formato da imprese che, offrendo prodotti simili, competono e/o collaborano nel soddisfare gli stessi bisogni[4]. Una più precisa definizione del concetto è invero assai difficile dal momento che mentre il settore «è un concetto frutto di un'astrazione, le imprese [...] sono una realtà

3 Un settore industriale è costituito da imprese che offrono al mercato un prodotto o una classe di prodotti caratterizzati da un elevato grado di sostituibilità. Secondo la definizione che ne danno gli economisti, sono prodotti sostituibili, o succedanei, quelli che presentano un'elevata elasticità incrociata della domanda. È ciò che si manifesta quando l'aumento di prezzo di un prodotto provoca l'aumento nella domanda dell'altro prodotto.

4 Come illustrano LISCIA-DUBINI-BATTOCCHIO, *L'impresa multimediale: competizione e mercato nel settore della comunicazione*, Etas Libri, Milano, 1992, pp. 14–25, le imprese concorrenti in funzione del grado di sostituibilità dei prodotti o servizi offerti, possono essere classificate secondo quattro livelli:

1. un primo livello costituito dalle imprese che offrono prodotti similari agli stessi clienti e a prezzi pressappoco identici;
2. un secondo livello costituito dalle imprese che realizzano prodotti della stessa categoria, ancorché differenziati sotto il profilo delle prestazioni, della clientela, delle modalità di vendita ecc.;
3. un terzo livello costituito dalle imprese che realizzano prodotti appartenenti a categorie diverse, peraltro dotati di un certo grado di sostituibilità funzionale. In questo caso è possibile considerare concorrenti i produttori di autovetture, di motociclette, di biciclette ecc.;
4. un quarto e ultimo livello costituito infine da tutte le imprese che competono per acquisire una parte della spesa del consumatore. Sotto questo profilo, un produttore di automobili considera come concorrenti, almeno in qualche misura, i produttori di beni durevoli, l'industria turistica, i costruttori di seconde case ecc.

L'identificazione dei concorrenti di un'impresa può quindi essere effettuata o dal punto di vista del settore (ossia considerando imprese che realizzano prodotti similari) o da quello del mercato (considerando imprese che soddisfano gli stessi bisogni o che si rivolgono allo stesso gruppo di acquirenti).

concreta. Un settore è costituito da un gruppo di imprese i cui confini dipendono dalla classificazione adottata dall'osservatore»[5].

Analizzare le dinamiche di un settore significa esaminare il comportamento nel tempo degli attori che operano in quell'ambito competitivo, ossia considerare il contributo della singola azienda alla definizione dell'ambito competitivo di riferimento. Dal momento che ogni azienda traccia in modo soggettivo il proprio ambito competitivo, non è possibile offrire una qualificazione univoca e oggettiva del settore. Inoltre, poiché un settore è formato da aziende, i meccanismi del settore possono essere spiegati attraverso il comportamento dei singoli attori; l'analisi di settore quindi «si traduce nella valutazione delle regole del gioco seguite dalle singole aziende all'interno di un dato ambito competitivo»[6].

Considerata la relazione di reciprocità tra impresa e sistema economico, e tra impresa e settore, si può affermare che la redditività di un'impresa dipende da due fattori: dalla redditività del settore in cui essa opera e dalla sua capacità di stabilire un vantaggio competitivo sui concorrenti. L'analisi settoriale in cui l'impresa opera, gioca quindi un ruolo centrale. La premessa base dell'analisi settoriale è che il livello di redditività del settore è determinato dalle caratteristiche della sua struttura[7].

La teoria che sta alla base delle relazioni tra struttura settoriale, comportamento concorrenziale e redditività settoriale, è fornita dall'approccio «Struttura-comportamenti-risultati»[8], che cerca di mettere in

5 GRANT, *L'analisi strategica nella gestione aziendale*, il Mulino, Bologna, 1991, p. 95.

6 LISCIA-DUBINI-BATTOCCHIO, *op. cit.*, p. 113.

7 In riferimento a quanto sostiene GRANT, *op. cit.*, l'approccio all'analisi strategica si regge sull'assunto che lo scopo della strategia è assicurare la sopravvivenza dell'impresa e accumulare denaro. Il punto di partenza, quindi, per l'analisi settoriale è la seguente domanda: «da che cosa è determinato il livello di redditività all'interno di un settore?».

8 I fondamenti di questo modello sono stati posti da MASON, *Price and Production Policies of Large Scale Enterprises*, in *American Economic Review*, New York, marzo 1939 e da BAIN, *Barriers to New Competition*, Harvard University Press, Cambridge, 1956.

relazione le caratteristiche della struttura di settore con la natura del comportamento competitivo e con il livello di redditività. La struttura del settore determina i comportamenti delle aziende e questi determinano i risultati. In definitiva, la redditività delle aziende di un dato settore dipende essenzialmente dalla struttura del settore stesso.

Il modello «Struttura-comportamenti-risultati» può essere schematizzato come segue:

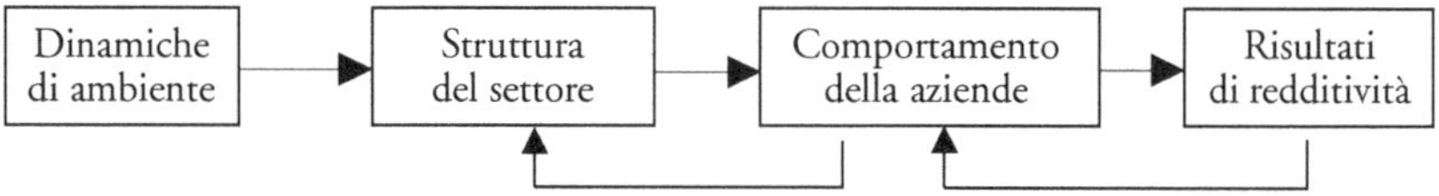

fig. 1 – (Airoldi-Brunetti-Coda, Economia aziendale, p. 261)

L'analisi viene condotta secondo tre variabili[9]:

a) il grado di concentrazione del settore, che è elevato se un piccolo numero di aziende copre una quota molto elevata dell'offerta complessiva, ed è basso se il settore è composto da numerose aziende ciascuna con una piccola quota di mercato;
b) la struttura dei costi, ossia l'andamento dei costi unitari in relazione al crescere dei volumi di produzione e al protrarsi della produzione nel tempo;
c) il livello delle barriere all'entrata, ossia il livello degli ostacoli che un'azienda deve affrontare per entrare nel settore.

Esempi tipici di correlazioni tra la struttura del settore e il comportamento delle imprese sono:

a) la *concorrenza perfetta*, che è una situazione ideale caratterizzata dalla presenza sul mercato di un gran numero di acquirenti e di venditori, nessuno dei quali è in grado di influenzare il livello dei prezzi attraverso il proprio comportamento[10];

9 Si veda a tale proposito AIROLDI-BRUNETTI-CODA, *op. cit.*, p. 260.

10 Tra gli elementi che caratterizzano una situazione di concorrenza perfetta si ricordano i bassi livelli di economie di scala, di concentrazione e di differenziazione dei prodotti.

b) il *monopolio*, che si ha quando un'impresa viene a essere l'unica produttrice di un dato bene, cosicché la domanda di tale bene coincide con la domanda totale del settore. Specularmente si parla di monopsomio quando, in un determinato settore, sono presenti molte imprese produttrici offerenti, ma la domanda di acquisto proviene da un'unica impresa;
c) l'*oligopolio non differenziato*, che si ha quando le imprese concorrenti sono in piccolo numero, offrono prodotti molto simili e tendono a concordare politiche di prezzo uniformi;
d) l'*oligopolio differenziato*, che si ha quando le imprese concorrenti sono poche, ma offrono prodotti molto differenziati tra di loro[11].

In generale s'intende che la redditività è tanto più elevata quanto maggiori sono le barriere all'entrata, la concentrazione del settore e la differenziazione dei prodotti[12].

Il modello «Struttura-comportamenti-risultati» presenta tuttavia alcuni importanti limiti. Esso offre scarso spazio alla differenziazione delle imprese nell'ambito del settore ed alle trasformazioni aziendali e settoriali indotte dall'innovazione, in quanto non tiene conto del fatto che la struttura di un settore può modificarsi nel tempo. Una teoria che ha notevolmente ampliato e rinnovato tale modello è quella delle cinque forze competitive di Porter[13]. Questo modello, che analizza il settore inteso come insieme di imprese in diretta competizione su uno stesso

11 In una situazione di oligopolio – differenziato e non differenziato – le barriere all'entrata sono relativamente alte.

12 Si ritiene anche che i risultati delle imprese dipendano dai comportamenti dei venditori e degli acquirenti sotto il profilo dei prezzi, delle attività promozionali, della ricerca e sviluppo, degli investimenti ecc. I comportamenti, a loro volta, sono determinati dalla struttura del settore al quale le imprese appartengono, il che significa numero e dimensioni sia dei venditori sia degli acquirenti, grado di differenziazione dei prodotti, presenza o meno di barriere all'entrata di nuovi concorrenti, struttura dei costi nella generalità delle imprese, diffusione o meno di processi di integrazione verticale.

13 PORTER, *La strategia competitiva. Analisi per le decisioni*, Editrice compositori, Bologna, 1982, pp. 11–39.

mercato di vendita, consente di valutare l'attrattività strutturale di un settore prendendo in considerazione, appunto, cinque forze competitive[14]: i concorrenti, i nuovi entranti, i produttori di beni sostitutivi, i fornitori ed i clienti. Di conseguenza la concorrenza non coinvolge soltanto le imprese che vi appartengono, ma è allargata:

1) ai *nuovi entranti*, ossia a quelle imprese che per l'attività economica svolta potrebbero entrare nel settore, ma operano in mercati differenti e intendono diversificarsi;
2) ai *produttori di beni sostitutivi*, ossia alle imprese che offrono beni sostitutivi, i quali possono, cioè, svolgere la stessa funzione di quelli proposti dall'impresa di riferimento;
3) ai *clienti*, che possono essere imprese di distribuzione o utilizzatori finali; aziende di produzione o aziende di consumo familiare;
4) ai *fornitori* di materie prime, di componenti, di servizi.

Il modello delle cinque forze può essere così schematizzato:

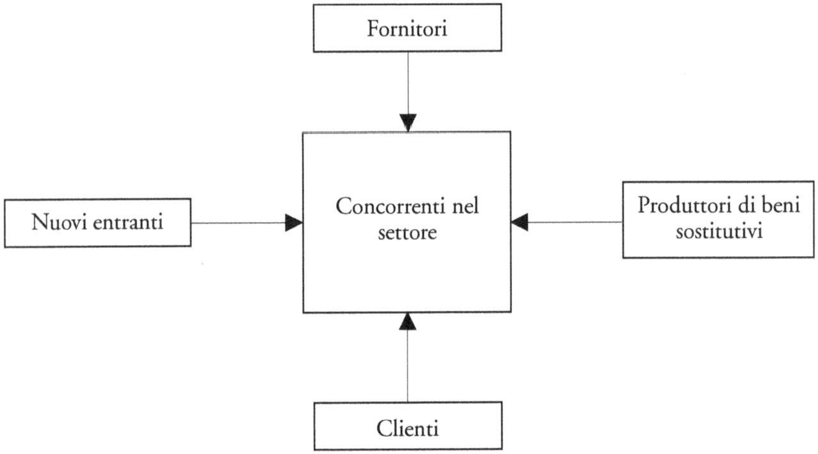

fig. 2 – (Porter, La strategia competitiva. Analisi per le decisioni, p. 12)

14 Secondo il modello di Porter, il tasso di redditività sul capitale investito (ROI) all'interno di un settore è determinato appunto da cinque tipi di pressione competitiva, che influiscono sulle imprese a livello di settore.

Queste cinque forze competitive comprendono tre fonti di concorrenza «orizzontale» (la concorrenza dei produttori di beni sostitutivi, la minaccia competitiva dei nuovi entranti e la concorrenza degli operatori già consolidati); e due fonti di concorrenza «verticale» (il potere contrattuale di fornitori e clienti). L'intensità di ciascuna di queste forze competitive è determinata da un numero di variabili-chiave strutturali[15].

Si cercherà ora di presentare sinteticamente[16] le caratteristiche di queste cinque forze al fine di completare il modello di analisi da adattare poi – con le dovute modifiche – al settore televisivo[17].

Il principale fattore che determina lo stato complessivo della concorrenza e del livello di redditività generale nella maggior parte dei settori è dato dall'intensità della concorrenza tra le imprese all'interno del settore: tra gli elementi che determinano la natura e l'intensità della concorrenza tra le imprese consolidate in un settore si possono annoverare il grado di concentrazione, la diversità dei concorrenti, la differenziazione del prodotto, l'esistenza di capacità produttiva in eccesso, le barriere all'entrata e le condizioni di costo[18]. La possibilità di entrata in un settore dipende dalle barriere all'entrata presenti e dalle reazioni dei concorrenti attuali che i nuovi arrivati devono attendersi: se le barriere[19] sono elevate, la possibilità di entrata è limitata.

15 Per maggiori dettagli si rimanda a GRANT, *op. cit.*, pp. 64 e seguenti.

16 Per un'analisi più dettagliata si rimanda a PORTER, *Il vantaggio competitivo,* Edizioni di Comunità, Milano, 1996, pp. 10–14.

17 Le forze che prendono il sopravvento nel dare forma alla competizione sono diverse in ogni settore. Ogni settore ha una struttura profonda – un insieme di caratteristiche tecniche ed economiche fondamentali – dalla quale queste forze competitive traggono origine.

18 Ad esempio, la rivalità tra i concorrenti è tanto più accesa quanto più le imprese del settore sono numerose, i prodotti sono indifferenziati, i costi fissi e le barriere all'entrata sono elevati.

19 Le barriere all'entrata hanno a loro volta varie determinanti: 1. le economie di scala, che causano la diminuzione dei costi unitari di prodotto (o di un'operazione o di una funzione che contribuisce alla realizzazione di un bene) quando aumenta il volume assoluto di produzione, relativo ad un intervallo temporale. Le economie di scala scoraggiano le entrate, visto che impongono alle

I fornitori hanno un forte potere contrattuale se il settore è dominato da poche imprese e da una concentrazione superiore rispetto a quella del settore cui vende, e se il suo prodotto è unico, o per lo meno distinguibile, ovvero se i prodotti sono poco sostituibili.

Il potere contrattuale dei clienti, infine, è forte se il settore presenta un basso livello di concentrazione, se i beni che acquistano dal settore sono poco specifici o se hanno scarsa influenza sul costo o sulla qualità dei suoi prodotti.

I cinque fattori concorrenziali dimostrano, quindi, che la concorrenza in un settore va ben oltre il comportamento degli attori consolidati. I clienti, i fornitori, i produttori di beni sostitutivi e i potenziali nuovi entranti sono tutti concorrenti per le imprese di un settore e possono essere più o meno significativi a seconda delle condizioni del settore stesso. In questo modello la concorrenza ha un significato più ampio (c.d. concorrenza allargata): indica le pressioni esercitate sull'impresa da ciascuna delle cinque classi di attori. Queste pressioni sono le forze che nel loro insieme determinano la redditività che può essere conseguita in un settore, e così l'attrattività dello stesso[20]. In generale si può dire

---

imprese esterne al settore di entrare con volumi elevati di produzione e di sopportare forti rischi dovuti alle reazioni delle imprese esistenti; 2. la differenziazione del prodotto che crea una barriera all'entrata poiché obbliga i nuovi entranti a sforzi notevoli per acquisire la fedeltà del consumatore; 3. il fabbisogno di capitale, ossia la necessità di investire ingenti risorse finanziarie per iniziare ad operare sul mercato, che costituisce una barriera all'entrata specialmente se occorre effettuare investimenti in pubblicità o in ricerca e sviluppo di difficile recupero; 4. l'accesso ai canali distributivi, ossia quanto più limitati sono i canali di distribuzione e quanto più le imprese già presenti nel settore li hanno occupati, tanto più difficile sarà entrare nel settore; 5. i vantaggi di costo, di cui le imprese già radicate possono godere; vantaggi in termini di costo non accessibili ai potenziali nuovi entranti, indipendentemente dalle loro dimensioni; 6. le politiche pubbliche di regolamentazione che possono limitare o addirittura precludere le entrate in determinati settori mediante controlli e/o disposizioni.

20 L'attrattività di un settore è, infatti, data dalla redditività dello stesso.

che quanto più queste forze nel loro insieme sono deboli, tanto più sono rilevanti le opportunità di risultati sopra la media. Soltanto dopo aver identificato le forze che determinano la situazione concorrenziale, l'impresa è in grado di stabilire i suoi punti di forza e di debolezza, nonché di scegliere la giusta strategia commerciale[21].

Si è finora visto che le cinque forze di Porter determinano la redditività di un settore, perché influenzano i prezzi, i costi e gli investimenti che devono sostenere le imprese appartenenti al settore stesso[22]. In definitiva, l'influenza di ciascuna delle cinque forze competitive è in funzione della struttura del settore, ossia delle caratteristiche economiche, giuridiche e tecniche che stanno alla sua base. Le imprese non sono soggetti passivi, ma attraverso le loro strategie, reagiscono e influenzano a loro volta le cinque forze.

21 La strategia, come viene definita da HENDERSON, *The origin of strategy*, in *Harvard Business Review*, Harvard, 1/1989, è la «ricerca deliberata di un piano di azione che sia in grado di determinare il vantaggio competitivo di un'azienda e di dargli consistenza. [...] I vostri concorrenti più pericolosi sono quelli che vi assomigliano di più. Il vostro vantaggio rispetto ai concorrenti è dato da ciò che vi differenzia da essi».

22 Sebbene Porter sottolinei più volte che l'acquisizione del vantaggio competitivo possa essere ottenuta ricorrendo a strategie competitive originali e, quindi, anche ricorrendo a configurazioni delle attività differenti rispetto a quelle dei concorrenti, l'analisi strutturale del sistema competitivo ipotizza, di fatto, la presenza di un insieme di concorrenti che, pur con diverse sfumature, presentano strutture di costo, economie di scala, barriere all'ingresso, prodotti sostitutivi, potere contrattuale nei confronti dei clienti e dei fornitori analoghi. Senza questa ipotesi di fondo, come sostiene PAROLINI, *Rete del valore e strategie aziendali*, Egea, Milano, 1996, pp. 143–145, non avrebbe senso parlare di struttura dei costi del settore, di potere contrattuale delle imprese concorrenti nei confronti di clienti e fornitori e così via.

2.2 L'analisi del settore televisivo

Il modello delle cinque forze competitive è stato sviluppato in riferimento ai settori industriali, rispetto ai quali quello dei *media* presenta delle specificità non trascurabili ed esige perciò un approccio teorico in parte diverso ed opportunamente modificato[23]. Prima di addentrarsi nell'analisi della struttura concorrenziale del settore televisivo, si ritiene dunque opportuno evidenziare alcuni limiti del modello proposto da Porter: ciò perché si è in presenza di un mercato e di un sistema difficilmente definibili, in specie con riguardo ai rapporti intercorrenti tra la televisione e l'insieme degli altri mezzi di comunicazione (basti pensare che negli ultimi anni, soprattutto nei paesi europei economicamente più avanzati, si è registrata una tendenza crescente a fusioni, acquisizioni, *joint venture* e partecipazioni azionarie incrociate tra imprese appartenenti al settore dei *media*)[24] e ciò perché inoltre il modello in esame non

23 Il tentativo di adattare il modello di Porter al settore è già stato sviluppato da SPITZ, *Fattori critici di successo delle televisioni nazionali europee nel mercato degli anni '90*, Difo-Druck GmbH, Bamberga, 1993, pp. 108–137.

24 Le ragioni dell'improvvisa vitalità del settore dei media sono molto complesse. Ci sono però almeno due elementi di fondo cui occorre far riferimento: l'emergere della *information economy* e l'internazionalizzazione dei mercati. Come dimostra RICHERI, *Le reti-mercato e l'economia dell'industria editoriale*, Centro Studi San Salvador di Telecom Italia, Venezia, pp. 36–38, l'Europa, con ritardo rispetto agli Stati Uniti e al Giappone, è entrata nell'era della «economia dell'informazione» solo nel corso degli anni '80, aprendo così una fase in cui le attività di produzione, distribuzione e consumo di beni immateriali hanno assunto un ruolo centrale nell'economia. Un segmento tipico dell'*information economy* è rappresentato proprio dall'audiovisivo che risente direttamente degli effetti incrociati del peso che assume la cosiddetta «economia immateriale» sul piano del lavoro e del tempo libero. L'internazionalizzazione dei mercati che ha raggiunto livelli avanzati negli anni '80 ha fortemente elevato la competitività del sistema economico europeo, spostando dalla produzione alla distribuzione la funzione strategica nelle imprese con l'effetto di accelerare lo sviluppo delle attività di promozione, di *marketing* e di pub-

sembra tenere nel dovuto conto né il carattere dinamico della concorrenza e della struttura del settore[25] né l'interazione concorrenziale tra le imprese[26].

---

blicità e di far crescere quindi le risorse destinate ai *mass media*. Di fronte alla tendenza all'internazionalizzazione il settore televisivo non poteva rimanere insensibile. La graduale perdita di influenza dei fattori di tempo e di spazio, la necessità di allargare i confini, una volta esaurito lo sbocco nei propri mercati nazionali, gli elementi di sinergia legati alle economie di scala, la diffusione dei mercati e dei prodotti finanziari fanno sì che la competizione si svolga ormai sull'intero scenario mondiale.

25 Come evidenzia PAROLINI, *op. cit.*, pp. 164–172, l'analisi di Porter inizia con la definizione della struttura settoriale in base alla quale si determina la natura e l'intensità della concorrenza, da cui a sua volta dipende la redditività del settore. Ma la struttura di settore non è determinata in maniera esogena. Una caratteristica chiave del processo competitivo è che la struttura settoriale subisce un continuo cambiamento ad opera delle decisioni strategiche delle imprese e delle loro interazioni competitive. Il rischio maggiore quando si utilizza il modello ideato da Porter è che, in base all'assunto da cui muove – e cioè che la struttura di settore è di tipo esogeno e costante nel tempo –, questo potrebbe indurre a fare previsioni sul comportamento competitivo e sulla redditività.

26 PAROLINI, *ibidem*, pp. 164–181, afferma che il problema fondamentale dell'analisi di settore tradizionale non è legato al venire meno delle forze competitive identificate da Porter e non è nemmeno legato al fatto che l'analisi strutturale dell'ambiente competitivo non sia più valida. Il problema sta nel fatto che la maggior parte dei modelli di analisi strategica considera le attività che creano valore, non come unità elementari, ma come insiemi tipici di attività. Questa visione prende il nome di *bundled thinking*, e mostra tutti i limiti del modello di Porter quando un numero crescente di imprese in un determinato contesto competitivo smette di dare per scontato «chi fa che cosa» e comincia a definire i propri confini in modo originale, scegliendo di controllare direttamente o indirettamente insiemi di attività non necessariamente sequenziali, sulla base delle proprie competenze e dell'attrattività delle singole attività. Man mano che le definizioni originali dei *bundle* di attività diventano la regola e non più l'eccezione, applicare il modello delle cinque forze risulta essere sempre più difficile. Il vero problema, tuttavia, non sta nel metodo (ovvero nell'analisi strutturale delle forze competitive), ma nell'oggetto con riferimento al quale l'analisi dell'attrattività strutturale viene svolta: il settore.

Inoltre, come anche il modello «Struttura-comportamenti-risultati, il modello di Porter trascura il ruolo dello Stato come interlocutore diretto e indiretto di attività come quelle radiotelevisive che sono *sempre e dovunque* svolte in regime di concessione o di autorizzazione. Lo Stato ha voce determinante relativamente a due delle cinque «forze» del modello (i concorrenti nel settore e i nuovi entranti), come pure sulle modalità e le condizioni che disciplinano l'esercizio dell'attività delle imprese.

Isolando l'attività televisiva dalle altre attività di comunicazione si possono individuare alcuni punti di convergenza che permettono di identificare tre gruppi distinti di imprese televisive[27]:

1. il primo gruppo è costituito da imprese televisive che hanno sviluppato una strategia di mercato su scala europea basata sulla diffusione televisiva ed organizzata tramite accordi, alleanze e *joint venture*. L'obiettivo da conquistare è l'acquisizione di investimenti pubblicitari ottenuti attraverso la diffusione di programmi per un pubblico di massa (imprese di questo tipo fanno oggi capo, ad esempio, a Murdoch);
2. il secondo gruppo è costituito da imprese che preferiscono svolgere un ruolo prevalentemente regionale o nazionale, alleandosi eventualmente con imprese del gruppo precedente (es. Prisa in Spagna, Esselte in Scandinavia);
3. il terzo gruppo è costituito da imprese che hanno puntato al mercato internazionale per valorizzare competenze e capacità acquisite in alcuni segmenti specifici dell'attività televisiva (es. Canal+).

La definizione dei confini del settore e dell'ambito competitivo in cui l'impresa televisiva opera, presenta numerose articolazioni sul piano del prodotto, sul piano della dimensione geografica della concorrenza e sul piano dell'innovazione tecnologica[28].

27 A tale proposito si veda RICHERI, *La TV che conta*, Baskerville, Bologna, 1993, pp. 35–36.

28 Si veda a tale proposito GAMBARO-RICCIARDI, *Economia dell'informazione e della comunicazione*, Laterza, Bari, 1997, pp. 157–158.

Al livello più elementare il settore che qui interessa potrebbe intendersi ristretto alla televisione via etere, con mercati prevalentemente nazionali o locali, e con alcuni limitati elementi di internazionalizzazione. L'attenzione, in questo caso, si concentrerebbe sul comportamento di stazioni e reti televisive, sia per quanto riguarda le relazioni competitive orizzontali (imprese appartenenti allo stesso settore, nuovi entranti e produttori di beni sostitutivi) sia per quelle verticali (fornitori e clienti). Si tratta della forma originaria in cui si è sviluppata la televisione, che a sua volta deriva dall'organizzazione del mercato radiofonico nei suoi diversi modelli istituzionali.

Ad un livello più ampio è possibile guardare alla c.d. filiera video. La televisione via etere, in questo caso, è considerata come un canale distributivo di prodotti audiovisivi realizzati in parte dalla filiera cinematografica e in parte dalla stessa filiera televisiva. La televisione via etere compete, in questo caso, con le altre forme di televisione (cavo, satellite) e con altre forme distributive dei prodotti audiovisivi (come le videocassette e le sale cinematografiche). Le diverse tecnologie distributive, oppure le diverse organizzazioni del mercato, pur coesistendo nella stessa filiera, rispondono a bisogni simili con modalità differenziate e con costi e prezzi articolati diversamente.

Ad un livello ancora più generale è possibile incorporare nel gioco concorrenziale anche tutti gli altri mezzi di comunicazione e, in senso più lato, tutte quelle imprese che si occupano della attività del tempo libero. Si arriva, in questo modo, a considerare l'intero sistema comunicativo o gran parte di esso; allargando così tanto l'orizzonte, i processi di sostituzione tra i diversi prodotti e servizi informativi diventano conseguentemente più labili e le effettive relazioni concorrenziali appaiono più opinabili.

Al fine della presente analisi sembra di dover prediligere l'interpretazione meno estesa del concetto di settore televisivo, per via della sua maggiore omogeneità complessiva.

Si faranno ora alcune osservazioni sulle caratteristiche delle cinque forze competitive e sul rapporto che esse hanno con l'impresa televisiva.

Il potere contrattuale dei fornitori e dei clienti

Per quanto riguarda il potere contrattuale dei fornitori, si può affermare che la dipendenza di un'impresa televisiva da essi può verificarsi in due modi: i fornitori possono elevare i prezzi o ridurre la qualità del prodotto audiovisivo fornito, che una volta inserito nella logica di palinsesto diventa programma. L'impresa televisiva può cercare di diminuire o addirittura di neutralizzare il potere dei fornitori ricorrendo a fornitori diversi oppure promuovendo una standardizzazione dei prodotti e svolgendo essa stessa la funzione di approvvigionamento dei prodotti. In tal caso l'impresa televisiva effettua un'integrazione verticale a monte. Come già osservato in precedenza, infatti, attraverso l'integrazione verticale, le imprese televisive raggiungono da un lato benefici interni in termini di riduzione dei costi e dall'altro lato si assicurano un maggiore controllo dell'ambiente. I benefici interni influiscono positivamente sulla strategia perseguita, mentre il vantaggio di poter controllare maggiormente l'ambiente, permette all'impresa stessa di ottenere la disponibilità di un prodotto in base alla quantità, alla qualità e ai tempi da essa considerati più opportuni.

Il potere dei fornitori, inoltre, incide sull'industria televisiva europea sia nel campo dell'*hardware* (la tecnologia di trasmissione), sia in quello del *software* (i prodotti audiovisivi): il principale produttore nel campo dell'*hardware* è il Giappone, mentre nel campo del *software* gli Stati Uniti occupano la posizione *leader*.

Per quanto riguarda invece il potere contrattuale dei clienti, è opportuno segnalare che raramente un gruppo di clienti / consumatori che agisce in un settore è omogeneo. Essi costituiscono una forza concorrenziale in quanto premono per una diminuzione del prezzo e per una migliore qualità del prodotto o del servizio[29]. Il grado di dipendenza è

29 Si ricorda che i clienti delle imprese televisive pubbliche e commerciali non sono i consumatori, quindi le famiglie, ma sono, ad esempio, i centri *media* che gestiscono l'acquisto degli spazi pubblicitari.

qui determinato dal numero di clienti e un'impresa deve continuamente analizzare la struttura di questi ultimi per poter pianificare e modificare la propria strategia commerciale.

Alcuni autori sono soliti distinguere tra due tipologie di clienti nel settore televisivo:

1. gli utenti (nel caso dell'impresa televisiva a pagamento);
2. le imprese inserzioniste (in varia misura per tutti i modelli di *business*).

Nel caso dell'impresa televisiva a pagamento l'abbonato, qualora non sia soddisfatto dell'offerta, può decidere di non rinnovare l'abbonamento.

Per quanto riguarda la seconda tipologia di cliente, un canale televisivo nella vendita di spazi pubblicitari è, solitamente, in concorrenza con le altre forme di comunicazione e di *marketing* e compete, direttamente, con le altre stazioni televisive[30]. Un'impresa televisiva, considerata l'importanza ricoperta dai ricavi pubblicitari (importanza che varia a dipendenza del modello di *business*), deve quindi cercare di soddisfare le esigenze e i desideri non solo dei consumatori, ma anche delle imprese che intendono acquistare spazi di programmazione per pubblicizzare il proprio prodotto.

I concorrenti potenziali

La minaccia di nuovi concorrenti dipende principalmente dalle barriere d'entrata nel settore; più esse sono elevate, minore è la minaccia. Solitamente gli attori presenti sul mercato tentano d'impedire o quantomeno di rendere difficoltoso l'accesso ai potenziali concorrenti. Le nuove imprese che entrano in un settore apportano nuove capacità, cercano di acquisire quote di mercato e, spesso, risorse sostanziali; di conseguenza, i prezzi possono subire riduzioni o i costi delle imprese, già presenti nel

30 Con le altre emittenti, la competizione si effettua, a parità di bacino geografico, sul terreno produttivo, su quello commerciale attraverso la politica del prezzo, sui servizi offerti ai clienti e sulla dimensione della rete di vendita.

settore, possono aumentare con la conseguente riduzione dei margini di profitto.

Per meglio comprendere le caratteristiche dei concorrenti potenziali è opportuno fare un esempio concreto. In alcuni paesi europei si è stabilito un ampio numero di canali che diffonde i loro programmi a livello locale e/o regionale. Si prenda come esempio l'Italia, che è il paese europeo dove il numero di emittenti regionali e locali è il più elevato. Tutte le altre imprese televisive che cercano di entrare nell'ambito in cui opera un'impresa televisiva regionale sono da essa considerate concorrenti potenziali, in quanto le prime in un futuro potranno offrire spazi pubblicitari all'interno della propria programmazione a imprese inserzioniste che vogliono raggiungere direttamente i propri clienti locali e/o regionali. Di conseguenza, tale impresa televisiva regionale perderebbe ingenti entrate economiche.

I prodotti sostitutivi

I prodotti sostitutivi limitano i potenziali profitti di un settore, ponendo un tetto minimo e massimo ai prezzi che le imprese possono stabilire. Il potenziale di redditività a livello di settore è determinato dal prezzo massimo che i consumatori sono disposti a pagare, prezzo che dipende soprattutto dall'esistenza di prodotti sostitutivi. Là dove i prodotti sostitutivi sono pochi, come nel caso della benzina e delle sigarette, i consumatori sono disposti a pagare un prezzo potenzialmente alto. In altre parole, la domanda è inelastica rispetto al prezzo. Se ci sono dei prodotti sostitutivi prossimi al prodotto di riferimento, viceversa, c'è un limite al prezzo che i consumatori sono disposti a pagare; la domanda è quindi elastica rispetto al prezzo.

Nel caso del settore televisivo i prodotti sostitutivi sono quelli offerti dai mezzi di comunicazione di massa con cui la televisione è in concorrenza. Tale concorrenza si può manifestare a due distinti livelli: il primo livello concerne l'utilizzo del tempo libero degli utenti e il secondo l'offerta di spazi pubblicitari alle imprese inserzioniste.

I principali media coi quali la televisione si trova oggi in competizione sono il cinema, la stampa, la radio, il videoregistratore ed Internet.

La competitività che intercorre tra il *cinema* e la televisione è molto forte[31] sia sul piano del tempo libero che sul piano degli spazi pubblicitari, mentre *stampa* e televisione, pur essendo considerati mezzi di comunicazione complementari per quanto riguarda l'offerta, sono in concorrenza per quanto concerne gli spazi pubblicitari.

Un altro mezzo di comunicazione in concorrenza con la televisione, anche se in misura inferiore rispetto al cinema e alla stampa, è la *radio.* La competitività con tale prodotto sostitutivo si manifesta soprattutto a livello di spazi pubblicitari e meno a livello del tempo utile, in quanto la radio è un mezzo di comunicazione che può essere acceso anche quando si vede un programma televisivo. Il *videoregistratore*, inoltre, compete con la televisione soltanto a livello di tempo. È importante precisare che il videoregistratore è un prodotto sostitutivo della televisione solo nel caso in cui esso viene utilizzato per guardare videocassette *(home video)* e non nel caso in cui viene usato per registrare una trasmissione televisiva.

Infine, *Internet* compete sempre più con la televisione soprattutto nella conquista del tempo libero degli utenti. Anche in questo caso è opportuno precisare che la Rete può essere considerata un prodotto sostitutivo della televisione soltanto nel momento in cui l'utente non si serve di quei servizi nati dalla convergenza tra Internet e il *broadcasting*. Per farsi un'idea dell'importanza di Internet come prodotto sostitutivo della televisione, basti pensare che negli ultimi due anni, come osserva Mondomatica, si è passati in Europa da 41 milioni di utenti a

31 La televisione fa concorrenza al cinema su due livelli: come strumento di intrattenimento e come prodotto. Convenzionalmente, in maniera errata, si attribuisce la causa della crisi cinematografica della fine degli anni '60 in Italia alla televisione, che con la sua programmazione variegata, gratuita e a domicilio, ha facilmente conquistato il pubblico. Lo stato di debolezza e di crisi dell'industria cinematografica però, come illustrano BIZZARI-SOLAROLI, *L'industria cinematografica italiana*, Parenti, Firenze, 1958, pp. 169–183, è precedente all'avvio della televisione in Italia.

148 milioni. Secondo quanto riporta uno studio di Andersen Consulting[32], il 44% degli utenti Internet ha diminuito il proprio tempo trascorso davanti al televisore.

I concorrenti del settore

Il grado di rivalità tra le imprese che operano in un determinato settore dipende dal numero di concorrenti, dalla loro strategia e dalla crescita del settore. Un'impresa televisiva, ad esempio, per definire la propria strategia di programmazione deve tenere presente le strategie adottate dalle imprese concorrenti, ovvero dalle altre reti. «È infatti evidente che sin dalla scelta del proprio posizionamento nel sistema televisivo e dalla definizione della linea editoriale, ciascuna rete è obbligata a un attento esame delle identità, degli insediamenti e quindi delle strategie di offerta delle altre reti [...].»[33]

2.3 Il ruolo della regolamentazione

Secondo la precedente definizione di ambiente di un'impresa, sono rilevanti per la struttura e per la dinamica di un'azienda non soltanto gli aspetti puramente economici – dei quali si è fin qui trattato –, ma anche fenomeni e condizioni quali:

- la normativa giuridica nazionale e internazionale che regola il settore di interesse per l'impresa;
- il sistema dei valori (cultura) che caratterizza la collettività sociale in cui l'impresa opera;

32 ANDERSEN CONSULTING, *Outlook of the development of technologies and markets for the European audiovisual sector up to 2010,* Bruxelles, 2002, p. 122.

33 RIZZA, *Costruire palinsesti*, Nuova Eri, Roma, 1989, p. 151.

- i fenomeni ed i processi sociali che determinano lo sviluppo e il consumo di un prodotto o di un servizio (in questo caso la televisione);
- lo stato e la dinamica delle tecnologie e delle tecniche.

Come si vedrà in dettaglio nel capitolo successivo, si può affermare che una regolamentazione più o meno rigida è in grado di condizionare le dimensioni del settore televisivo e le dinamiche di attività. Ad esempio, la quantità dei canali e le caratteristiche della programmazione televisiva variano sensibilmente in Europa da un paese ad un altro per ragioni in buona parte legate alle differenti legislazioni.

Considerando il grado di regolamentazione in ordine alle barriere all'entrata, alla programmazione televisiva, alle restrizioni pubblicitarie e alla possibilità d'accesso dei canali privati, i vari paesi europei possono essere suddivisi secondo una classificazione proposta da Booz Allen Hamilton[34] in due categorie: i paesi con una regolamentazione restrittiva (Austria, Belgio, Danimarca, Finlandia, Germania, Norvegia, Olanda, Svezia, Svizzera) e quelli con una regolamentazione permissiva (Francia, Gran Bretagna, Grecia, Irlanda, Italia, Portogallo, Spagna). La normativa incide, infatti, su uno dei fattori principali che determina il tempo destinato al consumo televisivo, ossia la scelta dei programmi a disposizione dei telespettatori. Ad esempio, i paesi scandinavi sono i meno propensi a concedere spazi alle imprese televisive commerciali e in Norvegia l'ente pubblico ha il monopolio televisivo del paese.

In Europa il *broadcasting* ha regole piuttosto vincolanti. L'attività televisiva è, infatti, un settore caratterizzato da un'elevata incidenza dell'intervento pubblico e da una forte politicizzazione. I motivi per cui il settore risulta essere uno dei più regolamentati sono numerosi e di ordine tecnico, economico, politico-istituzionale e sociale[35]. Le motivazioni tecniche si riferiscono alle caratteristiche fisiche dei segnali televisivi e al fatto che per la loro trasmissione si utilizzi lo spettro elettromagnetico,

34 BOOZ ALLEN HAMILTON, *Funding European Broadcasting: the Challenge for the 1990s*, Working Paper, Londra, 1998.

35 Si veda a tale proposito, DEMATTÉ-PERRETTI, *op. cit.*, pp. 37–40.

cioè una risorsa naturale e scarsa (non fruibile da tutti) che, in quanto tale, deve essere sfruttata in modo equo ed efficiente, e il cui uso deve essere pertanto disciplinato. Le motivazioni economiche riguardano la capacità di sviluppo del settore e dei settori connessi, l'arricchimento e la competitività del patrimonio audiovisivo, la tutela della concorrenza e degli altri mezzi di comunicazione, la possibilità d'accesso, la diversità e la possibilità di scelta tra i diversi soggetti. Le motivazioni politico-istituzionali nascono dalla necessità di controllare un potente mezzo di informazione e di formazione dell'opinione pubblica e di garantire il rispetto di alcuni valori collettivi, come ad esempio il pluralismo e la tutela dei minori.

Le modalità e l'incidenza dell'intervento pubblico si differenziano nel tempo e a seconda dei diversi paesi. In alcuni, come ad esempio negli Stati Uniti, l'intervento dello Stato si limita a definire l'ambito normativo dell'attività televisiva giocando un ruolo marginale all'interno dell'offerta. Nei paesi europei, invece, lo Stato oltre a regolamentare in maniera più rigida il settore, è direttamente coinvolto nell'attività televisiva come gestore del servizio pubblico. Nel caso in cui l'intervento pubblico si manifesta attraverso le norme che regolano l'attività televisiva, lo Stato interviene non come diretto operatore economico, ma come insieme di autorità istituzionali che regolano il settore televisivo secondo norme e principi specifici. Generalmente la normativa è rivolta a disciplinare il settore di riferimento e la sua struttura quanto all'accesso, al numero dei soggetti televisivi presenti e al contenuto che questi offrono.

Le norme che incidono sulla struttura del settore televisivo mirano al raggiungimento di due obiettivi differenti[36]:

1. la tutela del pluralismo, il cui fondamento politico-istituzionale, di derivazione liberale, nasce dalla convinzione che alla base della democrazia vi siano la libertà di manifestazione del pensiero ed il diritto dei cittadini di formarsi una propria opinione attraverso la libera

36 Si veda a tale proposito, DEMATTÉ-PERRETTI, *op. cit.*, p. 40.

scelta fra più fonti di informazione e, per ciò che riguarda la televisione, fra più emittenti indipendenti;
2. la tutela della concorrenza, allo scopo di impedire che questa possa venire distorta o eliminata a scapito dei telespettatori, degli inserzionisti pubblicitari e delle emittenti minori.

L'interesse pubblico di favorire e tutelare la concorrenza[37] viene perseguito intervenendo sul numero e sulla dimensione di quelle imprese che influenzano profondamente la struttura di un settore in termini di barriere all'entrata e di concentrazione, e che quindi compartecipano a determinare il grado di concorrenza. La competizione ad armi pari in settori dove ci sono barriere tecniche o normative al libero accesso può avvenire se accompagnata da una specifica regolamentazione con l'intento di realizzare la parità delle condizioni competitive.

«Le leggi e i regolamenti antitrust vietano gli accordi tra imprese o lo sfruttamento non autorizzato da parte di una o più imprese di una posizione dominante o di monopolio sul mercato il cui effetto sia quello di impedire, restringere o falsare il gioco della concorrenza».[38] L'esigenza della legislazione *antitrust* di garantire un'ampia concorrenza è connessa all'obiettivo di tutelare sia clienti e consumatori (in modo che

37 La teoria economica ha descritto le caratteristiche che un mercato deve possedere affinché operino i meccanismi concorrenziali e in particolare: 1. la numerosità degli operatori, per cui la domanda e l'offerta sono formate da un numero indefinito di soggetti, ciascuno dei quali non può singolarmente influire sul prezzo; 2. la libertà di ingresso, ossia l'assenza di barriere all'entrata e all'uscita per cui non esistono ostacoli alla mobilità della domanda e della offerta; 3. una perfetta informazione per cui tutti gli operatori sono a conoscenza del prezzo e delle quantità scambiate. Queste condizioni, in realtà, sono poco riscontrabili, perché l'obiettivo delle imprese è comunque quello di aumentare il proprio potere di mercato tentando di ottenere un vantaggio competitivo nei confronti dei concorrenti esistenti e di ostacolare l'entrata di nuovi operatori e, inoltre, perché in alcuni settori esistono determinate condizioni strutturali che agiscono da barriere all'entrata limitando la libertà di ingresso (Cfr. DEMATTÉ-PERRETTI, *op. cit.*, p. 41).

38 DEMATTÉ-PERRETTI, *op. cit.*, p. 45.

alcune imprese non possano avere un potere assoluto sul mercato di un determinato prodotto o servizio in termini di quantità, qualità o prezzi) sia le piccole e medie imprese (in modo che alcuni soggetti non assumano una dimensione eccessiva tale da condizionare unilateralmente il comportamento della totalità dell'offerta).

La presenza di economie di dimensione[39] e di varietà[40] nell'attività televisiva genera alcuni effetti sul comportamento concorrenziale e sulla struttura del settore televisivo. Da un lato permette all'impresa ampi margini per aumentare l'efficienza e migliorare la propria posizione competitiva attraverso lo sviluppo dimensionale, creando fenomeni di integrazione verticale e / o orizzontale e di diversificazione; dall'altro aumentando la concentrazione, essa pone limiti alla concorrenza. Le norme *antitrust* sono destinate, quindi, ad impedire livelli di concentrazione eccessivi dell'audience e della pubblicità per evitare la formazione di posizioni dominanti che possono danneggiare economicamente i clienti.

È importante tenere presente che il settore televisivo è soggetto oltre che alla normativa interna ad una normativa internazionale e, nel caso delle nazioni appartenenti all'Unione Europea, ad una normativa comunitaria[41].

39 Un'impresa televisiva ricorrendo alle economie di dimensione riesce, all'aumentare del numero di canali posseduti, a ridurre i costi e ad ottenere notevoli vantaggi competitivi. Ad esempio, possedere più canali permette di differenziare la programmazione in modo tale da meglio adattarla a *target* specifici.

40 L'attività televisiva è caratterizzata da economie di varietà che permettono, attraverso la produzione congiunta di più beni e servizi, di ridurre i costi e di ottenere vantaggi competitivi. In questo modo l'impresa televisiva ricorre ad esempio all'integrazione verticale, che permette di controllare funzioni strategiche come la produzione e la distribuzione dei programmi.

41 Una delle principali normative a livello europeo è la Direttiva «Televisione senza frontiere» del 1989, che definisce una struttura per la libera circolazione dei servizi televisivi in Europa e un programma europeo comune nel mercato della produzione e della distribuzione. La Direttiva fa riferimento esclu-

In conclusione si ribadisce che la regolamentazione, a livello nazionale e internazionale, influenza profondamente lo sviluppo e l'uso del mezzo di comunicazione televisivo.

---

sivamente a programmi televisivi (transfrontalieri e domestici), e non radiofonici, e si basa sul «*country of origin principle*», secondo il quale i programmi sono soggetti, in primo luogo, alla regolamentazione del paese dove l'emittente ha sede. La Direttiva stabilisce che le emittenti nei paesi membri devono dedicare la maggior parte (almeno il 50%) del proprio tempo di trasmissione a programmi di origine europea. Per quanto riguarda la pubblicità, alcuni prodotti non possono essere pubblicizzati, e il tempo che può essere dedicato alla pubblicità non deve superare il 15% della trasmissione giornaliera. Il quadro normativo europeo è completato con leggi sul *copyright*, sugli *standard* del *broadcasting* e sulla liberalizzazione del settore delle telecomunicazioni.

Capitolo terzo

Il mercato della televisione analogica

3.1 Il concetto di mercato

L'ambiente economico di un'azienda è caratterizzato da condizioni e fenomeni quali il settore – analizzato nel capitolo precedente – e il mercato, oggetto di questo capitolo. Prima di illustrare le caratteristiche dei principali mercati televisivi della televisione analogica, cioè quello statunitense e quello europeo, è necessario formulare alcune osservazioni di carattere generale sul concetto di mercato.

Il mercato è un «complesso dinamico di negoziazioni che hanno per oggetto una certa classe di beni e che si manifestano con continuità, con caratteri omogenei e con elevata interazione reciproca»[1]. Uno stesso bene, in un dato periodo di tempo, è di regola negoziato in più mercati distinti. In molti casi la distinzione più evidente è per aree economico-geografiche: si hanno così mercati nazionali, regionali, locali. Poiché i mercati sono complessi dinamici, essi variano nel tempo i loro caratteri distintivi (quali il prezzo, la qualità dei beni negoziati ecc.) e i loro confini.

Le tradizionali e fondamentali categorie di analisi dei mercati sono la domanda e l'offerta. Nel mercato dei beni, gli individui esprimono una domanda e le imprese forniscono un'offerta di beni. La prima è visualizzata dalla «curva di domanda», che indica quanto della risorsa scarsa «denaro» il consumatore è disposto ad allocare per ottenere un bene specifico, sulla base del proprio reddito, del prezzo del bene e dei

1 AIROLDI-BRUNETTI-CODA, *Economia aziendale*, il Mulino, Bologna, 1994, p. 256.

propri bisogni. La seconda è visualizzata dalla «curva di offerta» che indica a quale prezzo l'impresa decide di offrire una determinata quantità di prodotto/servizio[2].

2 Frequentemente si osserva che la domanda diminuisce all'aumentare del prezzo e viceversa. Da questa constatazione empirica discende che la funzione di domanda è una funzione decrescente rispetto al prezzo. Per quanto riguarda la funzione di offerta vale il contrario. Le due funzioni sono quindi rappresentabili nel modo seguente:

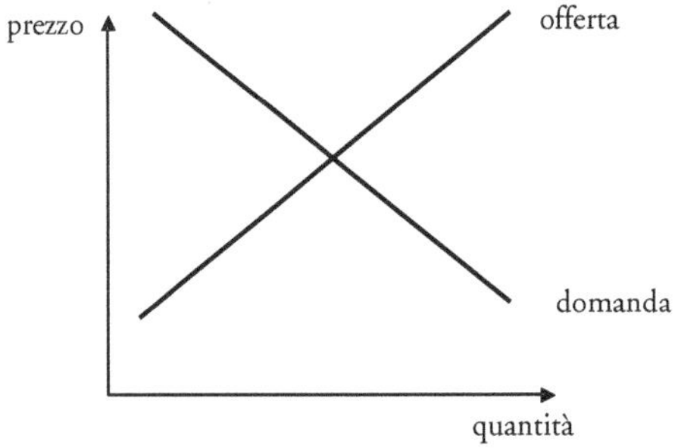

Il punto di intersezione tra le due «curve» rappresenta l'equilibrio di mercato, vale a dire lo stato in cui viene a trovarsi il mercato di un determinato bene quando, con un certo insieme di condizioni di mercato, la quantità complessivamente domandata è uguale alla quantità complessivamente offerta.

L'equilibrio di mercato dipende da due elementi:

1. dalla posizione delle curve di domanda e di offerta, che sono influenzate rispettivamente da una serie di determinanti (i gusti/le preferenze, il reddito dei consumatori, gli altri beni sostituibili o complementari e il loro prezzo, la qualità, la pubblicità ecc.) e da una serie di determinanti come la concorrenza, i costi di acquisto dei fattori produttivi, il prezzo degli altri beni prodotti, la tecnologia;
2. dall'elasticità della curva di domanda e di offerta, che fa invece riferimento agli spostamenti lungo la curva, che nel caso della domanda può avere quali determinanti il grado di sostituibilità, la natura del prodotto (è un bene di primaria necessità o è un bene di lusso), l'importanza del bene/servizio nella spesa totale e il tempo, mentre nel caso dell'offerta può essere determinata dai costi di produzione, dalla concorrenza ecc.

La domanda è analizzata in riferimento a due variabili:

a) una variabile quantitativa, che definisce il grado di diffusione del consumo del prodotto / servizio rispetto alla domanda complessiva potenziale e che oscilla da un valore minimo rappresentato dal consumo elitario ad un valore massimo corrispondente al consumo di massa;
b) una variabile qualitativa, che definisce il grado di segmentazione della domanda in termini di reddito, età, sesso, modelli culturali di riferimento e che comprende le categorie del consumo omogeneo e segmentato.

Gli stati caratteristici dell'offerta dipendono, invece, da un insieme complesso di variabili, quali la struttura produttiva e distributiva, la componente tecnologica, la regolamentazione ecc.

Un'impresa televisiva è solita interagire con due tipologie di mercato: il mercato dell'informazione e il mercato della comunicazione commerciale[3].

Il mercato dell'informazione può essere definito come quel mercato che soddisfa esigenze di intrattenimento, di informazione e di educazione. L'offerta è costituita da tutti i mezzi che producono la «merce» informazione. Sono attori, cioè, tutti i produttori di informazione in senso lato. Sul piano della domanda si hanno, invece, i singoli consumatori di una particolare merce, i mezzi di comunicazione (televisione, radio, stampa, cinema ecc.), lo Stato e gli altri gruppi che hanno interesse nei confronti dell'ente televisivo (es. gruppi politici).

Il mercato della comunicazione commerciale, invece, è il mercato sul quale agiscono le imprese inserzioniste richiedendo spazi pubblicitari. L'offerta del mercato della comunicazione commerciale è costituita dai *media* classici, dai nuovi *media* (che operano anche nel mercato dell'informazione e si trovano dunque all'intersezione dei due mercati) nonché da altri «venditori di contatti», quali affissioni, sponsorizzazioni,

3 A tale proposito SPITZ, *Fattori critici di successo delle televisioni nazionali europee nel mercato degli anni '90*, Difo-Druck GmbH, Bamberga, 1993, p. 39.

direct marketing, pubbliche relazioni ecc. La domanda è costituita dalle imprese inserzioniste, ossia da quelle imprese che acquistano uno spazio del mezzo di comunicazione per usufruire dell'audience di quel mezzo. Si tratta cioè di imprese che acquistano non l'informazione, ma il numero di ascoltatori del mezzo, la loro attenzione.

Il mercato dell'informazione e quello della comunicazione commerciale si intersecano. La differenza fra di essi, al di là del tipo di merce scambiata, è costituita dal fatto che, ad esempio, gli investimenti pubblicitari in affissione non generano alcun reddito per i soggetti operanti nel campo dell'offerta dell'informazione e non influiscono neanche su tutti gli investimenti in promozione. Per il mercato della comunicazione, invece, l'affissione diventa un potente concorrente di radio, stampa e televisione come venditore di contatti e può influire sullo sviluppo dei *media* classici. Come già osservato nel primo capitolo, la funzione economica della televisione commerciale è diversa da quella degli altri modelli televisivi: alla televisione commerciale si impone la necessità di privilegiare sempre l'interesse del suo vero cliente, cioè dell'impresa inserzionista.

Prima di analizzare la situazione dei mercati nella fase analogica e illustrare le principali politiche di regolamentazione da essi adottate, si ritiene opportuno formulare alcune osservazioni di metodo. Per «fase analogica» si intende quel periodo temporale (dalla nascita delle prime trasmissioni televisive all'avvento della televisione digitale) in cui l'impresa televisiva distribuisce la sua offerta esclusivamente con una tecnica c.d. analogica[4]. Inoltre, poiché il mercato televisivo – come già osservato nel par. 2.3 – è fortemente condizionato dalla regolamentazione

4 Analogico deriva dal greco *ανα-λόγος* che letteralmente significa «essere in rapporto con», «proporzionato». La distribuzione analogica consiste nella rappresentazione originale di un'informazione che si basa sulla corrispondenza tra due segnali, uno di trasmissione, l'altro di origine, in cui il primo è la rappresentazione del secondo e varia proporzionalmente al variare di quest'ultimo.

del settore, si è deciso di utilizzare il termine «mercato» in senso lato. Infine, ma non da ultimo, poiché l'obiettivo di questo capitolo è di presentare la struttura del settore televisivo nei principali paesi europei (solo dopo aver presentato anche il mercato televisivo statunitense) e valutare la grandezza del mercato televisivo, si è deciso di illustrare la situazione dei mercati al mese di dicembre 2002 (e cioè alla data più recente per la quale sono disponibili dati omogenei).

3.2 Il mercato mondiale della televisione analogica

Nella moderna terminologia economica il mercato omogeneo più grande è definito «triadico»[5], cioè composto da tre grandi aree geografiche: Stati Uniti, Giappone ed Europa[6]. Il valore del mercato triadico della televisione è stimato pari a 197 miliardi di dollari (162 miliardi di euro) alla fine del 2002. Il sistema è caratterizzato dal forte divario esistente tra i paesi più industrializzati e il resto del mondo: negli Stati Uniti, nell'Europa occidentale e in Giappone si concentrano oltre i ¾ delle risorse complessive del pianeta. All'interno dei paesi economicamente più sviluppati, gli Stati Uniti conservano un'indiscussa *leadership* con circa il 51% delle risorse, rispetto al 36% dell'Europa e al 13% del

5 MALLARDO, *I mercati televisivi*, in *Il futuro della tv*, a cura di Borri, Laterza, Bari, 1991, pp. 84–85.

6 Nei paesi della Triade vivono quasi 600 milioni di consumatori con gusti e strutture produttive in sostanza omogenee. Il primo elemento da tenere in conto per valutare la potenzialità della Triade è il potere d'acquisto. Il reddito pro capite delle popolazioni della Triade è dieci volte superiore a quello delle aree meno industrializzate o di recente industrializzazione. Qualche altro dato: più del 94% dei nuclei familiari ha un apparecchio televisivo, contro il 60% dei paesi di recente industrializzazione e il 10% dei paesi meno sviluppati.

Giappone[7]. La pubblicità continua a rappresentare la fonte di finanziamento principale (56%), seguita dagli abbonamenti (32%) e dal canone (12%).

Tuttavia, in linea con le tendenze degli ultimi anni, i ricavi da abbonamenti presentano i tassi di crescita più elevati, affiancando ormai la pubblicità quale fonte primaria di finanziamento del sistema in quei paesi, come negli Stati Uniti, dove il finanziamento pubblico della televisione è pressoché inesistente, e avvicinando sempre più il canone in quelle realtà televisive dove esso ha, storicamente e per lungo tempo, rappresentato la principale risorsa del sistema, concepito e sviluppatosi originariamente sulla nozione di servizio pubblico (Europa e Giappone).

Il 2002 è stato un anno piuttosto buio per il mercato televisivo triadico. Innanzitutto, il ciclo economico negativo, che aveva sensibilmente depresso gli investimenti pubblicitari destinati alla televisione, non si è risolto, impedendo che le perdite registrate nel 2001 potessero essere recuperate. Ciò vale tanto per i grandi *network* statunitensi, quanto per molte imprese televisive giapponesi ed europee. Il mercato televisivo mondiale è stato, infatti, influenzato, nel 2001, in modo tanto imprevisto quanto diretto, dall'attacco terrorista alle Torri Gemelle di New York e dalla guerra in Afghanistan. Ma nel 2001 sono emersi altri aspetti critici che, nell'insieme, hanno portato molte imprese a rivedere obiettivi e comportamenti.

Un primo problema è costituito dalla spirale dei costi di alcuni generi televisivi considerati essenziali nel confronto competitivo tra *broadcaster* e nel decollo di nuove iniziative televisive. In pochi anni il prezzo

7 Come viene riportato dall'AUTORITÀ PER LE GARANZIE NELLE COMUNICAZIONI, *Relazione annuale sull'attività svolta e sui programmi di lavoro*, Roma, 2001, i dati e le stime derivano da confronti tra le fonti più autorevoli e affidabili sull'argomento (Omsye, Idate, Veronis, Suhler & Associates, Zenith Media e altri). Poiché non ci sono dati omogenei per l'insieme delle tre aree qui considerate esistono consistenti discrepanze, in relazione alle diverse modalità con cui il dato viene acquisito ed elaborato.

dei diritti sportivi di eventi nazionali e internazionali, soprattutto campionati di calcio e gare automobilistiche, è decuplicato e anche diritti dei film di successo sono in costante crescita. Tale situazione provoca forti difficoltà nelle imprese, aumentandone la vulnerabilità. Si tratta, infatti, di ingredienti decisivi nelle strategie competitive, sia delle reti in chiaro che di quelle criptate, ma il livello dei costi che ne deriva rende sempre più incerta la possibilità di ottenere ritorni economici adeguati.

Un secondo problema riguarda la crescente minaccia costituita dalle forme di pirateria e di distribuzione illegale che, direttamente o indirettamente, incidono negativamente sugli assetti finanziari delle imprese televisive a pagamento. In alcuni paesi la contraffazione dei sistemi di accesso ai canali televisivi codificati ha, infatti, raggiunto un livello alquanto critico. Più in generale, la prospettiva di sviluppo delle reti a larga banda accresce il timore che per i film si ripeta quello che è successo per la musica (si ricordi il caso Napster) e si abbia un'esplosione degli scambi illeciti di prodotti audiovisivi.

In tale situazione di difficoltà, alcune imprese, per rafforzarsi e ridurre i rischi sono ricorse a politiche di fusioni e acquisizioni che, mentre determinano una crescita dell'indebitamento a livello di impresa, portano ad un sensibile aumento della concentrazione dei mercati di riferimento.

Ad esempio, negli Stati Uniti è stato bloccato il progetto di fusione tra le due piattaforme televisive satellitari DIRECTV e EchoStar, in seguito ad un parere negativo dell'Autorità *antitrust* americana. Successivamente a tale decisione, è stato proposto un nuovo progetto di concentrazione, poi realizzatosi, che ha portato DIRECTV e i suoi oltre 11 milioni di abbonati nell'ambito del gruppo di Murdoch, già proprietario di una *major* cinematografica (la FOX), e del quarto *network* televisivo nazionale (FOX TV), oltre che di altri canali televisivi.

In Europa, le fusioni in fase di realizzazione (o in progetto), e tali da modificare sensibilmente le strutture di mercato dei paesi interessati, riguardano la Spagna, l'Italia e la Francia e le rispettive piattaforme televisive satellitari, mentre nel Regno Unito è in progetto una fusione importante nel campo della televisione via cavo (NTL e Telewest).

Il 2002 è stato anche l'anno in cui è esplosa la crisi di alcuni dei maggiori gruppi di comunicazione su scala internazionale, attivi anche nel campo televisivo. Tra questi, i più rilevanti sono stati quello del gruppo franco americano Vivendi, proprietario anche di Canal+; di Time Warner-AOL; degli inglesi Carlton e Granada con la loro ITV Digital, che è fallita, e del gruppo tedesco Kirch Media.

L'evoluzione del mercato televisivo ha seguito, in ciascuna nazione, percorsi differenti che possono essere ricondotti a due «modelli» principali: quello statunitense e quello europeo. Le differenze sono attribuibili a fattori economici (disponibilità e consistenza delle risorse finanziarie, dimensione e composizione del mercato), a fattori tecnologici (sfruttamento delle frequenze, mezzi di trasmissione) e alla regolamentazione che hanno influito sulla velocità e sulla direzione dello sviluppo del mercato televisivo. Ciò significa che, benché esistano differenze temporali e strutturali tra i mercati televisivi di ciascun paese, emergono, pur nella diversità, alcune tendenze comuni. Per analizzare l'attività televisiva è quindi necessario «adottare una duplice prospettiva, universale e particolare, che utilizzi cioè una logica economica comune, applicata però alla specifica realtà di ciascuna nazione»[8]. Ai fattori economici e tecnologici, responsabili di tali differenze, per comprendere la varietà e la complessità del mercato televisivo, bisogna anche aggiungere alcuni fattori politici e giuridici fondamentali. È per questo motivo che s'illustrerà qui di seguito non soltanto il mercato televisivo dei singoli paesi, ma anche le rispettive principali politiche di regolamentazione.

Più precisamente in questo capitolo si presenterà la situazione del mercato televisivo alla fine del 2002 degli Stati Uniti, della Francia, Germania, Gran Bretagna, Italia e Spagna, nella fase analogica, mentre la relativa situazione nella successiva fase digitale è oggetto del capitolo 6.

8 DEMATTÉ-PERRETTI, *L'impresa televisiva*, Etas Libri, Milano, 1997, p. 31.

3.3 Il mercato statunitense della televisione analogica

Con circa 107 milioni di famiglie con televisore (corrispondenti al 97,8% delle famiglie americane), il mercato televisivo statunitense[9] è il maggiore mercato al mondo sia in termini di consumatori che di risorse totali. Il segmento principale, in termini di utenti potenziali, è quello della televisione via etere, costituito dalla totalità delle famiglie dotate di televisore, seguito dalla televisione via cavo (cui sono connesse 73,5 milioni di famiglie) e dalla televisione diffusa via satellite (ricevuta da oltre 18 milioni di famiglie). Nel 2002 l'insieme delle entrate del mercato televisivo ha superato i 100 miliardi di dollari (pari a circa 83 miliardi di euro), ripartiti nel seguente modo:

Settore	*Entrate (miliardi di dollari)*
Tv via etere	41,3
Tv via cavo	48,7
Tv via satellite	10,8
Totale	*100,8*

fig.1

9 Come suggeriscono WALKER-FERGUSON-LONG e SAUTER, *The broadcast television industry*, Allyn & Bacon, New York, 1998, pp. 12–39, la storia del mercato statunitense può essere suddivisa in tre grandi fasi:
1. la prima generazione (anni '20–'70) caratterizzata dal presidio di tre grandi emittenti e delle rispettive affiliate e da una concorrenza limitata;
2. la seconda generazione (fino alla seconda metà degli anni '90) che vede la crescita della televisione via cavo prima come concorrente e poi come collaboratrice della televisione tradizionale, nonché del videoregistratore e del telecomando. Basti pensare che all'inizio degli anni '80 le tre grandi società televisive (ABC, CBS e NBC) controllavano il 90% dell'audience e alla fine degli anni '80 dovettero lottare per cercare di mantenere il 60% dell'audience, avendo come concorrenti l'industria della televisione via cavo;
3. la terza generazione (quella attuale) caratterizzata dalla nascita e dallo sviluppo di nuove forme televisive, come la televisione digitale, la televisione interattiva, il *video on demand* ecc.

Come risulta dalla tabella sopra riportata, la televisione via cavo, con il 48,3% dei ricavi del mercato televisivo, ha confermato il suo primato, seguita dalla televisione via etere, con il 41%, e da quella via satellite con il 10,7%. Per la prima volta, nel 2002 i canali televisivi via cavo hanno avuto un'audience maggiore di quelli via etere, anche nella fascia oraria di massimo ascolto, con effetti rilevanti sugli introiti pubblicitari. I due principali settori (cavo ed etere), si sono divisi quasi il 90% del mercato, ma la televisione diretta via satellite, che esiste dal 1994, sta crescendo molto rapidamente e incomincia a far concorrenza alla televisione via cavo, in particolare nella gamma dei servizi a pagamento.

Il sistema televisivo statunitense, alla fine del 2002, è costituito dai seguenti operatori.

Per quanto concerne la televisione via etere sono attivi:

- PBS (Public Broadcasting Service), una compagnia privata *non profit* che raggruppa le 349 stazioni televisive pubbliche americane. Essa diffonde la maggior parte dei programmi televisivi finanziati dalla *Corporation for Public Broadcasting* (CPB). Queste emittenti televisive pubbliche sono finanziate da più fonti, quali sottoscrizioni societarie, sovvenzioni da parte del Governo, di università e dei telespettatori;
- ABC, CBS, NBC, FOX, WB, UPN[10], i 6 grandi network nazionali commerciali e le loro rispettive stazioni affiliate;
- numerose stazioni televisive indipendenti locali (circa 1580) finanziate dalla pubblicità[11].

Nel 2002, la televisione via etere ha dato segni di ripresa rispetto alle perdite subite nel 2001. In particolare sono cresciuti i ricavi delle stazioni locali (+14%) e dei *network* nazionali (+8,8%).

10 American Broadcasting Corporation (ABC), Corporation Broadcasting System (CBS), National Broadcasting System (NBS), FOX Broadcasting Company (FOX), Warner Broadcasting (WB) e United Paramount Network (UPN).

11 Il numero di stazioni locali è cresciuto di 187 unità (+13%) rispetto l'anno precedente.

Per quanto riguarda la televisione via satellite, è opportuno innanzitutto ricordare che il settore continua a crescere con ritmi sostenuti dal 1994. Essa registra, infatti, per quanto riguarda i ricavi, l'incremento percentuale più elevato (+18,6%). I due grandi operatori che dal 2000 dominano il mercato, DIRECTV e EchoStar, hanno aperto una trattativa per fondere le due società, trattativa che è stata interrotta dalla decisione dell'*Antitrust*. In seguito, DIRECTV è stata acquistata da Murdoch per oltre 6 miliardi di dollari.

Alla fine del 2002, DIRECTV ha raggiunto 11,2 milioni di abbonati a cui offre, attraverso 7 satelliti a diffusione diretta, oltre 200 canali televisivi a pagamento. EchoStar, invece, con i suoi 8 satelliti a diffusione diretta, ha raggiunto 8,2 milioni di abbonati a cui offre servizi simili al primo.

Le entrate complessive del settore, nel 2002 hanno raggiunto 10,8 miliardi di dollari (pari a poco più di 9 miliardi di euro)[12].

Per quanto concerne la televisione via cavo, alla fine del 2002, si stimano circa 10 mila gestori di rete con più di 73 milioni di famiglie allacciate. Di conseguenza, la televisione via cavo ha ancora buoni margini di espansione se si considera che le infrastrutture di rete sono accessibili ad oltre il 96% delle famiglie americane, mentre quelle allacciate non superano il 70%. Le cause di questo divario, che supera il 25% tra utenti potenziali e reali, sono diverse, ma la concorrenza dei servizi televisivi via satellite è tra quelle più marcate. Infatti, il numero di canali offerti dal satellite è molto superiore a quello offerto mediamente dalle reti televisive via cavo, e la qualità delle immagini, digitali nella trasmissione via satellite, è sensibilmente migliore rispetto a quella delle immagini analogiche che nel caso del cavo ancora prevalgono.

12 Più precisamente, DIRECTV ha avuto entrate pari a 6,4 miliardi di dollari, mentre EchoStar entrate pari a 4,4 miliardi di dollari.

Le reti televisive via cavo offrono ai loro clienti 5 tipi di servizi:

- *basic*, che comprendono i segnali televisivi locali;
- *expanded*, che comprendono programmazioni specifiche per il cavo, come Discovery Channel, Nikelodeon e CNN;
- *premium*, che comprendono canali specializzati di programmi più costosi, come i film o lo sport, tra cui i più noti sono Home Box Office e Showtime;
- *pay per view*, che comprendono trasmissioni pagate a consumo;
- *digital*, che comprendono canali televisivi extra e nuovi servizi interattivi.

I primi 10 operatori cavo americani presenti sul mercato, e i loro relativi abbonati, sono indicati nella tabella seguente:

Operatore cavo	*No. Abbonati (fine 2002)*
Comcast Corp.[13]	21 625 800
Time Warner Cable	10 862 000
Charter Communications	6 697 900
Cox Communications	6 263 400
Adelphia Communications	5 775 400
Cablevision System Corporation	2 968 500
Advance / Newhouse Comm.	2 100 000
Mediacom Communications	1 588 000
Insight Communications	1 289 000
Altri	14 330 000
Totale	*73 500 000*

fig. 2 – (National Cable & Telecommunications Association)

Il tasso di concentrazione dell'industria del cavo negli Stati Uniti è molto elevato: i primi quattro operatori raccolgono il 61,8% dei 73,5 milioni di abbonati.

13 E' importante ricordare che recentemente c'è stata la fusione tra Comcast e AT&T, l'operatore *leader* nel settore cavo.

Da un paio di anni le reti televisive via cavo sono oggetto di grandi investimenti. L'obiettivo principale non è quello di estendere la loro copertura geografica, ormai molto elevata, ma – come si vedrà nel par. 6.2 – di aggiornare le reti per poter sfruttare le potenzialità della televisione digitale con i suoi servizi interattivi.

La strategia degli operatori della tv via cavo consiste nel creare le condizioni per sviluppare soprattutto quei tipi di servizi interattivi che né la tv via etere né quella via satellite, anche nell'era digitale, saranno in grado di fornire con la stessa qualità.

Sebbene il servizio *«local broadcast-only»* sia generalmente offerto per un importo mensile relativamente basso (intorno ai 10 euro), circa il 95% degli abbonati al cavo sottoscrive un abbonamento a pacchetti più costosi, che includono dai sessanta agli ottanta canali. La maggior parte dei consumatori del cavo (circa il 95%) è abbonata anche a un pacchetto *basic* esteso che include programmi trasmessi via satellite da emittenti come CNN e ESPN, mentre soltanto il 5% dei consumatori del cavo è abbonato ad un pacchetto *basic* che include solo programmi trasmessi con segnali locali.

Sulla base di quanto sopra illustrato, il mercato televisivo statunitense può essere così schematicamente rappresentato:

Case con televisori	107.000.000
Trasmissione via etere	98 %
Trasmissione via cavo	70 %
Trasmissione via satellite	17 %
Emittenti televisive nazionali	ABC, NBC, CBS, FOX, WB, UPN
Principali operatori via cavo	Comcast Corp., Time Warner Cable, Charter Communications
Operatori via satellite	DIRECTV, EchoStar (Dish Network)

fig. 3

Per capire i modelli di *business* televisivi vincenti nel mercato statunitense è opportuno prendere in considerazione il quadro regolamentare in vigore nel settore delle comunicazioni.

Storicamente questo paese ha sempre adottato un modello di mercato molto liberista, rafforzato da una rigorosa disciplina *antitrust*[14], e completato da autorità indipendenti con il compito di controllo e di regolamentazione. La autorità più importante è la *Federal Communications Commission* (FCC), istituita dal *Communication Act* (1934), che ha il compito di regolamentare il mercato televisivo e il mercato delle telecomunicazioni[15]. In particolare la FCC ha adottato alcune misure al fine di favorire lo sviluppo di una televisione di qualità, attraverso il concetto di interesse pubblico, la dottrina della correttezza informativa *(Fairness Doctrine)*[16] e il principio dell'assegnazione di un eguale spazio temporale alle diverse opinioni *(Equal time)*[17]. Il primo emendamento

14 In particolare, la disciplina *antitrust* è stata definita dal *Sherman Antitrust Act* (1890) e dal *Clayton Antitrust Act* (1914).

15 La FCC, con un'elevata autonomia decisionale, ha l'obiettivo di promuovere la concorrenza nei settori della trasmissione via etere, via cavo e via satellite e, nel settore delle telecomunicazioni, ha l'obiettivo di promuovere lo sviluppo tecnologico.

16 La *Fairness Doctrine* richiede alle emittenti, come condizione per ottenere le concessioni dalla FCC, di affrontare questioni controverse nella società e di fare questo offrendo dei pareri equilibrati, bilanciati.

17 L'*Equal time* o più esattamente il provvedimento di uguale opportunità, richiede alle stazioni radio e televisive e ai sistemi cavo di trattare legalmente l'apparizione dei candidati politici e dei relativi punti di vista nella propria programmazione. Ad esempio, un'emittente che dedica un minuto a un candidato A deve dedicare lo stesso tempo con la stessa audience potenziale a tutti gli altri candidati. Tuttavia, un candidato che *«can not afford time does not receive free time unless his or her opponent is also given free time»*. In questo modo, anche con il principio di *Equal time*, una campagna ben finanziata ha un notevole vantaggio in termini di esposizione del candidato in televisione. Tale principio risale alla prima grande legge sul *broadcasting* americano, il *Radio Act of 1927*.

della Costituzione americana *(Libertà di parola)*[18], però, garantisce ai *network* una totale autonomia sui contenuti, impedendo di fatto, il perseguimento di una regolamentazione della qualità dei programmi televisivi.

Nonostante l'importanza della normativa *antitrust*, gli Stati Uniti hanno imposto dei vincoli *ex-ante* per favorire il pluralismo e la concorrenza. I principali sono:

- l'attribuzione delle frequenze e il controllo sul rilascio delle licenze;
- la regolamentazione degli aspetti tecnici;
- l'assenza di vincoli sulla produzione e sulla programmazione dei contenuti;
- i limitati obblighi di pubblico servizio;
- il limitato ruolo della auto-regolamentazione. In particolare c'è stato un tentativo di definire un codice di condotta tramite la *National Association of Broadcasting*, tentativo bloccato dall'*Antitrust.*

Inoltre, nella televisione via etere sono stati previsti:

- il limite di 12 stazioni televisive o radiofoniche in capo allo stesso soggetto;
- il limite del 25 % nella diffusione raggiunta con le stazioni possedute o controllate da un unico soggetto;
- il divieto di controllo da parte dello stesso soggetto di due stazioni dello stesso servizio – AM, FM, TV nel medesimo mercato locale;
- il divieto di ingresso di *network* nazionali in località dove sussiste il pericolo di restringere un'effettiva libera concorrenza;
- la quota minima di frequenze a favore di servizi non commerciali a carattere educativo.

18 *«Congress shall make no law respecting an establishment of religion, or prohibiting the free exercise thereof; or abridging the freedom of speech, or of the press; or the right of the people peaceably to assemble, and to petition the Government for a redress of grievances».*

Di recente, il *Telecommunication Act* (1996) ha portato un'ampia riforma nel settore delle comunicazioni, favorendo la convergenza dei *media* e l'innovazione tecnologica[19]. Pur mantenendo inalterata la disciplina *antitrust*, con il *Telecommunication Act* sono stati rimossi numerosi ostacoli, in particolare, quelli relativi alla televisione via cavo. Ad esempio, per quanto riguarda la titolarità congiunta è ora possibile da parte dei *broadcaster* la proprietà di emittenti e di televisioni via cavo, nonché la fusione tra operatori via cavo e società telefoniche in ambito locale.

Da non dimenticare, inoltre, che negli Stati Uniti è anche molto diffusa la concentrazione diagonale tra i mezzi di comunicazione (ad es., molte società editoriali stanno acquistando un operatore televisivo). Tradizionalmente, la FCC ha cercato di imporre ai *broadcaster* il limite della titolarità di una sola stazione radio o televisiva in un determinato mercato, ciò al fine di evitare che una società possedesse più di un mezzo di comunicazione – televisione, radio, cavo o quotidiano – nello stesso mercato geografico.

Come in molti altri paesi[20], anche il regime in vigore negli Stati Uniti prevede dei limiti sulla proprietà delle stazioni televisive da parte di stranieri. In particolare la sezione 310(b) del *Telecommunication Act* stabilisce che:

1. uno straniero (persona fisica) non può possedere più del 20% del capitale azionario di una stazione televisiva;
2. una società di proprietà straniera non può possedere più del 25 % in una stazione televisiva.

Si può quindi affermare che gli Stati Uniti rappresentano un caso anomalo per il trattamento giuridico da essi riservato al fenomeno della concentrazione nel settore televisivo, e ciò anche perché, a differenza degli altri paesi, essi si sono affidati fin dalle origini al sistema radiotelevisivo commerciale.

19 A tale proposito si rimanda al par. 6.2.

20 Si veda in particolare il caso francese (cfr. par. 3.4.1).

3.4 Il mercato europeo della televisione analogica

La televisione nasce in Europa come «servizio pubblico». Proprio questa connotazione «genetica», che rappresenta anche il più marcato elemento di differenziazione rispetto al modello americano, ha condizionato sensibilmente la fisionomia del paesaggio televisivo europeo, determinando, fino ad epoca recente, la pressoché assoluta mancanza di rapporti concorrenziali fra emittenti televisive, cioè, in definitiva, l'assenza di un vero e proprio mercato.

Il modello televisivo europeo, se si esclude la particolare situazione di duopolio propria della Gran Bretagna, fino alla seconda metà degli anni '70, rimane saldamente ancorato ad una gestione di monopolio pubblico. In Gran Bretagna la televisione fu lanciata nel 1936 su iniziativa della BBC che fino a quel momento gestiva il modello radiofonico. La maggior parte dei canali pubblici europei iniziò a trasmettere negli anni '50 (ARD / Germania, Nederland1 / Olanda, ORF / Austria, La Une / Belgio, D1 / Danimarca, France1 e France2 / Francia, RAI / Italia, RTP / Portogallo, TVE1 / Spagna, SVT 1 / Svezia, SF1, DRS, TSR e TSI / Svizzera) e alcuni come ET1 in Grecia e TRT in Turchia, furono attivati negli anni '60 e '70.

L'evoluzione dei sistemi televisivi nei singoli stati membri della Comunità Europea ha assunto caratteristiche in parte simili, che consentono oggi di individuare alcune linee di sviluppo comuni, e ciò sia nel progressivo consolidamento dei palinsesti nazionali, sia nell'affermazione e nel potenziamento delle tecniche di trasmissione.

Dopo un lungo periodo in cui il monopolio pubblico ha portato la televisione ad un grande livello di diffusione, questo assetto è entrato in crisi. Il monopolio pubblico si è rivelato un modello organizzativo inadeguato e poco versatile per interpretare e soddisfare le nuove tendenze dovute ai cambiamenti socio-culturali ed economici. Così negli anni '70 si sono affermati in Europa – con differenziazioni cronologiche da stato a stato – i primi movimenti di opinione antimonopolistici. Nasce cioè, in questo periodo, la rivendicazione di maggiori spazi per il libero mercato che, insieme ad altre spinte dirette a riorganizzare i sistemi televisivi nazionali per offrire maggiori opportunità di accesso e di pluralismo, spinge molti stati a riconsiderare i principi che determinarono le scelte monopolistiche[21]. La televisione commerciale – come già osservato nel par. 1.4.2 – fu introdotta e si sviluppò in maniera differente nei diversi paesi. La liberalizzazione, insieme all'aumento della disponibilità di frequenze, specialmente grazie alla trasmissione via satellite e via cavo e grazie anche ad una più efficiente gestione delle frequenze terrestri, ha creato le condizioni per una maggiore espansione del settore privato.

Nella storia della televisione europea, si manifestano in tempi successivi diverse tipologie di imprese televisive: i loro modi di coesistenza e competizione definiscono tre epoche televisive ben distinte, ciascuna delle quali è caratterizzata da tratti peculiari nell'economia di sistema, nei modi di consumo, negli obiettivi di programmazione. Le tre fasi sono le seguenti:

a) il monopolio dell'impresa televisiva di servizio pubblico (1946 – primi anni '80);
b) il mercato misto in cui operano imprese televisive di servizio pubblico e imprese televisive commerciali (primi anni '80 – fine anni '90);
c) il mercato in cui operano, a fianco delle imprese televisive di servizio pubblico e delle imprese televisive commerciali, le imprese televisive a pagamento con un'offerta monocanale e multicanale (1998–...).

Il mercato televisivo dell'Unione Europea nell'anno 2002 è costituito da 150 milioni di famiglie e continua ad essere prevalentemente finanziato dal canone e dalla pubblicità. Il mercato principale è quello della televisione via etere che raggiunge quasi il 100% delle famiglie, seguito dal mercato della televisione via cavo e via satellite che interessano, rispettivamente, il 34,6% e il 24% delle famiglie. Il peso delle diverse

21 A tale proposito si rimanda a SALVATORE, *Concorrenza televisiva e diritto comunitario*, CEDAM, Padova, 1993, pp. 10–12.

piattaforme di trasmissione televisiva varia anche sensibilmente da paese a paese come si può vedere dalla tabella seguente:

Paesi	*Tv cavo*	*Tv satellite*	*Tv via etere*
Francia	15%	12%	94%
Germania	57%	38%	100%
Gran Bretagna	19%	28%	97%
Italia	0,4%	12%	100%
Spagna	4%	15%	98%

fig. 4

Il numero delle famiglie c. d. multicanale, in grado di ricevere programmi oltre a quelli diffusi via etere e in chiaro, supera ormai ampiamente il 50% delle famiglie in possesso di un televisore; quelle che pagano un abbonamento sono più del 45%, mentre quelle che ricevono le trasmissioni televisive digitali a pagamento o in chiaro (come si vedrà meglio nel par. 6.3) superano il 15%.

Il 2002 è stato caratterizzato dalla sostanziale stagnazione delle due risorse principali del mercato televisivo, il canone e la pubblicità, mentre si è registrato un crescente sviluppo delle risorse derivanti dal pagamento diretto delle famiglie, dovuta sia all'espansione del numero degli abbonati ai servizi televisivi a pagamento via cavo e via satellite, sia alla spesa media annua degli abbonati. I paesi in cui la televisione a pagamento ha raggiunto il maggior sviluppo, sia in termini di operatori sia in termini di abbonati e di spesa, sono: la Francia, dove l'operatore *leader* è Canal+, la Gran Bretagna, dove l'operatore *leader* è BSkyB, e la Spagna, dove l'operatore *leader* è Canal Satélite Digital.

Alla fine del 2002 il mercato televisivo europeo ha superato i 58,5 miliardi di euro, che si sono concentrati per oltre l'87% in Germania, Francia, Italia, Spagna e Gran Bretagna.

Nell'ultimo decennio, le risorse a disposizione degli operatori televisivi sono cresciute del 117%, passando da 23 a oltre 50 miliardi di euro (con un incremento medio annuo dell'8,1%). In termini di variazione delle singole fonti di ricavo, lo sviluppo più significativo è stato però registrato dai ricavi relativi agli abbonamenti (47%) e dai ricavi pubblicitari (40%). Il canone, invece, che all'inizio del decennio era responsabile del 37% del fatturato del settore, ne rappresenta oggi il 24%. Contemporaneamente, si è ridimensionata sensibilmente la quota di mercato detenuta dalle imprese televisive pubbliche (passando dal 57% nel 1990 al 46% nel 2000), a vantaggio degli operatori della televisione a pagamento, la cui quota totale dei ricavi sale nell'arco dell'ultimo decennio dal 6,1% al 22%.

In generale, il 2002 è stato un anno difficile per molti operatori e ha portato sensibili cambiamenti nella maggior parte dei paesi europei[22].

Sul fronte della televisione via satellite, come si illustrerà dettagliatamente nel par. 6.3., anche nei paesi di maggiori dimensioni non sembra esservi sufficiente spazio per una competizione tra due o più piattaforme digitali. Il solo paese europeo dove continua ad esserci competizione è la Francia, ma è noto che gli operatori satellitari Télévision Par Satellite (TPS) e Canal Satellite, stanno da tempo cercando di fondersi in un'unica piattaforma.

Anche nel campo della televisione via cavo, nel 2002, le imprese hanno avuto alcune difficoltà. Ad esempio, UPC, secondo operatore per numero di abbonati, ha dovuto operare una profonda ristrutturazione per uscire dallo stato pre-fallimentare e a NTL e Telewest, attivi in Gran Bretagna, è avvenuto lo stesso.

Si ritiene ora opportuno, prima di presentare nei dettagli le caratteristiche del mercato televisivo nonché le principali politiche di regolamentazione adottate in Francia, Germania, Gran Bretagna, Italia e Spagna,

22 Su questo argomento cfr. pure PILATI-RICHERI, *La fabbrica delle idee*, Baskerville, Bologna, 2000, p. 93.

tracciare un quadro comparativo su scala europea, al fine di evidenziare la situazione dei più importanti sistemi televisivi nazionali.

Assumendo a riferimento il mercato inglese come il mercato di maggiori dimensioni (con 18,5 miliardi di euro), la Germania rappresenta il secondo mercato, seguita dalla Francia, dall'Italia e dalla Spagna. Se, invece, si considera un termine relativo come, ad esempio, il rapporto tra il fatturato del settore televisivo e la popolazione, la gerarchia dei paesi risulta in parte modificata. In prima posizione si trova sempre la Gran Bretagna, seguita però non dalla Germania, che scende al terzo posto, bensì dalla Francia. Al quarto e al quinto posto si collocano rispettivamente la Spagna e l'Italia. Se poi si prende in considerazione l'incidenza percentuale delle fonti di finanziamento sul fatturato, si nota, innanzitutto, che mentre in Francia la «spesa delle famiglie» (voce che comprende il canone e gli abbonamenti) rappresenta la prima fonte di ricavo, in Italia e Spagna i ricavi provengono principalmente dalla pubblicità. In Gran Bretagna e Germania, invece, il peso delle due forme di finanziamento è quasi equivalente: circa la metà dei ricavi deriva dalle risorse provenienti dalle famiglie e l'altra metà dalla pubblicità. Un'interessante osservazione, formulata da Perrucci e Richeri[23], è la seguente: se si disaggrega la voce «spesa delle famiglie» nelle due fonti di ricavo – canone ed abbonamenti –, si registrano situazioni piuttosto differenti: ad un estremo si colloca la Spagna, dove non esiste il canone e dove quindi la totalità della spesa delle famiglie deriva necessariamente da abbonamenti alla televisione a pagamento, e la Francia, dove gli abbonamenti equivalgono ad oltre i 2/3 della spesa delle famiglie. All'altro estremo, si trovano l'Italia e la Germania, dove il canone è la prima voce di spesa. La Gran Bretagna, invece, è un caso unico, anomalo, in quanto la spesa delle famiglie si ripartisce pressoché esattamente a metà tra il canone e gli abbonamenti.

Dall'esame di questi primi dati si desume l'immagine di un panorama europeo piuttosto diversificato. Peraltro, questa immagine, che nelle

23 Cfr. PERRUCCI-RICHERI, *Il mercato televisivo italiano nel contesto europeo*, il Mulino, Bologna, pp. 17–20.

pagine seguenti si cercherà appunto di mettere meglio a fuoco, potrebbe essere sia l'espressione di una diversità strutturale nei «modelli» di mercato televisivo prevalsi nei cinque paesi considerati, sia la semplice spia di un differente stadio di evoluzione raggiunto da un medesimo modello di sistema televisivo comune ad essi.

3.4.1 La Francia

Il mercato televisivo francese terrestre è attualmente costituito da quattro emittenti di servizio pubblico (France2[24], France3 e France5/La Cinquième, appartenenti alla *holding* France Télévision, e ARTE[25]), due emittenti commerciali (TF1, Métropole Télévision/M6) e una rete *premium* a pagamento, Canal+[26].

I canali terrestri raccolgono il 95,1% dell'audience annuale, mentre il resto è ripartito tra i canali tematici via cavo e via satellite. Più precisamente, i canali terrestri si suddividono l'audience nel modo seguente: il 45,3% è raccolto dai canali pubblici (il 20,8% è di France2, il 16,4% di France3, il 5,1% di France5/La Cinquième e il 3% è di ARTE), mentre il restante 49,8% è raccolto dai canali privati (il 32,7% da TF1, il 13,6% da M6 e il 3,5% da Canal+).

Nel 2001 (ultimi dati disponibili) il mercato televisivo francese ha raggiunto, in totale, una cifra d'affari di quasi 9,5 miliardi di euro. Il contributo principale era della televisione terrestre che ha fatto registrare

24 France2 è la nuova denominazione di Antenne2 avvenuta nel 1992 in seguito al rinnovamento della televisione di Stato.

25 Attualmente ARTE e La Cinquième (oggi France5) stanno condividendo lo stesso canale di frequenza in analogico terrestre (la prima trasmette nel *prime time* e la seconda di giorno).

26 Canal+, che è stato il primo canale *premium* ad essere lanciato in Europa nel 1984, raggiunge oggi 4,8 milioni di abbonati.

una cifra di poco inferiore ai 7 miliardi di euro (pari al 74% della cifra d'affari complessiva). La fonte primaria di finanziamento delle imprese televisive terrestri era la pubblicità (~40%) seguita dagli abbonamenti e dal canone (entrambi con il 21%)[27].

Per quanto riguarda la televisione via cavo, alla fine del 2002, le famiglie allacciate al cavo sono circa 3,5 milioni (pari al 15% delle famiglie in possesso di un apparecchio televisivo).

I principali operatori cavo, che si ripartiscono circa il 90% del mercato francese degli abbonati sono quattro: Lyonnaise Câble, ribattezzata Noos, France Télécom Câble, NC Numéricâble e UPC France. In termini di quota di mercato il primo posto è occupato da Noos con il 30%, seguito da France Télécom Câble con il 24%, NC Numéricâble con il 21% e UPC France con il 16%.

In particolare, a partire dal 1999, il mercato francese del cavo ha registrato un'importante entrata di capitali stranieri, specialmente americani. Il gruppo UPC è diventato il quarto operatore in Francia e il gruppo britannico NTL ha acquisito una partecipazione del 27% del capitale di Noos. I nuovi entrati, UPC e NTL, hanno affermato di voler investire circa un miliardo di franchi (pari a 152 milioni di euro) per la modernizzazione delle infrastrutture in modo da offrire servizi a larga banda.

L'abbonamento mensile ai servizi cavo si aggira intorno ai 20 euro.

Nel settore della televisione via satellite (che è passata alla tecnologia digitale) due sono gli operatori in concorrenza: TPS[28] e Canal

27 Il restante 18% (pari a circa 1,3 miliardi di euro) deriva da finanziamenti di altra natura come sovvenzioni statali, *sponsoring* ecc.

28 TPS, nata nel 1997, era posseduta inizialmente in parti uguali da TF1, M6, Suez-Lyonnaise des Eaux e France Télévision Enterprises (FTE). Ma FTE vendette la sua quota azionaria a TF1 nel dicembre 2001. Nel luglio 2002 TF1 e M6 si misero d'accordo per comprare il 25% posseduto da Suez-Lyonnaise des Eaux. Oggi TPS è posseduta per il 66% da M6 e per il 34% da M6.

Satellite[29]. Alla fine del 2002, si stimano più di 1,4 milioni di abbonati a TPS e poco più di 2 milioni a Canal Satellite.

Nel 2001 (ultimi dati disponibili) la cifra d'affari del settore televisivo via cavo e via satellite era pari al 26% della cifra d'affari complessiva (ossia circa 2,5 miliardi di euro).

La situazione del mercato televisivo in Francia può essere schematicamente riassunta nel prospetto seguente:

Case con televisori	23.411.000
Trasmissione via etere	94%
Trasmissione via cavo	15%
Trasmissione via satellite	12%
Canali televisivi via etere	France Télévision (France2, France3, La Cinquième / France5), ARTE, TF1, M6, Canal+
Operatori via cavo	Noos, France Télécom Câble, NC Numéricâble e UPC France
Operatori via satellite	TPS, Canal Satellite

fig. 5

Regolamentazione

In Francia sono diverse e numerose le autorità amministrative indipendenti che possono intervenire nel settore audiovisivo: il Consiglio Superiore dell'Audiovisivo (CSA)[30], l'Autorità di Regolamentazione delle Tele-

29 Oggi Canal Satellite è controllata da Canal+ per il 66 % e da Lagardère per il 34 %.

30 Il CSA, formato da nove membri con un mandato di sei anni incompatibile con qualsiasi altra attività professionale, ha il compito di: (1) nominare il presidente e i membri del consiglio di amministrazione delle società televisive e radiofoniche pubbliche; (2) gestire le frequenze terrestri; (3) rilasciare alle società televisive commerciali le concessioni; (4) controllare le attività di *broadcasting* in diverse aree: (i) il pluralismo e la veridicità dell'informazione, (ii) le

comunicazioni (ART), il Consiglio della Concorrenza e l'Agenzia Nazionale delle Frequenze (ANFR).

Le disposizioni che trattano del pluralismo sono seguite con grande attenzione, in particolare, dal Consiglio Superiore dell'Audiovisivo. In effetti, la libertà di concorrenza, il pluralismo e la trasparenza sono gli obiettivi principali del regime giuridico delle imprese di comunicazione audiovisiva, istituito dalla legge del 30 settembre 1986.

Tale legge stabilisce dei limiti al numero di concessioni per i servizi televisivi che una singola società può avere. In particolare:

a) una società che ha una concessione per un'emittente televisiva nazionale non può averne una seconda per un'emittente a livello regionale o locale;
b) per quanto riguarda la televisione locale via cavo, una stessa società può avere più concessioni finché la popolazione di una determinata area servita non supera gli 8 milioni.

Inoltre, nessuna persona può operare o controllare più di:

a. uno o più servizi televisivi trasmessi via etere per via analogica accessibile da più di 4 milioni di abitanti;
b. uno o più servizi radiofonici trasmessi via etere accessibili da più di 30 milioni di abitanti.

Tale legge definisce anche dei limiti alla proprietà straniera. In particolare, essa stabilisce che nessuna persona di nazionalità straniera possa possedere più del 20% del capitale sociale o dei diritti di voto di una società titolare di autorizzazione per la radiodiffusione televisiva via etere in lingua francese.

---

condizioni di trasmissione del film e della produzione televisiva, (iii) il contributo finanziario dei canali televisivi allo sviluppo dalla produzione di film, (iv) la protezione dei minori, (v) la pubblicità, la *sponsorship* e il *teleshopping*, (vi) la promozione della lingua francese e (vii) le regole sulla concorrenza e fusioni nel *broadcasting*.

3.4.2 La Germania

Il mercato televisivo tedesco via etere è costituito da due imprese televisive nazionali di servizio pubblico, ARD[31] e ZDF[32], entrambe finanziate dalla pubblicità e dal canone, alle quali vanno aggiunti i canali tematici gratuiti, 3 Sat (cultura), Ki.Ka (televisione per bambini), Phoenix (documentari) e ARTE (cultura). Inoltre, sono attive due grandi imprese televisive commerciali, la prima gestita da Bertelsmann, che comprende i canali RTL, RTL2, Vox e Super RTL, e la seconda gestita da Kirch[33], che comprende i canali Sat1, Pro7, Kabel1 e DSF. Questi canali sono disponibili non solo attraverso la piattaforma terrestre, ma anche via cavo e via satellite.

I canali terrestri raccolgono il 77,4% dell'audience annuale, mentre il restante 22,6% è ripartito tra i canali tematici via cavo e via satellite. Più precisamente, i canali pubblici detengono il 31 % dell'audience (ARD detiene il 14,3%, ZDF il 13,9% e i canali tematici raccolgono il 2,8% dell'audience) e i canali privati il restante 46,4% (RTL detiene il 14,6%, RTL2 il 3,8%, Vox il 3,3%, Super RTL il 2,4%, Sat1 il 9,9%, Pro7 il 7%, Kabel1 il 4,5% e DSF lo 0,9%).

31 ARD, il primo canale televisivo creato nel 1954, è costituito da 11 società radiotelevisive di cui sette coprono la totalità di un *Land*. Queste società, autonome a livello di gestione e di programmazione, si sono unite in una cooperazione amministrativa e finanziaria (esiste una perequazione delle risorse provenienti da canone: le stazioni ricche ridistribuiscono una parte delle proprie risorse alle stazioni più povere). Per garantire una coordinazione e una cooperazione, ciascun *Land* è rappresentato nella «conferenza dei programmi» di ARD a seconda della quota demografica ed economica.

32 ZDF, il secondo canale televisivo creato nel 1963, è un organismo pubblico dei differenti *Länder*, ma la sua programmazione è centralizzata presso la sede di Magonza. Essa è supervisionata da un consiglio di 66 membri di cui fanno parte i rappresentanti degli 11 *Länder*.

33 Si ricorda che il gruppo Kirch è fallito alla fine del 2002.

Nel 2001 (ultimi dati disponibili) il mercato televisivo tedesco ha raggiunto una cifra d'affari complessiva di poco superiore ai 12,6 miliardi di euro. Il contributo principale era della televisione via etere che ha fatto registrare una cifra d'affari di poco superiore agli 8,5 miliardi di euro (pari al 68% della cifra d'affari complessiva). In Germania il peso delle due forme di finanziamento, pubblicità e «spesa delle famiglie» è quasi equivalente (rispettivamente con il 48% e il 52%).

La televisione via cavo in Germania è molto diffusa. Circa 20 milioni di famiglie (pari al 57% delle famiglie con televisore) sono allacciate alle reti televisive via cavo[34]. Da poco tempo l'operatore *leader*, Deutsche Telekom, è stato costretto a vendere le sue quote azionarie a diversi acquirenti unitisi in un consorzio. Quest'ultimo raggiunge 10 milioni di abbonati, mentre l'altra metà di abbonati è ripartita tra i seguenti operatori: Kabel NRW/ish (4,2 milioni di abbonati), Kabel Baden Württemberg (2,2 milioni), TeleColombus (1,7 milioni), iesy e Primacom (entrambi con 1,3 milioni di abbonati).

L'abbonamento mensile ai servizi cavo si aggira intorno agli 8 euro.

Per quanto riguarda la televisione via satellite, si stimano poco meno di 13 milioni di famiglie allacciate (pari al 38% delle famiglie con tele-

34 All'inizio la televisione via cavo era fornita dalla *Deutsche Bundespost* (ente nazionale delle telecomunicazioni) come un'alternativa alle antenne via etere, senza alcuna aggiunta di contenuto. Nel 1978 i *Länder* decisero di avviare dei progetti pilota per la televisione e la radio. La *Bundespost* pianificò il cablaggio in 11 grandi città, ma nel 1979 il Governo federale li sospese a causa delle possibili implicazioni nella politica dei *media*. Questi progetti pilota iniziarono solamente nel 1984 e diedero l'avvio alla televisione commerciale in Germania. Attualmente la struttura della televisione via cavo è organizzata in quattro differenti livelli: 1. dagli studi televisivi alle società cavo o di telecomunicazione (scala sopra regionale); 2. dall'*input* delle telecomunicazioni ai punti di distribuzione regionale (scala regionale); 3. dai punti di distribuzione regionale agli edifici (scala locale); 4. dal punto di connessione per gli edifici alle prese negli appartamenti.

visore). La maggior parte dei canali gratuiti è trasmessa sia in analogico che in digitale, via Astra e talvolta via Eutelsat. Il principale operatore è Premiere, la cui offerta è a pagamento.

Nel 2001 (ultimi dati disponibili) la cifra d'affari del settore televisivo via cavo e via satellite era pari al 32% (~ 4 miliardi di euro) della cifra d'affari complessiva.

La situazione del mercato televisivo in Germania può essere schematicamente riassunta nella tabella seguente:

Case con televisori	34.100.000
Trasmissione via etere	100%
Trasmissione via cavo	57%
Trasmissione via satellite	38%
Canali televisivi via etere	ARD, ZDF, Sat1, RTL, Pro7, RTL2, Vox
Operatori via cavo	DT, Kabel NRW / ish, Kabel BW, TeleColombus, iesy e Primacom
Operatori via satellite	Premiere

fig. 6

Regolamentazione

In Germania il settore dell'audiovisivo è regolato non a livello nazionale, bensì regionale. Ogni *Land*, infatti, ha una propria autorità per quanto riguarda la concessione delle licenze e un potere di supervisione delle emittenti televisive private (ad eccezione di Berlino e Brandeburgo che fanno capo ad uno stesso organo)[35]. Le emittenti di servizio pubblico

35 Più precisamente, la competenza a disciplinare le attività di emittenza televisiva è ripartita a livello federale e statale secondo un criterio di tipo materiale che si fonda sulla disciplina relativa agli aspetti tecnici e su quella relativa alle modalità di programmazione. Ai sensi dell'art. 73 punto 7 della Costituzione federale, l'assegnazione delle frequenze è infatti di competenza del Governo

(ARD e ZDF) hanno, invece, una normativa interna. Come in Francia, anche in Germania sono attive numerose autorità di regolamentazione, come ad esempio la Commissione per i monopoli e la Commissione tedesca per la concentrazione nel settore dei mezzi di comunicazione.

La disciplina generale *antitrust* è contenuta nella Legge contro gli Atti Restrittivi della Concorrenza (*Gesetz gegen Wettbewerbsbeschränkungen* – Gwb). Tale legge proibisce cartelli e impedisce alle imprese con fatturato superiore a 500 milioni di euro di dar luogo a fusioni o acquisizioni che generino una posizione dominante sul mercato, ossia quando la quota di mercato è pari o superiore ad un terzo. La Commissione per i monopoli ha proposto, che relativamente al controllo delle concentrazioni nel settore televisivo, le stesse regole sulla concorrenza si applichino anche alle procedure per il rilascio di licenze ai canali televisivi.

In merito al pluralismo la Germania adotta il c.d. «modello del mercato dell'audience»[36]. Questo si fonda sul principio secondo cui i *broadcaster*, i cui canali raggiungono un'audience media annua superiore al 30 %, hanno raggiunto un'influenza preponderante sull'opinione pubblica. La presunzione di influenza sull'opinione pubblica vale anche nel caso in cui il gruppo goda di posizione dominante in mercati correlati, e raggiunga un'audience superiore al 25 %. In tal caso non verranno più rilasciate nuove licenze, né autorizzate acquisizioni di altri *broadcaster*.

---

federale, che, attraverso la *Bundespost*, svolge un ruolo chiave nel settore delle comunicazioni, incluse quelle televisive e radiofoniche. La disciplina dell'attività di trasmissione, invece, è riservata alla competenza legislativa di ogni *Land*. Una siffatta ripartizione di competenze ha consentito di assicurare da un lato l'uniformità dello sviluppo tecnologico e di garantire nel contempo l'autonomia degli Stati federati, anche se il perseguimento di tali obiettivi ha impedito in definitiva la realizzazione di un sistema televisivo federale.

36 Cfr. SCHROEDER-DREIER-HASEBRINK, *Il mercato televisivo in Germania*, in *Il mercato televisivo italiano nel contesto europeo*, cit., p. 354.

Infine, per quanto concerne i limiti alla proprietà straniera, le licenze possono essere rilasciate a persone fisiche, giuridiche e ad associazioni permanenti, purché abbiano residenza, sede o stabile domicilio nella Repubblica federale tedesca o in uno stato dell'Unione Europea o dello Spazio Economico Europeo (SEE).

3.4.3 La Gran Bretagna

Il mercato televisivo inglese è costituito da cinque reti in chiaro[37] [BBC1 e 2, finanziate esclusivamente dal canone[38], ITV (Channel3)[39], Channel4[40] e Channel5[41], finanziate invece dalla pubblicità] e da tre principali servizi *pay TV*, offerti da NTL e Telewest via cavo e da BSkyB via satellite.

I canali terrestri raccolgono il 78% dell'audience annuale, mentre il restante 22% è ripartito tra i canali via satellite e via cavo. Più precisamente, il 37,6% è raccolto dai canali pubblici (BBC1 registra il 26,2% di audience e BBC2 l'11,4%), mentre il restante 40,4% è raccolto dai canali privati (il 24,1% è di ITV, il 10% di Channel4 e il 6,3% è di Channel5).

Nel 2001 (ultimi dati disponibili) il mercato televisivo inglese ha raggiunto una cifra d'affari complessiva pari a quasi 18,5 miliardi di euro. I ricavi provenienti dalla televisione via etere erano di poco superiori agli 8 miliardi di euro (pari al 43% della cifra d'affari complessiva).

37 Nel Wales, esiste anche una sesta rete, S4C, che promuove la lingua Welsh ed è principalmente finanziata da un sussidio statale annuo.
38 La BBC non può trasmettere pubblicità, ad esclusione delle auto-promozioni.
39 ITV (Channel3), il *network* commerciale più vecchio in Europa, è formato da 15 società regionali, che cooperano alla produzione di programmi nazionali.
40 Channel4, finanziato dalla pubblicità e creato nel novembre 1982 dalle 15 società della rete ITV, ha la missione di trasmettere programmi di qualità, complementari a quelli di ITV.
41 Channel5 è stato l'ultimo *network* terrestre lanciato sul mercato (inizio 1997).

Alla fine del 2002 le famiglie abbonate alla televisione a pagamento sono poco meno di 11 milioni, di cui circa 6,5 milioni di famiglie sono abbonate alla televisione via satellite e 4,4 milioni alla televisione via cavo.

Per quanto concerne la televisione via cavo alla fine del 2002 il 13,8% delle famiglie è abbonato ai servizi offerti dai due principali operatori cavo: NTL e Telewest. Gli abbonati a NTL, *leader* del settore, sono 2,7 milioni, mentre Telewest ne conta 1,7 milioni.

L'abbonamento mensile ai servizi cavo si aggira intorno ai 20 euro.

Per quanto concerne la televisione via satellite, poiché essa trasmette soltanto in digitale, si rimanda per un'analisi dettagliata di tale settore al par. 6.3.3., che ha come oggetto l'analisi del mercato televisivo via satellite digitale in Gran Bretagna. Ci si limita a ricordare che l'operatore *leader* del settore è BSkyB con 6,5 milioni di abbonati.

Nel 2001 (ultimi dati disponibili) la cifra d'affari del settore televisivo via cavo e via satellite era di poco superiore ai 10 miliardi di euro (pari al 57% della cifra d'affari complessiva).

La situazione del mercato televisivo in Gran Bretagna può essere schematicamente riassunta nel seguente modo:

Case con televisori	23.205.000
Trasmissione via etere	97%
Trasmissione via cavo	19%
Trasmissione via satellite	28%
Canali televisivi via etere	BBC1, BBC2, ITV, Channel 4, Channel 5
Operatori via cavo	NTL, Telewest
Operatori via satellite	BSkyB

fig. 7

In Gran Bretagna il *broadcasting* è regolato da numerose autorità quali la Commissione degli *standard* audiovisivi, che si occupa di salvaguardare le aspettative dei telespettatori relativamente ai contenuti, la Commissione Indipendente della Televisione (ITC), che si occupa principalmente della regolamentazione delle televisioni commerciali e delle televisioni a pagamento[42], la *British Broadcasting Corporation*, che è un ente pubblico economico e l'Ufficio delle Telecomunicazioni (Oftel), che è l'autorità nazionale di regolamentazione nel settore delle telecomunicazioni.

Nel dicembre 2000 il Governo ha pubblicato il libro bianco intitolato «Un Nuovo Futuro per le Comunicazioni» *(A New Future for Communications)* che propone la creazione di un organo di regolamentazione unificato (OFCOM) responsabile dell'intero settore delle comunicazioni. Esso verrebbe ad assorbire le funzioni delle sopra menzionate autorità.

In merito al pluralismo, le principali disposizioni elencate nei *Broadcasting Act* 1990 e 1996, sono le seguenti:

- nessuna emittente può detenere licenze per più del 15% dell'audience televisiva totale. Le emittenti pubbliche sono escluse da questa regola, ma la loro audience è inclusa nel totale, al momento di calcolare le quote di mercato degli altri *broadcaster*;
- nessun soggetto può detenere più del 20% delle azioni nelle società designate a fornire i notiziari dell'emittente commerciale ITV, allo scopo di assicurare l'indipendenza dai principali azionisti.

42 Conformemente ai suoi poteri, conferitegli dal *Broadcasting Act 1990*, essa: (1) assegna le licenze che permettono alle società televisive private di trasmettere nel e dalla Gran Bretagna via etere, via cavo e via satellite; (2) si assicura che vi sia un'ampia gamma di servizi televisivi disponibili e che i programmi offerti siano di alta qualità.

Per quanto concerne i limiti alla proprietà straniera, in Gran Bretagna vige il divieto assoluto alla titolarità di licenze televisive da parte di individui ed enti non appartenenti allo Spazio Economico Europeo.

3.4.4 L'Italia

Il mercato televisivo italiano via etere è formato da 7 società titolari nell'insieme di 11 concessioni (tra i principali concessionari si annoverano RAI, Mediaset, La7 e Telepiù) e di 2 autorizzazioni transitorie (Mediaset e Telepiù con rispettivamente Rete4 e Telepiù Nero).

Le emittenti di servizio pubblico sono RaiUno, RaiDue e RaiTre, quelle commerciali sono Canale5, Italia1 e Rete4[43] e l'emittente privata La7, e quelle a pagamento sono Telepiù e Stream.

L'offerta di programmi televisivi in chiaro è sovrabbondante e molto frammentata, grazie anche alla presenza di centinaia di emittenti televisive locali.

I canali terrestri raccolgono il 91,2% dell'audience annuale, mentre il restante 8,8% è ripartito tra i canali via satellite e via cavo. Più precisamente, il 46,5% è raccolto dai canali pubblici (RaiUno registra il 23,8% di audience, RaiDue il 13,5% e RaiTre il 9,6%), mentre il restante 44,7% dai canali commerciali (Canale5 raccoglie il 22,6%, Italia1 l'11,3%, Rete4 il 9% e La7 l'1,8%).

Nel 2001 (ultimi dati disponibili) la cifra d'affari complessiva del mercato televisivo italiano era pari a circa 5,6 miliardi di euro. Il contributo principale era della televisione via etere che ha fatto registrare una cifra d'affari pari a 4,5 miliardi di euro. La fonte primaria di finanziamento

43 Mediaset gestisce anche Mediadigit, attivo dal 2000, editore di un canale tematico *basic* diffuso inizialmente attraverso la piattaforma digitale Telepiù (Happy Channel), e di quattro canali diffusi dalla piattaforma digitale Stream (Commedy Life, Duel TV, MT Channel e CFN).

delle imprese televisive era la pubblicità con circa il 61 % (pari a 3,4 miliardi di euro), seguita dal canone con il 24% (pari a 1,3 miliardi di euro).

In Italia la penetrazione del cavo è piuttosto bassa: sono circa 81 mila le case allacciate[44]. Gli unici operatori commerciali di televisione via cavo sono Stream, l'operatore fondato nel 1995 da Telecom Italia, ed e.Biscom. L'abbonamento mensile ai servizi cavo si aggira intorno ai 14 euro.

Per quanto concerne la televisione via satellite, si rileva che dei 21 milioni e 600 mila famiglie italiane in possesso di almeno un apparecchio televisivo, circa il 23% può usufruire delle piattaforme satellitari (quasi 5 milioni di famiglie), ma soltanto il 12% (poco più di 2,5 milioni di famiglie) vi è abbonato. Gli operatori del settore sono Telepiù, gestore di servizi televisivi a pagamento satellitari (digitali) oltre che terrestri (analogici), il cui maggior azionista è Canal+ (90%), e Stream, gestore di servizi televisivi a pagamento satellitari (digitali), per lo più posseduta da Telecom Italia e dall'imprenditore Murdoch. A fianco di questi due operatori è attiva Raisat, una filiale dell'emittente di servizio pubblico RAI[45], che offre programmi televisivi in chiaro dedicati all'infor-

44 Molti sono gli ostacoli a livello di mercato e di regolamentazione che hanno rallentato lo sviluppo del cavo: 1. l'attività del cavo è stata liberalizzata soltanto nel 1997 con la Legge n. 249 del 31 luglio. Prima di questa legge, la costruzione e gestione delle reti cavo era affidata agli operatori pubblici; 2. l'Italia ha l'offerta di programmi via etere gratuiti più ampia in Europa, con molti canali nazionali e molti canali locali privati. Questo permette ai telespettatori di godere di condizioni molto simili a un sistema multicanale, così che l'interesse per il cavo è piuttosto limitato; 3. Telecom Italia, operatore di telecomunicazioni, ha iniziato da solo a lanciare nel 1995 una rete, ma gli fu richiesto attraverso una legge di lasciare spazio a concorrenti, creando un forte disincentivo a costruire reti addizionali. Dopo la sua privatizzazione del 1998, la strategia è stata riorientata verso la televisione digitale via satellite e l'accesso a banda larga via ADSL.

45 L'offerta di Raisat è attualmente costituita da 10 canali, quattro trasmessi via etere e sei canali tematici che fanno parte dell'offerta a pagamento di D+.

mazione (Rai News 24), all'educazione (Rai Educational), allo sport (Rai Sport) e agli italiani residenti al di fuori del territorio nazionale (Rai International).

Oggi (fine 2002) il mercato della televisione via satellite si sta aprendo a nuove vie di sviluppo. I due operatori presenti su scala nazionale, avendo registrato forti perdite, hanno deciso di fondersi per sviluppare l'offerta televisiva satellitare attraverso un'unica impresa e un'unica piattaforma. Si è fatto il nome di Murdoch come possibile gestore di questa piattaforma, che dovrebbe chiamarsi Sky Italia e diventare operativa nell'agosto 2003[46].

Nel 2001 (ultimi dati disponibili) la cifra d'affari del settore televisivo via cavo e via satellite era pari al 14,6% (818 milioni di euro).

La situazione del mercato televisivo in Italia può essere schematicamente riassunta nella tabella seguente:

Case con televisori	21 600 000
Trasmissione via etere	100%
Trasmissione via cavo	0,4%
Trasmissione via satellite	12%
Canali televisivi via etere	RAI1, RAI2, RAI3, Rete4, Canale5, Italia1, La7, Tele+
Operatori via cavo	Stream, e.Biscom
Operatori via satellite	Stream e Tele+

fig. 8

46 La fusione in un'unica piattaforma origina dalle difficoltà finanziarie in cui si sono trovate le due imprese televisive via satellite. Tra le cause si ricordano: la sovrabbondanza di offerta di programmi in chiaro, gli elevati costi dei diritti cinematografici e, soprattutto, di quelli sportivi imputabili in parte alla concorrenza reciproca, la lenta crescita degli abbonati dovuta anche al basso numero di connessioni multicanali che caratterizza il mercato italiano (satellite, cavo) e l'elevata presenza di abbonamenti «pirata».

La principale autorità di regolamentazione nel campo dell'audiovisivo è l'Autorità per le Garanzie nelle Comunicazioni (AGCOM) che ha la funzione di controllare il rispetto della normativa e delle politiche concernenti la pubblicità, la tutela dei minori e il pluralismo politico.

Per quanto concerne il pluralismo e l'abuso di posizione dominante nel settore delle comunicazioni, le limitazioni più significative sono le seguenti:

a. un singolo soggetto non può ottenere concessioni o autorizzazioni che permettano di irradiare più del 20% rispettivamente delle reti televisive analogiche in ambito nazionale trasmesse via etere;
b. uno stesso soggetto può ottenere concessioni in più di un bacino di utenza purché esse siano riferite a regioni limitrofe che servano una popolazione complessivamente non superiore a 15 milioni di abitanti con il limite massimo di tre regioni a nord ovvero cinque regioni al centro e al sud;
c. i soggetti destinatari di concessioni televisive in ambito nazionale per il servizio pubblico, di autorizzazioni per trasmissioni codificate in ambito nazionale, possono introitare proventi per una quota non superiore al 30% delle risorse del settore televisivo in ambito nazionale;
d. i soggetti destinatari di autorizzazioni per emittenti televisive via cavo ovvero via satellite possono raccogliere proventi non superiori al 30% del totale delle risorse riferito al settore delle emittenti televisive nazionali via cavo e delle emittenti via satellite.

Per quanto concerne i limiti alla proprietà straniera, in Italia vige il divieto al rilascio di concessioni su frequenze terrestri e di autorizzazioni per la diffusione della televisione via satellite a soggetti non cittadini dell'Unione Europea e dello Spazio Economico Europeo a meno che nello stato terzo di appartenenza si pratichi un trattamento di effettiva reciprocità nei confronti dell'Italia.

3.4.5 La Spagna

Il mercato televisivo spagnolo via etere è costituito da due canali pubblici, TVE La Primiera (TVE1) TVE 2, gestiti da RTVE (Radio Televisíon Española)[47], da due canali privati (Antena3 e Telecinco)[48] e da un canale a pagamento (Canal+ analogico). Numerose sono anche le emittenti televisive regionali e locali[49].

I canali terrestri raccolgono il 92,6% dell'audience annuale, mentre il restante 7,6% è ripartito tra i canali via satellite e via cavo. Più precisamente, il 32,4% è raccolto dai canali pubblici (TVE1 registra il 24,7% di audience, TVE2 il 7,7%), il 42,4% è raccolto dai canali privati (Antena3 e Telecinco raccolgono rispettivamente il 20,2% e Canal+ il 2%), mentre il rimanente 17,8% è raccolto dai canali autonomi.

Nel 2001 (ultimi dati disponibili) la cifra d'affari complessiva del mercato televisivo spagnolo era pari a circa 4,4 miliardi di euro. Il contributo principale era della televisione via etere che ha fatto registrare una cifra d'affari pari a circa 2,9 miliardi di euro (che equivale al 65% della cifra d'affari complessiva). La fonte primaria di finanziamento delle imprese televisive è la pubblicità (superiore al 54%).

47 RTVE, il servizio pubblico spagnolo, è finanziato esclusivamente dalla pubblicità.

48 Dopo un fallito tentativo (con Canal 10, il canale criptato lanciato nel 1988), la televisione privata è apparsa in Spagna nel 1989, grazie anche ad una rapida evoluzione del quadro normativo.

49 Nel 1983, in seguito all'approvazione della «Reguladora de tercer canal de televisión», le 17 regioni autonome hanno ricevuto l'autorizzazione a creare la propria televisione. Tre regioni hanno immediatamente creato il proprio canale: i Paesi Baschi, la Catalogna e la Galizia. Oggi l'87% della popolazione spagnola può vedere un proprio canale regionale. Questi canali trasmettono in dialetto regionale e sono finanziati dalla pubblicità e da alcune sovvenzioni locali.

La penetrazione del cavo in Spagna è piuttosto bassa. I due principali operatori sono: Cableuropa con 274mila abbonati e Aunacable con 159mila abbonati. Il mercato è diviso in 43 zone, di cui 14 sono municipali, mentre le altre comprendono più municipi: Andalusia 4 e comunità di Madrid 3.

L'abbonamento mensile ai servizi cavo si aggira intorno ai 17 euro.

La televisione via satellite è invece digitale ed è costituita da due operatori:

1. Canal Satélite Digital (CSD), la prima piattaforma digitale, il cui principale azionista è Sogecable;
2. Vía Digital che ha come azionista di maggioranza Téléfonica, il principale gestore di telecomunicazioni di lingua spagnola con una quota di mercato pari al 50%.

Alla fine del 2002, gli abbonati a Canal Satélite Digital sono 1,2 milioni di abbonati, mentre a Vía Digital 775.000[50].

Nel 2001 (ultimi dati disponibili) la cifra d'affari del settore televisivo via cavo e via satellite era pari al 35% (ossia ~1,5 miliardi di euro).

La situazione del mercato televisivo spagnolo può essere schematicamente riassunta nella tabella seguente:

Case con televisori	13.252.000
Trasmissione via etere	98%
Trasmissione via cavo	4%
Trasmissione via satellite	15%
Canali televisivi via etere	TVE1, TVE2, Antena3, Telecinco, Canal+
Operatori via cavo	Cableuropa, Aunacable
Operatori via satellite	Canal Satélite Digital, Vía Digital

fig. 9

50 Si rimanda al par. 6.3.5. per un'analisi dettagliata sulle piattaforme digitali attive in Spagna.

Regolamentazione

In Spagna esistono numerose autorità nazionali competenti in materia televisiva, le più importanti delle quali sono:

1. il Consiglio Superiore dell'Audiovisivo;
2. la Segreteria di Stato delle Telecomunicazioni e la Società delle Informazioni;
3. la Commissione del Mercato delle Telecomunicazioni (CMT), che salvaguardia l'esistenza di una effettiva concorrenza nel mercato della televisione, della radio e delle telecomunicazioni.

In merito alla concentrazione non esistono, né sono mai esistite, norme che regolino o limitino la proprietà di catene televisive generaliste in funzione della quota di mercato, né in riferimento all'audience, né al mercato pubblicitario. Vi sono, invece, dei limiti per quanto riguarda le concentrazioni all'interno di una singola società concessionaria. Ad esempio, si ricorda la proibizione di possedere, direttamente o indirettamente, quote azionarie in più di un titolare di concessioni oppure la proibizione di avere quote azionarie superiore al 49 % del capitale del titolare di concessioni. Sempre in ambito di pluralismo, nel settore della televisione via cavo, il principale limite è che nessuna persona può possedere partecipazioni, direttamente o indirettamente, nel capitale azionario di due o più società che hanno una concessione per la fornitura di servizi televisivi via cavo.

In definitiva, la regolamentazione *antitrust* attualmente vigente nel settore televisivo spagnolo è minima, sebbene la sua formulazione legale risulti complessa, a causa del panorama legislativo del settore audiovisivo.

Per quanto concerne i limiti alla proprietà straniera, in Spagna valgono gli stessi limiti stabiliti per i soggetti nazionali, purché viga il principio di reciprocità[51].

51 Si veda a tale proposito BUSTAMANTE-ÁLVAREZ, *Il mercato televisivo in Spagna*, in *Il mercato televisivo italiano nel contesto europeo*, cit., pp. 267–282.

3.5 Osservazioni conclusive

Dopo aver analizzato il panorama televisivo nei principali paesi europei si può constatare che il ruolo della regolamentazione – come in parte già osservato nel par. 2.3 – ha i seguenti obiettivi (sempre da un punto di vista economico):

1. la tutela della concorrenza;
2. la tutela del pluralismo.

La legislazione a tutela della concorrenza comprende un insieme di leggi e di regolamenti che hanno l'obiettivo di salvaguardare l'effettiva operatività dei meccanismi concorrenziali, considerati dalla teoria economica come gli unici in grado di realizzare un assetto di mercato che sia contemporaneamente efficiente (allocazione ottimale delle risorse) ed equo (allocazione giusta delle risorse).

La tutela del pluralismo, invece, si manifesta a due livelli: a livello esterno, ossia attraverso norme che possano favorire l'esistenza del maggior numero possibile di soggetti televisivi, e a livello interno, attraverso legislazioni che permettano ai canali e ai programmi televisivi di riflettere le varie componenti politiche, sociali e culturali.

Nei paesi analizzati, la disciplina del settore televisivo viene esercitata attraverso l'azione di alcuni organismi di regolamentazione che si differenziano da nazione a nazione in base a:

- le caratteristiche specifiche del panorama televisivo che sono tenuti a disciplinare;
- le caratteristiche specifiche del modello istituzionale in cui si inseriscono.

Si può inoltre affermare che nelle società che hanno raggiunto un grado di sviluppo omogeneo, sia a livello tecnologico sia a livello economico in generale, come avviene per i paesi sopra menzionati, il sistema politico e il quadro giuridico vigente spiegano, almeno in parte, le differenze fra i vari sistemi televisivi.

Capitolo quarto

La convergenza

4.1 Telecomunicazioni, industria dei contenuti e informatica: tre settori più vicini

Dopo aver presentato le caratteristiche dell'impresa televisiva e del suo prodotto, e dopo aver analizzato il settore e il mercato televisivo nella fase analogica, si ritiene ora opportuno illustrare il fenomeno della convergenza che sta alla base della nascita e dello sviluppo di un quarto tipo di impresa televisiva: la c. d. impresa televisiva multicanale e multiservizio (che forma oggetto della parte conclusiva).

Definire cosa s'intende per convergenza[1] non è cosa facile: il concetto sfugge, infatti, ad un inquadramento preciso, e solo spiegandone le dinamiche ed il processo interno si può giungere ad un risultato soddisfacente. Per capire come si è arrivati alla convergenza[2], che potrebbe provvisoriamente essere intesa come la «capacità di differenti piattaforme di rete di gestire servizi di tipo fondamentalmente simile» o ancora come «l'unificazione di apparecchiature di largo consumo, come il tele-

1 L'OCDE nel rapporto *Telecommunications and Broadcasting: Convergence or Collision?*, Parigi, 1991, pp. 13–14, osservò che il termine «convergenza» è *«high on concept but low on content»* e perciò adottò una definizione che denota *«the blurring of technical and regulator boundaries between sectors of the economy»*.

2 Il termine «convergenza» venne utilizzato tra le prime volte dallo scienziato Kepler in uno studio sull'ottica. Per una breve storia della parola si rimanda a NUNBERG, *«kon-ver-jen(t)s: A History»*, Forbes ASAP, New York, 1999, pp. 201–203.

fono, la televisione e il *computer*»[3], è opportuno presentare sinteticamente le caratteristiche dei tre settori che partecipano al processo di convergenza – le telecomunicazioni, l'industria dei contenuti e l'informatica – e gli elementi che concorrono a generare tale fenomeno[4].

Come è noto, il settore delle telecomunicazioni riguarda i servizi e le infrastrutture telegrafiche, telefoniche e via radio; il settore dei contenuti riguarda l'insieme dei prodotti editoriali (ad esempio dischi, libri, riviste, programmi radio e televisivi ecc.) e il settore dell'informatica riguarda l'elaborazione automatica dei dati.

La «convergenza» è un percorso caratterizzato da tre fasi distinte:
1. la separazione dei tre settori;
2. la combinazione a coppie;
3. la convergenza di tutti e tre i settori.

Le origini dei settori coinvolti risalgono ad epoche differenti: l'industria dei contenuti alla seconda metà del '400 con la scoperta della stampa a caratteri mobili, le telecomunicazioni alla fine del '800 con l'invenzione del telegrafo e l'informatica alla seconda metà del '900 con la creazione del *computer*. Essi hanno seguito percorsi differenti: l'industria dei contenuti si è concentrata sulla messa a punto di prodotti fissati su supporti materiali (programmi televisivi, dischi, videocassette, libri) il settore delle telecomunicazioni si occupa della trasmissione a distanza di informazioni di vario tipo (voce, suoni, testi, dati, immagini fisse o in movimento) effettuata con mezzi elettrici, elettromagnetici od ottici e il settore dell'informatica si è sviluppato come mezzo per aumentare la capacità di calcolo, diventando nel tempo indispensabile strumento di raccolta, immagazzinamento ed elaborazione dei dati.

3 COMMISSIONE EUROPEA, *Libro verde sulla convergenza tra i settori delle telecomunicazioni, dell'audiovisivo e delle tecnologie dell'informazione e sulle sue implicazioni normative*, Bruxelles, 1997, p. 1.

4 Secondo STIPP, *Convergence now?*, in *The International Journal on Media Management*, MCM Institute, San Gallo, vol. I, 1999, pp. 10–13, la convergenza è «*the combination of television and computers, which creates a variety of multimedia products and companies from different industry sectors*».

Alle soglie della prima guerra mondiale ha avuto luogo la prima combinazione a coppia tra il settore dei contenuti e il settore delle telecomunicazioni, che ha portato alla nascita della radio e della televisione, espressione di una comunicazione monodirezionale «da punto a massa» di programmi sonori o audiovisivi. Le reti di telecomunicazioni diventano, così, mezzo per la trasmissione di contenuti.

Intorno alla seconda metà degli anni '70 si sono venute a delineare le condizioni perché il settore dell'informatica potesse iniziare ad integrarsi e combinarsi con il settore delle telecomunicazioni, dando origine alla telematica, termine introdotto nel vocabolario tecnico da Nora e Minc nel rapporto *Informatisation de la société* pubblicato nel 1978. La telematica può essere definita come «l'insieme dei servizi di natura e d'origine informatica che possono essere forniti mediante una rete di telecomunicazioni»[5]. Il settore delle telecomunicazioni e il settore dell'informatica si sono così combinati tra loro permettendo l'interconnessione a distanza dei *computer.*

All'inizio degli anni '80 e '90 si è verificata la combinazione tra il settore dell'informatica e il settore dei contenuti che ha portato allo sviluppo di prodotti multimediali come i CD-ROM *(Compact Disc Read Only Memory)* e i DVD *(Digital Video Disc).* Secondo Vannucchi la multimedialità è «l'insieme delle diverse forme espressive (testi, grafici, voce, immagini fisse o in movimento), tra loro comunque combinate in cui può essere scambiata l'informazione (ovvero il «messaggio» che si vuole trasmettere ai propri interlocutori) al fine di rendere più efficace la comunicazione»[6]. Il massimo grado di convergenza tecnologica tra l'informatica e il settore dei contenuti si realizza proprio nelle applicazioni multimediali e interattive.

5 Definizione ufficiale francese comparsa nel *«Journal Officiel de la République Française»* del 17 gennaio 1982.

6 VANNUCCHI, *Le tecnologie della convergenza: evoluzione storica verso la Società dell'informazione*, in un intervento al seminario «Convergenza e Società dell'Informazione», Capri, 2001.

Alla fine degli anni '80 i tre settori coinvolti si trovavano in una fase di saturazione e le rispettive entrate tendevano a stabilizzarsi, non trovando più significative opportunità di crescita nel *core business* tradizionale[7]. Per quanto concerne il settore delle telecomunicazioni, la telefonia aveva ormai da tempo raggiunto il limite fisiologico di penetrazione e di volume di affari, sia nel numero delle linee che nelle chiamate. Imperativo degli operatori del settore era, quindi, trovare nuovi sbocchi che permettessero nuovi margini di profitto. Nel settore dei contenuti, in particolare in quello televisivo, si era ridotto il potenziale di crescita delle fonti di finanziamento tradizionali: in particolare, il canone si trovava in una fase di stagnazione, perché la penetrazione della televisione ricopriva ormai il 95% delle famiglie e la pubblicità iniziava a individuare nuovi mezzi di comunicazione che, a differenza della televisione tradizionale, le permettevano di raggiungere *target* specifici. Infine, il settore dell'informatica non riusciva più a compensare con il pur continuo ricambio delle apparecchiature[8] e dei *software* la staticità del mer-

7 Come illustra PRETA, *Il nuovo sistema della comunicazione*, in I *media verso la convergenza*, Edizioni Quattro Venti, Urbino, 1998, pp. 53–61, si era verificata una generalizzata riduzione dei tassi di crescita: l'informatica proseguiva la sua lenta ma continua discesa, accentuata soprattutto a partire dall'inizio degli anni '90; le telecomunicazioni, pur in una fase di relativa ripresa, registravano comunque incrementi medi annui inferiori a quelli degli altri settori e in ogni caso tipici di un mercato non più in fase espansiva, e l'audiovisivo, infine, aggiungeva, a questa tendenza, un ulteriore elemento di debolezza, dipendente dalla sua particolare natura di industria dei talenti, prevalentemente *labour intensive*, e dunque a costi crescenti.

8 Il mercato dell'informatica era ormai diventato un mercato di sostituzione dei *mainframe*, in quanto quasi tutti possedevano un *computer*. Il mercato dei *personal computer* per le aziende, nato negli anni '80, era ormai saturo e incominciava a svilupparsi il mercato dei *personal computer* per le famiglie. Per aggredire questo nuovo mercato iniziò a svilupparsi tra i produttori di *computer* una battaglia dei prezzi. In realtà, però, riducendo i prezzi anche i margini di profitto diminuivano e gli operatori iniziarono così ad individuare nuove opportunità di rilancio nel settore delle telecomunicazioni e successivamente nel settore dei contenuti.

cato dei *personal computer* e la forte competizione basata sulla riduzione dei prezzi e dunque dei margini di profitto.

Come si osserverà nei dettagli in seguito, a partire dagli anni '90 si sono create nuove prospettive di sviluppo e di crescita dei settori coinvolti, che hanno portato ad un progressivo intreccio e così ad una vera e propria convergenza di tutti e tre i settori. Più precisamente grazie all'avvio della convergenza il settore delle telecomunicazioni ha la possibilità di aumentare il trasporto e la distribuzione dei contenuti, l'industria dei contenuti ha la possibilità di offrire i propri prodotti in modo più flessibile e personalizzato e l'informatica di sviluppare nuove applicazioni di *hardware* e *software* per le reti di telecomunicazione, per i terminali e per la messa in forma dei contenuti.

La convergenza dei tre settori ha portato alla nascita della c.d. multimedialità *on-line*[9], ossia alla comparsa di servizi multimediali interattivi e personalizzati che rappresentano la vera frontiera della «società dell'informazione»[10]. La convergenza è vista, quindi, come la piena realizzazione della società dell'informazione e della combinazione tra sistemi di comunicazione e avanzate tecnologie d'informazione.

9 Gli elementi peculiari della multimedialità *on-line* sono: 1. lo scambio dell'informazione a distanza in modo plurimediale; 2. la possibilità di ricercare attraverso l'ipertesto le informazioni desiderate allocate in *server* geograficamente lontani; 3. il fatto che l'accesso e la richiesta di fonti di informazioni sia consentito con le stesse modalità («interattività») indipendentemente dal luogo e dalla distanza.

10 La società dell'informazione viene definita dall'articolo 1, comma 2(a) della Direttiva 98/48/EC come *«any service normally provided for remuneration, at a distance, by electronic means and at the individual request of a recipient of services».* E ancora, la società dell'informazione, denominata anche società post-industriale o società dei servizi è quella società in cui «ciò che conta ormai non sono né i muscoli né l'energia, ma l'informazione». Recentemente l'Unione Europea nei suoi documenti ufficiali parla di società della conoscenza *(knowledge society)*, ma come sostiene Vannucchi, si è ancora lontani da questo significato.

Primo esempio concreto di convergenza è Internet, che riunisce immagini, testi, suoni, video, in un unico mezzo di trasmissione e in un solo terminale di ricezione: il *computer.* Un altro strumento che sta assumendo su di sé un sempre maggior numero di funzioni tipiche del PC è il telefono cellulare. Inoltre, la televisione digitale (che forma oggetto del prossimo capitolo) è una delle dimostrazioni più evidenti di come la convergenza dei tre settori possa generare un nuovo mercato e una nuova configurazione di impresa televisiva e permetta di offrire nuovi prodotti in maniera diffusiva e interattiva.

«La natura ormai unificante dei segnali – tutte le informazioni dati/voce/video sono in forma numerica – spinge all'unificazione delle infrastrutture di reti di trasporto, e rende sempre più elastici i confini tra i gestori storici di telecomunicazioni e di radiotelevisione, che tendono ad invadere i rispettivi terreni tradizionali.»[11] Non di rado, infatti, anche gli operatori di telecomunicazione sono coinvolti nella gestione di servizi digitali che riguardano non solo il trasporto, ma anche l'offerta di contenuti. Con la liberalizzazione delle reti e dei servizi, avviata a partire dal 1998 in base alla Direttiva 96/16 dell'Unione Europea, la competitività nel settore è continuamente cresciuta determinando un tendenziale avvicinamento delle tariffe dei servizi ai costi di trasporto. Per difendere i propri margini economici in questa prospettiva essi devono allargare la loro attività dal trasporto ai servizi a «valore aggiunto», nonché dai contenitori ai contenuti. I nuovi servizi televisivi e i videoservizi specializzati o personalizzati sono oggi più interessanti rispetto ad altri (telelavoro, telebanca), perché hanno il vantaggio di rivolgersi ad un pubblico già formato, competente e di massa che in questo campo manifesta comportamenti di consumo meglio conosciuti, più facilmente prevedibili e stimolabili. Inoltre, le nuove e più evolute reti di distribuzione, oltre a consentire agli utenti di accedere ad infor-

11 VANNUCCHI, *Il nuovo scenario e le principali sfide dei «broadcaster» radiotelevisivi*, in *Telecomunicazioni e liberalizzazione in Italia*, a cura di Roveri, ANIE, Milano, 2000, p. 36.

mazioni localizzate ovunque, di trasmettere e ricevere immagini, dati e testi in modo istantaneo in qualunque luogo e in qualsiasi momento, permettono lo sviluppo di servizi multimediali interattivi che offrono la possibilità di svolgere attività a distanza che non sono legate esclusivamente all'intrattenimento, ma anche al lavoro (ad es. il *teleshopping*, l'*home-banking* ecc.). Si tende così a modificare anche i concetti e il rapporto tra tempo di lavoro e tempo libero. L'abitazione diventa un luogo che non riguarda più solo le attività del tempo libero, ma anche alcune attività di lavoro.

4.2 Il fenomeno della convergenza

Nel Libro Verde della Commissione Europea, la convergenza viene, per vero in modo limitativo, qualificata come convergenza delle piattaforme e delle apparecchiature. La convergenza, però, non si manifesta esclusivamente a livello tecnologico, ma anche a livello industriale e commerciale. Sarebbe tuttavia erroneo dare per scontato che la convergenza ad un livello implichi necessariamente un'analoga convergenza agli altri livelli, o ancora che la convergenza nelle tecnologie, nelle industrie, nei servizi e nei mercati richieda necessariamente un contesto normativo uniforme[12].

La convergenza tecnologica si basa sull'applicazione comune delle tecnologie digitali a sistemi e reti associate alla diffusione dei servizi.

La convergenza a livello industriale è, invece, individuabile nelle alleanze, fusioni e *joint venture* costruite sull'esperienza tecnica e commerciale dei *partner* per sfruttare i mercati attuali o quelli futuri.

A livello commerciale la convergenza ha portato alla realizzazione di servizi e prodotti, frutto della reciproca influenza tra l'industria dei contenuti, il settore delle telecomunicazioni e il settore dell'informatica.

12 COMMISSIONE EUROPEA, *op. cit.*, p. 2.

Per comprendere e descrivere il significato del processo di convergenza è necessario analizzarne più da vicino i principali *driver* che – come riporta Pagani[13] – sono la nuova tecnologia, la concorrenza, i cambiamenti a livello di domanda e la deregolamentazione.

Il primo *driver*, la nuova tecnologia, può essere analizzato secondo due distinti profili:

a) la natura del segnale trasmesso, ossia il contenuto;
b) le reti di trasmissione.

Per nuova tecnologia si intende la digitalizzazione, ossia la trasmissione di un segnale numerizzato (trasformato in un sequenza binaria 0–1)[14], che sostituisce il segnale analogico. La tecnologia digitale ha permesso la conversione del suono, del testo, dei grafici e delle immagini in movimento in messaggi numerici codificati che possono essere velocemente trasmessi in un unico linguaggio. Il processo di convergenza, come già rilevato, è stato ed è tuttora agevolato dalle tecnologie digitali, che riguardano in genere il settore dei *computer* e delle telecomunicazioni (microelettronica digitale, *software* e trasmissione digitale). La digitalizzazione ha reso, da una parte, il processo produttivo più efficiente e rapido e, dall'altra parte, ha creato, grazie ad una maggiore funzionalità delle reti di trasporto[15], la possibilità di diffondere segnali audio e video di alta qualità su un'ampia gamma di infrastrutture.

13 PAGANI, *La tv nell'era digitale: le nuove frontiere tecnologiche e di marketing della comunicazione televisiva*, Egea, Milano, 2000, pp. 21–24.

14 In latino *digitus* è il dito utilizzato per numerare e contare. In inglese *digitis* sono le cifre, le unità numeriche. Un'informazione digitale (o numerica) è quell'informazione che utilizza cifre per rappresentare i dati, appunto le cifre 0 e 1.

15 Le tecniche MPEG *(Moving Pictures Experts Group)* sono state la chiave di volta per la codifica digitale delle immagini in movimento che, in questo formato, possono essere modificate, trasformate o trasmesse sotto forma di qualsiasi altra informazione digitale.

Il secondo *driver* è rappresentato dalla dinamica concorrenziale, caratterizzata da fusioni, acquisizioni, alleanze e altre forme di collaborazione tra operatori a diversi livelli della catena del valore multimediale (oggetto del prossimo paragrafo). Essa influenza le strutture delle industrie, la loro creatività manageriale nell'originare prodotti e servizi e nell'unire competenze per creare nuove soluzioni e rimuovere le barriere tra diversi segmenti di utenza. È da notare come da alcuni anni si stiano sviluppando tra le imprese che operano nelle diverse fasi della catena del valore strategie di integrazione volte alla realizzazione di economie di rete che permettono un abbattimento dei costi di gestione e distribuzione dei servizi[16]. I *broadcaster*, ad esempio, stanno sviluppando numerosi legami contrattuali con altri attori del mercato. Numerosi, infatti, sono gli accordi commerciali, a monte, con i fornitori di contenuto (es. la RAI con Paramount) o a valle con i *network provider*, fornitori di rete (es. Stream con e.Biscom).

Il terzo *driver* è costituito dalla formazione, sul lato della domanda, di bisogni tra loro integrati e convergenti. Di fronte ad una crescente complessità tecnica di molti prodotti, i consumatori tendono a sostituire terminali più costosi e complessi con apparecchi più semplici che offrono gli stessi servizi. Ad esempio, l'utente sembrerebbe intenzionato ad acquistare prodotti commerciali non soltanto via Internet, ma anche attraverso il televisore, considerato più facile da maneggiare e maggiormente inserito nella propria vita quotidiana.

Il quarto *driver* è, infine, costituito dalla deregolamentazione e dunque dalle leggi nazionali e internazionali che orientano il nuovo mercato. Il grado di liberalizzazione, che dipende dal tipo di normativa adottata dai vari paesi, influenza anche la struttura del mercato e il suo livello di

16 In generale, le filosofie aziendali che spingono ad alleanze e fusioni mostrano due tendenze differenti: da un lato, si punta al consolidamento delle attuali attività e dall'altro, ad una diversificazione, per rispondere alle nuove opportunità offerte.

competitività. Ad esempio, in Europa il settore delle comunicazioni è passato da un regime monopolistico rigido ad un contesto industriale dinamico e competitivo, e alla liberalizzazione totale dei servizi e delle infrastrutture, che nella maggior parte degli stati membri è divenuta effettiva da gennaio 1998 grazie alla già citata Direttiva 96/19/CE e ad un pacchetto di disposizioni legislative adottate dal Parlamento europeo e dal Consiglio.

Al contempo, i processi di innovazione tecnologica che da oltre un decennio hanno investito, sotto il segno della convergenza digitale, il mondo della comunicazione, stanno oggi determinando uno spazio giuridico nuovo, cioè un nuovo «diritto della convergenza», inteso come sistema di regole comuni, destinate a superare, con la posizione di nuovi principi unitari, le barriere tradizionali che, sino ad oggi, hanno caratterizzato il mondo della comunicazione: il diritto delle telecomunicazioni, il diritto dell'audiovisivo ed il diritto dell'informatica[17]. In origine, come osserva Pelossi[18], erano in vigore due regimi giuridici differenti: uno per le «telecomunicazioni individuali» e uno per le «telecomunicazioni di massa», ossia per la trasmissione radiofonica e televisiva. La separazione giuridica era dovuta al fatto che i settori si servivano di due tipologie di reti distinte: nel caso del telefono si parla di *two way transmission network*, mentre nel caso delle telecomunicazioni di massa si parla di *one way transmission network*. Fanno parte di questa seconda categoria le reti terrestri, via cavo e i sistemi satellitari che tradizionalmente trasmettono suoni e immagini in un solo senso, ossia dal mittente al destinatario. Oggi giorno, però, da un punto di vista tecnico, ci si sta sempre più avvicinando ad una sola rete in grado di trasmettere tipi di servizi differenti. La convergenza impone quindi una regolamentazione

17 AMENDOLA, *La regolamentazione della convergenza*, in *Quella deficiente della TV*, a cura di De Domenico, Gavrila e Preta, Franco Angeli, Milano 2002, p. 121.

18 PELOSSI, *Convergence entre le régime juridique des télécommunications et de la radiodiffusion*, in *Le droit des télécommunications en mutation*, Editions Universitaires Fribourg, Friburgo, 1999, pp. 53–54.

uniforme a tutte le infrastrutture e a tutti i servizi. Ed è proprio in questa direzione che si sta muovendo da anni l'Unione Europea. Ad esempio, il già citato Libro Verde sulla convergenza dell'Unione Europea pur non assumendo una posizione definitiva, analizza la convergenza così come questa si manifesta, cercando di identificarne i problemi normativi da essa suscitata. L'intero documento risulta oggi obsoleto, particolare inevitabile se si considera che la materia in questione è in continua e veloce espansione. Tale rapporto testimonia però come la Commissione Europea abbia percepito per tempo un'evoluzione in corso, e soprattutto come si sia mossa in direzione di essa, cercando di intervenire in modo da agevolarne la trasformazione.

Gli interventi normativi dell'Unione Europea si sono orientati verso una duplice direzione: liberalizzando il mercato e armonizzando le normative interne degli stati membri. Nei primi passi mossi dalla politica comunitaria, obiettivo fondamentale era proprio la necessità di creare un mercato comunitario aperto alla concorrenza, con specifico riferimento alla liberalizzazione della fornitura dei servizi e al libero accesso alle infrastrutture.

L'Unione Europea, guardando ai nuovi fenomeni della convergenza, ha aggiornato il quadro normativo su nuove e più convergenti basi giuridiche ed economiche. In sintesi, il nuovo quadro regolamentare copre tutte le reti di comunicazione e di trasmissione radiotelevisiva, e:

1. stabilisce una chiara separazione tra la regolamentazione delle reti di comunicazione (soggette ad una nuova regolamentazione) e la regolamentazione dei contenuti (esclusi dalla nuova regolamentazione);
2. si ispira al principio della neutralità tecnologica;
3. stabilisce un numero minimo di regole che lascia libero spazio all'iniziativa privata nei mercati interessati;
4. apre la via alla legge sulla concorrenza (regolamentazione *ex-post*).

Si può quindi osservare che la normativa non è un fine, ma uno strumento per conseguire, grazie anche alle parallele forze di mercato, ampi obiettivi sociali, economici e di politica generale.

4.3 La catena del valore dell'industria multimediale

Come in precedenza osservato, la convergenza è il fenomeno secondo il quale settori prima separati – telecomunicazioni, industria dei contenuti e informatica – si trovano ad essere parte di un unico grande mercato, c.d. multimediale.

Si ritiene ora opportuno analizzare la catena del valore del mercato multimediale per meglio capire quali sono i suoi attori.

La catena del valore dell'industria multimediale, che si basa su contenuti e mezzi, può essere rappresentata nel modo seguente[19]:

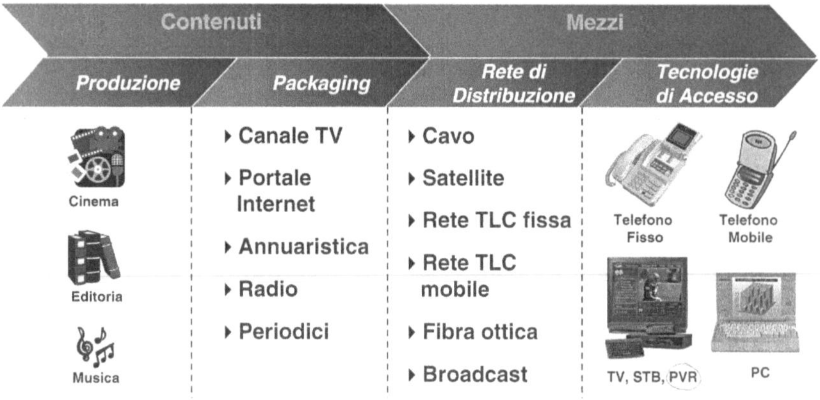

fig. 1 – (Pugliese, La catena del valore dei media nella concorrenza)

19 Un'ulteriore proposta di catena del valore multimediale è quella di WIRTZ, *Convergence processes, value constellations and integration strategies in the multimedia business*, in *The International Journal on Media Management*, MCM Institute, San Gallo, maggio 2001, pp. 14–22, composta da *creator*, *packager*, *value-adding service*, *distributor*, *navigating* e *interfacing facilitator*.

Quattro sono le categorie di operatori coinvolti:

1) i *content provider*, ossia coloro che forniscono, secondo modalità e forme diverse, un'ampia gamma di prodotti (*content*) tradizionali e nuovi, dai film, ai brani musicali, dai prodotti multimediali, ipertestuali e interattivi ai videogiochi *on-line* ecc.;
2) i *service provider*, ossia coloro che impacchettano i servizi da offrire agli utenti utilizzando le nuove reti di distribuzione;
3) i *network provider*, ossia coloro che forniscono le reti fisiche di trasmissione[183];
4) i fornitori delle tecnologie di accesso, ossia coloro che forniscono l'*hardware*, ovvero gli apparati che consentono attraverso i cosiddetti *set top box*, la fruizione del servizio sul televisore, sul *personal computer* e sul telefono.

Come illustrato da Pugliese[184], la convergenza crea insieme opportunità e minacce per gli attori coinvolti nelle quattro fasi della catena del valore; esse sono così sintetizzate nella tabella seguente:

	Opportunità	*Minacce*
Produzione	a. sfruttamento dei diritti su più «finestre» (*video on demand, pay per view* ecc.) e canali (satellite, cavo, etere); b. arricchimento dei contenuti; c. creazione di nuovi prodotti multimediali (es. *e-learning*); d. nuove modalità di distribuzione digitali (es. *e-book*).	a. cannibalizzazione dei ricavi tra le «finestre» e i canali di distribuzione; b. pirateria digitale (effetto Napster); c. spostamento dell'attenzione del *core business* (prodotto cartaceo) verso *new media*; d. scarsa redditività degli investimenti sui canali digitali (es. modello *free* su Internet).

fig. 2 – (v. pure Pugliese, La catena del valore dei media nella concorrenza)

20 Sono *network provider* i radiodiffusori, gli operatori via satellite e i gestori di reti di telecomunicazione.

21 PUGLIESE, *La catena del valore dei media nella concorrenza*, Booz Allen Hamilton, Milano, 2002.

	Opportunità	*Minacce*
Packaging	a. *brand extension* sui *new media*; b. fidelizzazione del telespettatore; c. nuovi prodotti pubblicitari *(interactive advertising, direct marketing …).*	a. ingresso di nuovi entranti (es. editori, *major*…) b. erosione dell'audience dai *new media* (TV satellitari, TV via cavo, Internet ecc.); c. concorrenza per l'acquisto dei contenuti; d. disintermediazione dei *packager* grazie alle nuove tecnologie *(personal video recorder).*
Rete di distribuzione	a. comunicazioni mobili verso e tra i dispositivi automatici; b. servizi a valore aggiunto per la rete fissa di telecomunicazioni; c. servizi televisivi per la mobilità (es. TV in treno); d. ampliamento del mercato satellitare (satellite per banda larga e interattività).	a. grossi investimenti su UMTS a fronte di un mercato incerto; b. sviluppo delle tecnologie alternative per le imprese (es. *local loop*); c. concorrenza su voce e dati; d. elevati investimenti nell'infrastruttura «fibra ottica» per la banda larga.
Tecnologie di accesso	a. elevato tasso di sostituzione per acquisire terminali multiaccesso e multiservizi; b. ingresso nel mercato del *packaging* dei contenuti / servizi al cliente (es. giochi, guida programmi, suonerie ecc.); c. sviluppo di infrastrutture di comunicazione digitali (banda larga, UMTS…); d. rinnovo delle tecnologie attuali.	a. investimenti vs. mercati incerti e ciclici; b. migrazione del valore verso produttori di *chip*; c. *standard* tecnologici in continua evoluzione; d. competizione per imporre i propri *standard* tecnologici (rete e terminali di accesso); e. obsolescenza dei prodotti.

fig. 2 – (v. pure Pugliese, La catena del valore dei media nella concorrenza)

Come già accennato, la liberalizzazione e la concorrenza, associate alla digitalizzazione e ai significativi aumenti di capacità delle reti, stanno trasformando la diffusione dei servizi in un'attività commerciale ad alto volume di affari e a basso margine di profitto. Le aziende che attualmente operano a valle della catena del valore, cercano dunque di incrementare il volume della propria attività principale con alleanze orizzontali o con una crescita in nuovi mercati geografici. Al contempo esse ricorrono a concentrazioni verticali per riposizionarsi in punti più alti della catena del valore che permettono attività a più alto margine di guadagno. I principali fattori trainanti del fenomeno sono[22]:

- la crescita nel potere di mercato e la realizzazione di economie di scala, che permettono di incrementare la profittabilità e la competitività[23];
- l'alto costo delle nuove tecnologie digitali, che spinge le imprese a realizzare fusioni per ridurre il costo da sostenere;
- l'incertezza nella domanda di nuovi servizi;
- l'internazionalizzazione[24].

La convergenza, quindi, rompe ogni barriera, facendo sì che ogni contenuto possa essere trasmesso attraverso ogni mezzo su ogni terminale e spostando il valore verso i fornitori di contenuti e i gestori dell'accesso per il cliente. Tale processo permette, quindi, di sfruttare più canali distributivi per accedere al cliente finale e di accrescere l'interattività e la capacità di trasmissione del singolo canale; esso comporta, inoltre, una sempre maggiore attenzione ed un sempre più penetrante controllo del cliente finale e normalmente genera un incremento della domanda di contenuti. Di conseguenza, come ben evidenziato da uno studio di Pugliese[25], chi trae maggior vantaggio dalla convergenza sono proprio le imprese che gestiscono l'interazione diretta con il cliente, come ad esempio AT&T, e i produttori di contenuto come ad esempio Disney.

22 PAGANI, *op. cit.*, pp. 34–40.

23 Per un'analisi dettagliata dell'economie di scala si rimanda alla nota 19 del par. 2.1.

24 Si parla di internazionalizzazione e non di globalizzazione, in quanto un fenomeno globalizzato è un fenomeno che ha un riscontro su tutto il globo. Il termine globale, quindi, deve essere utilizzato per eventi, situazioni che interessano tutto il mondo. In questo caso non è possibile parlare di globalizzazione, in quanto gran parte della popolazione, non raggiungendo un livello di reddito sufficiente, non può permettersi di usufruire dei servizi offerti dalle imprese mediali.

25 PUGLIESE, *op. cit.*

Cercando di riepilogare quanto detto fin qui sulla convergenza fra telecomunicazioni, industria dei contenuti e informatica è ora possibile fissare alcuni punti. È anzitutto importante ricordare come il processo di convergenza operi a tre differenti livelli: quello tecnologico, che si traduce nella definizione di un'unica piattaforma di trasmissione (digitale) comune a tutti i servizi; quello commerciale, ove prodotti appartenenti a settori diversi tendono sempre più ad avvicinarsi, e quello industriale, ove le imprese operanti nei settori coinvolti tendono a creare alleanze, fusioni e *joint venture*, per sfruttare al meglio le proprie risorse.

Si è inoltre osservato che, a seguito del processo di convergenza, non è più possibile parlare di industrie e settori separati, poiché essi sono spinti verso una fusione effettiva tra diverse tecnologie e servizi offerti.

Capitolo quinto

La televisione digitale

5.1 Che cos'è la televisione digitale

Uno dei principali frutti della convergenza è la televisione digitale, che costituisce il tema di questo capitolo.

In un contesto di riferimento sempre più ampio e segnato da una marcata interdipendenza, lo sviluppo della televisione nel corso degli ultimi anni si è contraddistinto – come si è osservato nel par. 4.1 – per la tendenza all'integrazione con altri settori, proponendosi come una componente sempre più significativa dell'ampio processo di convergenza[1]. Il fenomeno forse più rilevante in questo senso è rappresentato appunto dallo sviluppo della televisione digitale. Il 1998 può essere considerato l'anno della definitiva affermazione[2] della televisione digitale europea[3] per tre differenti ragioni[4]:

1 Come afferma PRETA, *Il nuovo sistema della comunicazione*, in *I media verso la convergenza*, a cura di Preta, Edizioni Quattro Venti, Urbino, 1998, pp. 53–61, i settori industriali mettono a punto strategie globali legate alla possibilità di operare con le stesse tecnologie su tutti i mercati, offrendo i medesimi servizi su diversi supporti. La televisione diventa il fulcro dello sviluppo di questi servizi e il volano del nuovo modello di sviluppo post-industriale, in cui la merce è rappresentata da un bene immateriale – l'informazione – rispetto a quella industriale basata sulla produzione di beni materiali.

2 In realtà, il decollo della televisione digitale in Europa è avvenuto nella prima metà del 1996 con il lancio di Canal Satellite in Francia per iniziativa di Canal+, seguito dai canali digitali lanciati, con minor successo, da Telepiù in Italia.

3 Negli Stati Uniti, invece, il primo servizio di televisione digitale è stato lanciato nell'autunno del 1994 con il nome di DIRECTV.

4 MEYER-FONTAINE, *Sviluppo della televisione digitale nell'Unione Europea*, Rapporto IDATE, Bruxelles, 2000, p. 5.

a) i servizi satellitari digitali vengono introdotti nei principali paesi europei;
b) la prima televisione digitale terrestre viene introdotta in Gran Bretagna e, nei quattro anni successivi, si diffonde in Svezia, Spagna e Finlandia;
c) la digitalizzazione dei canali televisivi via cavo è attuata in maniera capillare.

Che cos'è la televisione digitale? Secondo De Domenico[5] la televisione digitale è «una tecnica di trattamento del segnale video che lo rielabora usando esclusivamente codifiche numeriche» e per Richard Parker essa è *«about more than clearer pictures and better sound; it's about the eventual convergence of television, telephony, the Internet and the PC into a single box, with a promise of extraordinary access to all kinds of information and interactive communication unimaginable [...]»*[6]. Si possono così individuare vari tipi di definizione, che si riferiscono a diversi aspetti della televisione digitale: ad esempio, tecnico, economico e commerciale. Già da queste due definizioni emerge come la televisione digitale racchiuda in sé molte novità e molti vantaggi.

Dal punto di vista dell'offerta la televisione digitale, rispetto a quella analogica, crea sostanzialmente quattro opportunità[7]:

1. la moltiplicazione tecnica dei canali televisivi disponibili a parità di risorse trasmissive impegnate. Infatti, grazie alla compressione del segnale, con lo spazio di spettro hertziano occupato per la trasmissione di un canale analogico via etere, è ora possibile trasmettere 5–6 canali digitali;

5 De Domenico, *I linguaggi della Tv globale*, in *Quella deficiente della TV*, a cura di De Domenico, Gavrila e Preta, Franco Angeli, Milano, 2002, p. 228.

6 Parker, *The Economics of Digital TV's Future*, in *The economics, technology and content of digital TV*, a cura di Gerbarg, Kluwer Academic Publishers, Massachusetts, 1999, p. 199.

7 Andersen Consulting, *The impact of digital television on the supply of programmes*, Bruxelles, 1998, pp. 69–76.

2. l'aumento della qualità tecnica delle trasmissioni audio e video, in quanto la digitalizzazione riduce le distorsioni e i disturbi introdotti sul canale via etere;
3. la possibilità di offrire servizi interattivi;
4. la possibilità di interconnettere il televisore e la linea telefonica, sì da trasformare il televisore in un terminale d'accesso ai servizi associati ad Internet.

In merito alla terza e alla quarta opportunità menzionate, si ritiene opportuno fare alcune precisazioni. Con il termine interattività si denota la possibilità che i soggetti di una comunicazione hanno di interagire tra di loro. Da un punto di vista tecnico l'interattività implica la presenza di un canale di ritorno dall'utente verso la sorgente dell'informazione, capace di veicolare sotto forma di *bit* di dati le scelte o le reazioni dell'utente *(input)*[8]. Generalmente si distingue tra interattività simmetrica e interattività asimmetrica: nei sistemi interattivi simmetrici il flusso delle informazioni è equamente distribuito nelle due direzioni, come ad esempio nelle videoconferenze e nei servizi di messaggeria *(chat)*; nei servizi interattivi asimmetrici il flusso delle informazioni è nettamente preponderante nella direzione emittente-ricevente, come ad esempio nei servizi di televisione *on demand* e nella consultazione di banche dati.

Il continuo incremento della gamma dei prodotti fa sì che non esista una definizione univoca dei servizi interattivi. Se ad esempio, come

8 Attraverso l'interattività tecnica, ossia mediata da un mezzo di comunicazione, nonostante essa consenta un *feedback* immediato, il destinatario non ha alcun contatto diretto con l'emittente, in quanto interagisce solo con una macchina che gli permette di fare scelte che la programmazione stessa delimita. L'interattività tecnica, quindi, non è un ritorno ad una comunicazione interattiva in senso stretto (si parla di comunicazione interattiva quando gli atti comunicativi avvengono in un sistema di interazione, ossia in presenza fisica di coloro che interagiscono).

proposto da Bogi[9], si guarda al contenuto dei servizi interattivi e all'effettiva bidirezionalità nei modi di fruizione degli stessi, è possibile distinguere tra:

- servizi *informativi*, ossia applicazioni che consentono l'accesso a dati, a statistiche e ad informazioni aggiuntive collegate ai contenuti di un determinato programma o canale televisivo, insomma alla «riproduzione, in chiave interattiva, di servizi informativi basati sul modello del teletext»[10]. Per usufruire di questi servizi, il telespettatore non necessita del c.d. canale di ritorno *(return path)*, ossia di un collegamento diretto con il Centro Servizi dell'operatore televisivo;
- servizi *interattivi* in senso stretto, che includono un'ampia e variegata gamma di servizi: dalle applicazioni di quiz e *voting* via tv (che consentono di rispondere a domande, generalmente a scelta multipla, e di partecipare a sondaggi o ricerche di vario genere) a quelle di scommesse (che sono le più diffuse), alla pubblicità ed ai giochi interattivi. I servizi interattivi nascono dall'interazione *on-line* dell'utente con il fornitore di contenuti;
- servizi *transattivi*, che permettono di condurre vere e proprie transazioni commerciali via televisore *(t-commerce)*. Per questa tipologia di servizi, come anche per i servizi interattivi, è indispensabile l'uso del canale di ritorno che permette di interagire con la fonte dell'informazione[11].

9 BOGI, *La televisione interattiva*, in *Quella deficiente della TV*, cit., pp. 136–138.

10 BOGI, *ibidem*, p. 137.

11 Si noti che nel caso dei servizi interattivi veri e propri l'interattività è differita, mentre nel caso dei servizi transattivi essa è in tempo reale.

Montrucchio[12], invece, classifica i servizi interattivi da un altro punto di vista. Egli distingue tra:

1. *enhanced broadcasting;*
2. *interactive broadcasting;*
3. *internet access.*

Tutte le opzioni che permettono di arricchire *(enhance)* l'offerta televisiva di base con contenuti multimediali e che trasmettono servizi *datacast* e applicazioni come l'*enhanced teletext* sono definite *enhanced broadcasting*. L'*enhanced television* è, quindi, qui[13] intesa come «approfondimenti in formato testo e grafica, trasmessi in combinazione a determinati contenuti televisivi, cioè integrati ad essi, ad apertura opzionale e visualizzabili in porzioni dedicate dello schermo»[14].

Una funzione di *enhanced broadcasting* è la guida elettronica (*Electronic Programme Guide* – EPG) in grado di offrire informazioni sulla programmazione aggiornata in tempo reale e sui programmi del palinsesto settimanale, oppure di dare notizie aggiuntive su un film o un evento che si pensa di vedere[15].

12 MONTRUCCHIO, *Dalla televisione di flusso alla televisione interattiva*, in *La tv diventa digitale. Scenari per una difficile transizione*, a cura di Fleischner e Solmavico, Franco Angeli, Milano, 2002, p. 83.

13 Esistono in realtà due scuole di pensiero su che cos'è oggi l'*enhanced TV*. La prima afferma che essa, non servendosi di un canale di ritorno per l'interazione, offre informazioni aggiuntive, come la possibilità di ridurre la cornice grafica del programma che si sta guardando ad una piccola finestra per vedere parallelamente due o più programmi ecc; la seconda, invece, considera l'*enhanced TV* come sinonimo di televisione interattiva.

14 BOGI, *op. cit.*, p. 139.

15 L'EPG rappresenta la porta di ingresso alla televisione digitale. Ad esempio, l'EPG prodotta da Gemstar viene consultata negli Stati Uniti dall'80 % dei telespettatori generando un traffico paragonabile a quello del mondo Internet.

Un esempio di EPG è il seguente:

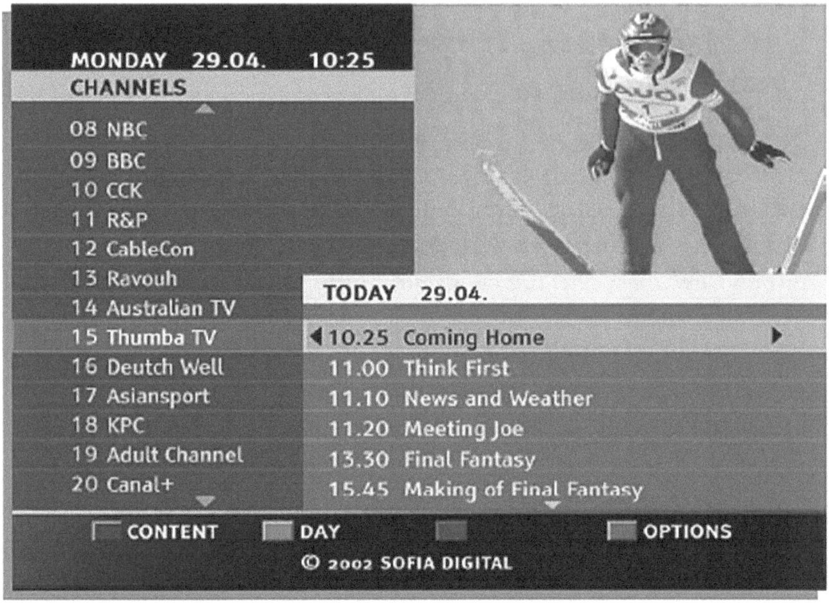

fig. 1

L'*interactive broadcasting*, che comprende servizi interattivi legati ai programmi televisivi trasmessi e servizi interattivi indipendenti dalla programmazione televisiva, aggiunge rispetto all'*enhanced broadcasting* la possibilità per l'utente di interagire con il centro servizi attraverso un canale di ritorno, consentendo l'introduzione di servizi bidirezionali come la pubblcità interattiva, il televoto, le scommesse ecc.

Rientrano, infine, nell'*internet access* tutti quei servizi offerti dalla televisione come sostituto di Internet, come ad esempio l'*e-mail* e i servizi transattivi *(t-commerce)*. Il televisore diventa un vero e proprio terminale di accesso ad Internet.

Secondo la classificazione proposta da Montrucchio, che si ritiene di maggior chiarezza, l'*internet access* viene a coincidere con la quarta opportunità offerta dalla televisione digitale, ossia la trasformazione del televisore in un terminale d'accesso alla Rete. Il telespettatore può, infatti, godere di servizi e funzionalità tipiche di Internet, ma fruibili direttamente attraverso l'apparecchio televisivo. Ad esempio, se un telespettatore decide di comprare un determinato articolo, attua un'applicazione di *television commerce (t-commerce).* Ma in che modo? Attraverso il canale di ritorno egli invia al centro servizi dell'operatore televisivo digitale un codice di identificazione personale e il numero della propria carta di credito (tutto tramite l'uso della tastiera del telecomando). Il centro servizi, una volta effettuate le operazioni di riconoscimento del cliente, gestirà il completamento della transazione. In questa categoria di servizi rientra anche l'*home banking*, che consente operazioni bancarie attraverso il terminale televisivo.

I servizi interattivi possono poi avere differenti implicazioni: differenti modalità di consumo, differenti potenzialità di ricavo. Come rileva Sigismondi[16], si distingue al riguardo tra un tipo di consumo *lean back* («sdraiato») ed un tipo di consumo *lean forward* («sporto in avanti», come dinanzi al *computer*): nel primo caso, il *broadcaster* attua una strategia *pull* («tirare verso di sé), mentre nel secondo una strategia *push* («spingere»). La prima implica il coinvolgimento dello spettatore ad interagire mediante servizi come il *t-commerce*, il *t-banking*, il *gaming* e l'*e-mail*; la seconda comporta la «spinta» dell'informazione verso il telespettatore, attraverso l'offerta di programmi tradizionali, classici, arricchita da forme di interazione quali quiz, televoto ecc. In conformità a quanto affermato da Andersen Consulting, la televisione interattiva rappresenta un mezzo di comunicazione intermedio tra i *lean back media* (come la televisione tradizionale) e i *lean forward media* (come Internet).

16 SIGISMONDI, *La situazione della Tv digitale terrestre in Italia: inevitabile, allettante, piena d'incognite*, in *La tv diventa digitale. Scenari per una difficile transizione*, cit., pp. 28–29.

Per poter usufruire di tutti i servizi offerti dalla televisione digitale, il telespettatore deve dotarsi di un nuovo terminale, denominato «piattaforma multimediale domestica». I nuovi terminali consentono vari livelli di fruizione dei servizi, nell'ambito dei tre profili sopra illustrati e, dotati di sintonizzatori *(front-end)* digitali, possono essere di tre tipi:

a. un ricevitore e decodificatore integrato IRD *(Integrated Receiver and Decoder)*, detto anche *set top box*, collegato ad un televisore tradizionale;
b. un televisore ibrido, predisposto per ricevere attraverso apposite schede i diversi profili della televisione digitale multimediale domestica;
c. un televisore digitale iDTV con ricevitore e decodificatore integrato IRD.

Questi terminali, a seconda della loro dotazione tecnologica, hanno costi e utenti differenziati. Secondo quanto afferma Montrucchio, i terminali più avanzati «potrebbero essere dotati di dispositivi di memorizzazione persistente *(hard-disk)* consentendo all'utente di personalizzare il proprio palinsesto, estraendo di volta in volta i programmi desiderati previamente selezionati a partire dall'offerta televisiva trasmessa dalle varie emittenti [...]»[17].

17 MONTRUCCHIO, *op. cit.*, p. 84.

5.2 Le piattaforme della televisione digitale: satellite, cavo ed etere

Dopo aver esaminato le peculiarità della televisione digitale dal lato dell'offerta (e prima di illustrare le novità che essa comporta per i diversi operatori coinvolti) si ritiene opportuno trattare brevemente delle caratteristiche delle tre principali piattaforme televisive[18] – satellite, cavo ed etere[19] – mettendone rispettivamente in luce vantaggi e limiti.
La scelta in favore di una di codeste piattaforme anziché di un'altra dipende naturalmente da una molteplicità di elementi, tra i quali gioca un ruolo di primo piano la situazione preesistente.

Il sistema di trasmissione televisiva satellitare è composto dal satellite e dai suoi riferimenti terrestri, corrispondenti all'*uplink* (invio del segnale al satellite) ed al *downlink* (ricezione del segnale satellitare). I satelliti utilizzati sono detti geostazionari, in quanto risultano fissi rispetto ai riferimenti terrestri e sono dotati di un certo numero di *transponder*, cioè di speciali dispositivi che permettono di ricevere i segnali relativi ad uno o più canali televisivi e di ritrasmetterli a terra in un'area determinata dal raggio di copertura *(footprint)*[20]. I vantaggi del satellite rispetto al cavo sono: una più rapida illuminazione del territorio (non richiedendo

18 Si veda a tale proposito DEMATTÉ-PERRETTI, *L'impresa televisiva*, Etas Libri, Milano, 1997, pp. 150–157, e GAMBARO-SILVA, *Economia della televisione*, il Mulino, Bologna, 1992, pp. 43–54.

19 Esiste anche la piattaforma televisiva via ADSL *(Asymmetrical Digital Subscriber Line)* ancora poco diffusa.

20 Come illustrano DEMATTÉ-PERRETTI, *op. cit*, p. 155, dal punto di vista delle trasmissioni televisive si possono distinguere, a seconda della loro funzione, satelliti di distribuzione da satelliti di diffusione. I primi sono utilizzati per il flusso internazionale di programmi fra enti televisivi; i secondi sono destinati alla ricezione individuale di programmi televisivi da parte del singolo utente attraverso l'utilizzo di un'antenna parabolica.

la costruzione di infrastrutture), la possibilità di raggiungere più nazioni e l'offerta di un elevato numero di canali potenziali.

Il sistema di trasmissione televisiva via cavo[21] è composto da una rete di cavi in rame e/o fibra ottica che collegano in una area determinata, in genere corrispondente ad uno o più quartieri all'interno del territorio urbano, le abitazioni degli utenti ad una stazione centrale di emissione dei segnali *(head-end)*. La connessione al cavo, solitamente, comporta un costo iniziale di allacciamento ed il pagamento mensile di un abbonamento. La rete via cavo è caratterizzata, non diversamente dalla rete terrestre, dalla presenza di apparecchiature di linea (trasmettitori, ripetitori, amplificatori) per la ripetizione del segnale, giacché quest'ultimo è contraddistinto da un fenomeno di dispersione in dipendenza della frequenza utilizzata e del materiale attraverso cui viene trasmesso[22]. La costruzione di una rete via cavo implica un investimento notevole, che varia a seconda del tipo di cavo utilizzato, del tipo di struttura urbana e del tipo (e numero) di apparecchiature tecniche utilizzate, nonché dei costi accessori (ad es. i costi di ingegneria civile).

Il sistema di trasmissione televisiva via etere si basa, invece, su impianti (i trasmettitori e i ripetitori) di diffusione circolare *(broadcast)*, dotati di

21 Il sistema via cavo ha profondamente modificato il settore televisivo, tradizionalmente caratterizzato da un approccio *consumer marketing*, in base al quale i gestori dei mezzi di trasmissione rappresentano esclusivamente i distributori fisici dei programmi delle imprese televisive. Con l'avvento del cavo è stato introdotto un approccio *trade marketing*, per cui i gestori vengono considerati come clienti delle imprese televisive. Così come l'impresa televisiva compone la sua offerta scegliendo tra più programmi, il gestore del mezzo di trasmissione compone la propria offerta (pacchetto/*bouquet*) selezionando le emittenti. Il cliente dell'impresa televisiva via cavo è pertanto l'operatore cavo, che acquista la programmazione per promuovere la vendita degli abbonamenti.

22 Nel caso delle fibre in rame la distanza alla quale è necessario amplificare il segnale è pari a 5–15 km; nel caso delle fibre ottiche è pari a 150–200 km.

un sistema radiante che diffonde nell'etere il segnale televisivo. La rete terrestre è costituita da due segmenti principali[23]:

- la rete di distribuzione *(distribution network)*, che trasmette i segnali televisivi dal centro di emissione nazionale ai centri di smistamento sub-nazionali che, a loro volta, lo irradiano sul territorio di loro competenza. Essa si suddivide a sua volta in rete primaria (composta da una successione di trasmettitori collegati tra di loro da ponti radio e/o satelliti di interconnessione) e secondaria (composta da un insieme di ripetitori che si dipartono da un medesimo trasmettitore e che ricevono da questo il segnale emesso, per poi irradiarlo a propria volta sul territorio);
- la rete di contribuzione *(contribution network)*, ad uso interno, che permette l'invio dei segnali dai centri di raccolta sub-nazionali al centro di emissione nazionale.

La rete di distribuzione terrestre, a seconda della normativa dei singoli paesi, può essere di proprietà delle stesse imprese televisive (che sostengono pertanto i relativi costi di gestione), come accade in Italia, o costituire un soggetto indipendente, spesso di proprietà dello Stato, a cui le imprese televisive pagano un canone di illuminazione, come avviene in Francia.

Lo spettatore che intende ricevere i programmi televisivi deve essere dotato di un televisore e di un sistema di ricezione compatibile a quello di diffusione utilizzato dall'impresa televisiva.

Nel caso della trasmissione via satellite l'utente deve possedere un'antenna parabolica esterna, alimentata elettricamente e puntata nella direzione del satellite, ed un apparecchio ricevitore che garantisca la sintonizzazione dei canali via satellite. Gli oneri economici a carico dell'utente sono costituiti dal costo dell'antenna, del decodificatore e dall'eventuale pagamento di un abbonamento.

Nel caso della trasmissione via cavo, invece, l'utente deve utilizzare la connessione installata dall'operatore cavo e per questo deve dotarsi di

23 DEMATTÉ-PERRETTI, *op. cit.*, p. 151.

un apparecchio che permetta la selezione dei canali *(converter box).* Gli oneri economici che l'utente deve affrontare sono relativi al canone di allacciamento, al canone periodico di abbonamento (in genere si tratta di un canone mensile) ed ai costi di manutenzione del servizio.

Nel caso della trasmissione terrestre l'utente deve possedere un'antenna per la ricezione del segnale, che viene generalmente collocata sul tetto degli edifici (in modo tale che non si frappongano ostacoli tra trasmettitore/ripetitore e ricevente). L'antenna, a seconda della zona, deve essere amplificata e alimentata elettricamente. I costi di acquisto, gestione e manutenzione dell'impianto sono più contenuti rispetto a quelli necessari per ricevere i programmi via satellite.

La televisione digitale può, quindi, essere trasmessa via satellite, via cavo e via etere. Ciascun supporto ha caratteristiche proprie che si riflettono in specifici vantaggi e limiti[24].

Come si è accennato poc'anzi, il principale vantaggio del satellite è di tipo quantitativo: esso, infatti, rispetto alle altre piattaforme televisive, può trasmettere un maggior numero di canali. Dal punto di vista degli operatori il sistema satellitare permette di coprire ampie aree geografiche, consentendo di raggiungere vasti bacini di utenza e superando le difficoltà di trasmissione tipiche dei sistemi di trasmissione terrestri. Nel contempo, i servizi interattivi offerti via satellite sono meno avanzati rispetto a quelli via cavo o via etere per ragioni tecniche.

Il vantaggio del cavo è di tipo qualitativo, in quanto permette di aggiungere alla distribuzione di canali televisivi l'accesso a servizi di tipo interattivo a larga banda. Il principale limite, invece, della televisione digitale via cavo è l'interconnessione fisica alla rete che essa comporta.

24 Si veda in proposito RICHERI, *Reti di trasmissione digitali terrestri: una strategia di lungo periodo*, in *La televisione digitale terrestre: tendenze di sviluppo, vantaggi e problemi*, Quaderni dell'istituto di economia dei media, Fondazione Rosselli, Milano, aprile 1999, pp. 9–12, e Informa Media Group, *Digital Broadcasting Revolution*, Londra, 2001, pp. 12–14.

La televisione digitale terrestre, da parte sua, offre i seguenti vantaggi[25]:

a) la portabilità del servizio, ossia la possibilità di ricevere i programmi ovunque grazie ad un'antenna mobile, senza predisporre punti di allacciamento alla rete in ognuno dei luoghi assegnati, anche temporaneamente, al consumatore televisivo;
b) la regionalità: il territorio regionale è troppo esteso per essere coperto capillarmente da una rete di trasmissione via cavo a costi non elevati, laddove il satellite ha una copertura geografica molto ampia e di regola non circoscrivibile su scala regionale;
c) la mobilità, ossia la possibilità di vedere l'immagine televisiva anche quando il televisore è in movimento.

Essa ha, inoltre, il vantaggio di assicurare una copertura capillare del territorio e di essere disponibile nella quasi totalità delle abitazioni con l'installazione di antenne semplici e poco costose, a differenza della televisione via cavo e via satellite.

I vantaggi che le trasmissioni digitali terrestri presentano rispetto a quelle di altro tipo riguardano dunque aspetti economici di interesse dello Stato, degli utenti e dei fornitori[26]. Il passaggio dalle trasmissioni televisive terrestri analogiche a quelle digitali può liberare una parte delle frequenze, che possono alternativamente essere destinate ad aumentare il numero di canali offerti, ovvero il numero dei servizi diffusivi *(data broadcasting)* o ad aumentare il numero dei servizi interattivi attualmente in forte crescita, o ancora possono essere ripartite tra le diverse opzioni.

Il limite della televisione digitale terrestre rispetto alle altre piattaforme di trasmissione è il numero limitato di canali che essa può offrire.

25 Si veda in proposito AUTORITÀ PER LE GARANZIE NELLE COMUNICAZIONI, *Relazione annuale sull'attività svolta e sui programmi di lavoro*, Roma, 2001, p. 5.

26 Tali aspetti verranno presentati in maniera dettagliata nel par. 5.3.

In generale, qualunque sia il mezzo di trasmissione della televisione digitale, si può affermare che rispetto alla televisione analogica essa rappresenta una significativa evoluzione e diversificazione non solo sul piano tecnico, ma anche sul piano dell'offerta televisiva, in quanto offre contenuti multimediali e interattivi.

5.3 La televisione digitale terrestre e il passaggio al «tutto digitale»

Come appena illustrato, la televisione digitale può essere trasmessa via satellite, via cavo e via etere, ed è proprio su questa ultima modalità di trasmissione che i paesi europei puntano per passare al c. d. «tutto digitale». Negli ultimi anni, infatti, si è registrata una sempre maggiore attenzione da parte dei governi nei confronti della televisione digitale terrestre per due principali ragioni: innanzitutto perché il passaggio al «tutto digitale» permette di ottenere una notevole economia delle frequenze, ed in secondo luogo perché esso consente di creare la base necessaria per sviluppare ed erogare via rete i «servizi della società dell'informazione», ossia quei servizi di interesse generale (burocratici e non solo) tradizionalmente erogati faccia a faccia, come ad esempio i servizi di *e-learning*, *e-health*, e i servizi amministrativi *(e-government).*

Quando si parla del passaggio al «tutto digitale» è necessario distinguere due fasi[27]:

1. l'avvio del digitale *(digital turn-on)*, che implica un miglioramento dell'infrastruttura e una graduale sostituzione del *broadcasting* analogico;

27 BIPE, *Digital Switchover in Broadcasting*, Parigi, 2002, p. 17.

2. il vero e proprio «passaggio» al digitale *(digital switchover)*, che implica lo spegnimento dell'analogico *(analogue turn-off)*.

L'introduzione della televisione digitale prevede, quindi, una fase – denominata fase di *simulcast* – in cui vengono contemporaneamente trasmessi in tecnica digitale i programmi offerti in analogico. Si è più volte affermato che uno dei principali vantaggi della televisione digitale è la razionalizzazione dell'uso delle frequenze, in quanto per trasmettere in digitale occorre un numero inferiore di frequenze: è tuttavia importante rilevare che durante la transitoria fase di *simulcast* sarà necessario disporre di una quantità superiore di frequenze[28].

La fase di *simulcast* potrebbe essere ridotta se i governi decidessero di adottare un tipo di passaggio al tutto digitale «rigido», definendo in modo puntuale il momento in cui qualsiasi forma di trasmissione televisiva analogica dovrà cessare. Tale decisione permetterebbe di accelerare le vendite dei nuovi televisori digitali e di anticipare lo sfruttamento delle frequenze eventualmente liberate passando dall'analogico al digitale terrestre. Il problema, però, è che non si può imporre a tutte le famiglie di affrontare il costo di un nuovo televisore entro una data fissata dalla legge. D'altra parte l'ipotesi di una transizione «dolce» rischierebbe di protrarre la fase intermedia troppo a lungo con l'eventualità di mantenere alti i costi aggiuntivi dovuti al *simulcast* e di rimandare i vantaggi che possono derivare dal completo passaggio al digitale (liberazione di frequenze ecc.).

In generale, si può affermare[29] che ogni paese segue una propria via alla transizione dall'analogico al digitale, che dipende da cinque variabili:

28 In alcuni paesi, come ad esempio in Francia, non sembrano esserci frequenze terrestri sufficienti alla doppia trasmissione.

29 Si veda a tale proposito ALESSI, *Dalla televisione analogica alla diffusione digitale terrestre: regole per la transazione*, in *La tv diventa digitale. Scenari per una difficile transizione*, cit., pp. 148–150.

1. il grado di occupazione dello spettro;
2. il grado di sviluppo delle altre reti a larga banda[30];
3. la struttura dell'offerta televisiva e, in particolare, quella via etere;
4. la regolamentazione;
5. i tempi di reazione del pubblico e le sue reali capacità di spesa.

In qualunque caso per avviare la fase di transizione al «tutto digitale» occorre innanzitutto predisporre le reti di trasmissione, occorre cioè rinnovare ciascun sito che compone le attuali reti analogiche. Le stime che si possono fare – come ben osserva Richeri[31] – sulla base dei dati disponibili in alcuni paesi europei evidenziano un costo medio di 530 mila euro per ciascun sito di trasmissione e per ciascuna frequenza utilizzata (su una frequenza «analogica» si possono trasmettere fino a 6 canali televisivi digitali, in tal caso si parla di *multiplex*). Va anche osservato che i costi di aggiornamento della rete, cioè il numero di siti da rinnovare, dipende dal tipo di territorio che si deve coprire. Per esempio in Francia per rinnovare una rete in grado di coprire il 70 % della popolazione con 6 *multiplex* occorre intervenire su 90 siti e investire 290 milioni di euro. In Gran Bretagna, invece, l'investimento necessario a coprire il 70 % della popolazione nazionale con una rete simile a quella francese è stato di 256 milioni di euro (80 siti).

A questo primo livello i due problemi principali sono:

a. che una parte della rete dovrà essere usata per ritrasmettere in tecnica digitale i canali che attualmente sono trasmessi in tecnica analogica *(simulcast)*, senza nessun vantaggio commerciale aggiuntivo;
b. che per abbandonare completamente le trasmissioni analogiche occorre che la rete digitale terrestre copra tendenzialmente la totalità

30 Ad esempio, nei paesi dove il tasso di cablaggio è molto alto, l'accesso universale ai servizi televisivi di base non è assicurato dalle reti terrestri che possono rivestire altre funzioni sia di pubblica utilità sia di concorrenza con i mercati veicolati attraverso le altre reti.

31 RICHERI, *Le prospettive della televisione digitale alla luce dell'esperienza internazionale*, in *L'industria della comunicazione in Italia*, Settimo rapporto IEM, Guerini e Associati, Torino, 2004, p. 19.

della popolazione (almeno il 90–95%), a meno che s'intenda coprire le aree geografiche marginali con il satellite.

Il secondo livello degli investimenti riguarda i nuovi programmi e servizi che devono essere abbastanza attraenti da convincere le famiglie ad acquistare i terminali digitali. Si tratta di una nuova offerta che può articolarsi in tre livelli distinti:

- nuovi canali televisivi in chiaro, con eventuali componenti interattive, il cui costo varia da qualche centinaio di milioni di euro nel caso di una programmazione generalista a qualche milione o decina di milioni di euro nel caso di una programmazione tematica;
- nuovi canali a pagamento i cui costi variano da 10–15 milioni di euro per i canali tematici di «gamma bassa» a 100–200 milioni di euro per canali tematici di «alta gamma» con contenuti esclusivi (sport, film ecc.);
- nuovi servizi interattivi il cui costo varia da qualche milione a qualche decina di milioni di euro, secondo il caso.

Il terzo livello di investimenti riguarda l'attività di promozione e *marketing* necessarie a convincere le famiglie a scegliere i nuovi canali e servizi in competizione con l'offerta di operatori che occupano posizioni *leader* nel mercato sia della televisione a pagamento che di quella in chiaro. Due esempi utili a misurare questa categoria di investimenti vengono dalla Gran Bretagna. Il primo riguarda i due operatori di televisione digitale a pagamento, l'operatore satellitare BSkyB e l'operatore terrestre ITV Digital, spinti dalla competizione a regalare i terminali per la tv digitale (costo medio 150 euro) a chi si abbonava per almeno un anno. Ciò ha comportato per ITV Digital, poi fallita, un investimento di circa 200 milioni di euro. Il secondo riguarda la BBC, che per lanciare e sostenere la piattaforma digitale terrestre Freeview, prevede di investire nel prossimo decennio più di 50 milioni di euro all'anno.

Il quarto livello di investimenti riguarda le famiglie che devono acquistare i terminali necessari a ricevere e utilizzare i canali e servizi digitali.

Si tratta di apparati di capacità e costi variabili i cui prezzi tendenzialmente si ridurranno. Attualmente la configurazione che permette di ricevere i segnali televisivi digitali e di accedere ai servizi interattivi più semplici costa circa 150 euro e potrebbe arrivare a 70–100 euro nel prossimo futuro. Non si tratta di un investimento molto elevato, ma è probabile che una parte non marginale delle famiglie tenderà a posticiparlo, mentre un'altra rinuncerà all'acquisto.

Generalmente si può affermare che uno dei più semplici modi per accelerare il passaggio al digitale è quello di creare incentivi per i consumatori, ad esempio trasferendo una parte dei costi del passaggio al digitale (dal punto di vista della ricezione) dai consumatori allo Stato. Quest'ultimo potrebbe, ad esempio, stanziare dei sussidi per l'acquisto dell'apparecchiatura digitale.

5.4 La televisione digitale e la sua adozione

Come si è appena osservato, l'accesso all'offerta digitale comporta per l'utente dei costi aggiuntivi rispetto all'analogico, legati all'acquisto del terminale di accesso o di ricezione, che rappresentano un ostacolo effettivo per la penetrazione della televisione digitale. Ne deriva che il successo della televisione digitale dipende in buona misura dalla volontà (e dalla possibilità) delle famiglie di acquistare l'apparecchiatura necessaria. Molti analisti osservano, infatti, che gran parte dell'incertezza relativa alla buona riuscita della televisione digitale dipende dalla natura e dall'evoluzione della domanda, dal comportamento dei telespettatori e dalla loro reazione ai servizi digitali interattivi. Secondo quanto afferma Richeri[32] è difficile stimare i tempi di adozione di un nuovo bene come la televisio-

32 RICHERI, *Media audiovisivi: condizioni e prospettive di sviluppo*, in *Economia della cultura*, il Mulino, Bologna, 1/2001, pp. 8–9.

ne digitale da parte delle famiglie; del resto, le ricerche demoscopiche che rilevano l'intenzione di acquisto di nuovi prodotti e servizi non ancora o poco disponibili sul mercato presentano normalmente risultati nient'affatto soddisfacenti. Inoltre, non si è spesso neppure capaci di tener rigorosamente distinte le previsioni (relativamente facili) a proposito delle potenzialità tecnologiche dalle previsioni (assai più difficili) a proposito del modo in cui siffatte potenzialità saranno adottate e adattate dalla società. I primi studi sui modelli di adozione presso le famiglie di prodotti e servizi innovativi sono quelli di Rogers[33] e Bass[34], ma negli anni più recenti nella letteratura economica sono apparsi diversi studi relativi a casi concreti di adozione di mezzi di comunicazione (televisione a colori e videoregistratori), nei quali, allo scopo di fornire un valido modello esplicativo del processo in esame, si sono individuate le principali variabili rilevanti, il loro comportamento nel tempo e le loro correlazioni.

Il punto di partenza di molte analisi sulla diffusione di nuove tecnologie è che il processo di adozione, rilevato osservando il comportamento della popolazione nel tempo, tende in genere a seguire il medesimo andamento, che può essere rappresentato da una curva a forma di *S* allungata (fig. 2). Mentre il livello di saturazione e il tempo impiegato per raggiungerlo variano anche considerevolmente da un caso all'altro, la curva di adozione da parte delle famiglie di tecnologie diverse conosce di regola:

- un periodo iniziale in cui le adozioni sono basse e aumentano lentamente;
- un secondo periodo in cui le adozioni aumentano a tassi crescenti;
- un terzo periodo in cui le adozioni aumentano, ma a tassi decrescenti;
- un periodo finale in cui le adozioni sono ormai elevate e crescono lentamente[35].

33 ROGERS, *Diffusion of Innovations*, The Free Press, New York, 1962.

34 BASS, *A New Product Growth Model for Consumer Durables*, in *Management Science, Institute for Operations Research and the Management Sciences*, Evanston, vol. XV, n. 5, 1969.

35 Secondo quanto illustra RICHERI, *op. cit.*, si tratta di un processo di adozione particolare, distinto rispetto ad altri possibili modelli, che manifesta una

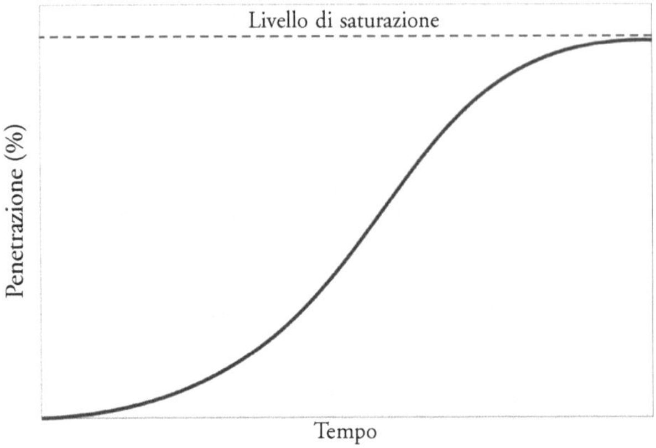

fig. 2 – (Richeri, Media audiovisivi: condizioni e prospettive di sviluppo, p. 9)

Si ritiene possa essere utile considerare, a mo' di esempio, la curva di adozione di prodotti e servizi tecnologici nel passato, al fine di poter comprendere e prevedere con maggior precisione alcuni aspetti del passaggio dalla televisione analogica a quella digitale dal punto di vista dell'utente. Occorre dunque rilevare che, di regola, le curve di adozione e di passaggio a nuovi prodotti o servizi si differenziano per il livello di saturazione (alcuni prodotti, come il telefono o il televisore, sono posseduti o utilizzati da più del 95 % delle famiglie o degli individui, mentre altri si fermano ad un livello più basso: il videoregistratore, ad esempio, ha un tasso di penetrazione intorno al 75 % nei principali paesi europei), per la forma della curva di penetrazione, che può essere lineare, esponenziale ecc., e per la durata del periodo di adozione[36].

---

somiglianza con il modello di diffusione delle malattie contagiose dove il numero di persone contagiate, ossia quelle che adottano una nuova tecnologia, cresce proporzionalmente al numero di persone già contagiate, ossia quelle che l'hanno già adottata. E ancora, l'analisi della curva di adozione può essere riferita ai tassi d'incremento di adozioni nell'unità di tempo. Nella prima fase le adozioni aumentano ad un tasso crescente, mentre nella seconda fase le adozioni crescono ad un tasso decrescente fino alla saturazione.

36 Secondo il BIPE, *op. cit.*, sarebbe però un errore correlare il lancio iniziale della televisione digitale alla velocità di adozione dei precedenti servizi o prodotti.

In base all'analisi della diffusione di ormai vecchie tecnologie domestiche, è stato possibile individuare il comportamento nel tempo di diverse categorie di individui.

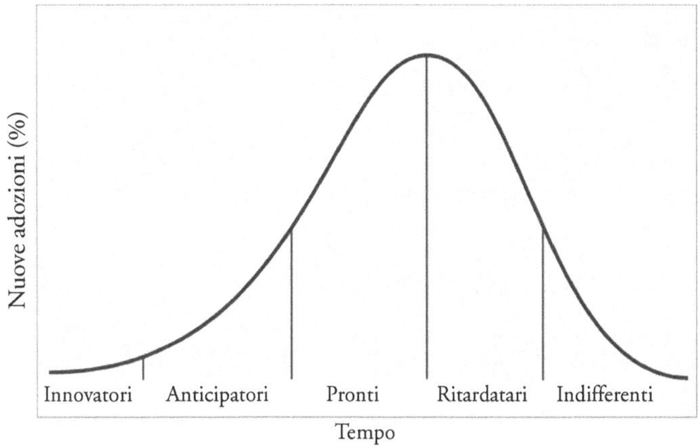

fig. 3 – (Richeri, Media audiovisivi: condizioni e prospettive di sviluppo, p. 10)

In generale si distinguono 5 categorie di consumatori, la cui ampiezza varia da caso a caso e che viene qui indicata a titolo di esempio:

1. gli innovatori, che rappresentano una piccola percentuale del mercato (7–10%) particolarmente propensa all'acquisto di prodotti «tecnologici», i quali adottano il nuovo prodotto nella primissima fase della sua commercializzazione, pur sapendo che esso verrà presto migliorato e verosimilmente calerà di prezzo;
2. gli anticipatori, che rappresentano di regola una percentuale più ampia del mercato (15–18%), per i quali il prezzo della nuova tecnologia – giudicata utile e tecnicamente stabile – non rappresenta un ostacolo all'acquisto;
3. i pronti, che generalmente rappresentano circa il 25–30% del mercato e che adottano la tecnologia nel momento in cui ha raggiunto una diffusione di massa ed un prezzo ridotto;
4. i ritardatari, che rappresentano una percentuale spesso simile a quella dei «pronti» (25–30%), i quali per minor interesse, per difficoltà

economiche o per qualsiasi altro motivo tendono a posticipare l'adozione;

5. gli indifferenti (10–20%), i quali per varie ragioni non hanno bisogno della nuova tecnologia, o comunque non ne sono interessati o attratti in alcun modo.

5.5 Le opportunità della televisione digitale terrestre per i diversi soggetti

Si cercherà ora di offrire un quadro sintetico delle posizioni dei principali soggetti coinvolti nel passaggio al «tutto digitale»[37]: i consumatori, le emittenti di servizio pubblico, le emittenti commerciali, gli operatori della televisione a pagamento via satellite e i produttori di beni di consumo elettronici. I governi cercano a loro volta – come già osservato – di accelerare l'introduzione della trasmissione digitale, di rafforzare lo sviluppo della ricezione digitale al fine di raggiungere il più rapidamente possibile l'obiettivo dello spegnimento della trasmissione analogica ed i benefici ad esso correlati, nonché di rendere universale l'accesso ad Internet.

Consumatori

Si ritiene che, in Europa, la quantità di tempo dedicata alla televisione tradizionale (via etere) evolverà come funzione di due fattori opposti: da una parte sembra che il tempo libero trascorso davanti al televisore piuttosto che nello svolgimento di altre attività sia in aumento, e dall'altra parte sembra che piattaforme di divertimento audiovisive e multimediali in concorrenza tra di loro (DVD, videogiochi ecc.) si stia-

37 Per far questo si è ricorsi a quanto affermato dal BIPE, *op. cit.*, pp. 69–75.

no notevolmente diversificando ed arrivino a sfidare – in termini di *«time-budget»* – la televisione tradizionale[38]. Sembra, inoltre, che numerosi telespettatori siano pronti a spendere per una migliore qualità e per caratteristiche che permettano di ottimizzare il grado di soddisfazione relativo al tempo trascorso davanti al televisore. I consumatori cercano di migliorare la produttività del proprio tempo libero, essendo questo una risorsa sempre più scarsa. Bisogna inoltre ricordare qui che il consumo televisivo si sta evolvendo gradualmente da un modello passivo e di massa *(default viewing)* ad un modello attivo e personalizzato *(destination viewing)*, caratterizzato dalle scelte intenzionali, dalla padronanza degli strumenti di navigazione e di ricerca e da una costante sostituzione tra il *«real-time viewing»* e il *«delayed off-line viewing»*.

Come registrato dal BIPE, nei paesi dove la trasmissione via etere è la principale modalità di diffusione della televisione (come per esempio in Francia), il livello di soddisfazione espresso dalle famiglie che hanno accesso ad un ampio numero di canali è più alto di quello espresso dalle famiglie che possono accedere ai soli canali via etere (63% paragonato al 50%). Altri elementi di analisi disponibili permettono poi di rilevare che i consumatori europei desiderano innanzitutto avere una più ampia scelta di programmi televisivi[39]. L'aumento dei canali, reso possibile dalla digitalizzazione, risulta così il principale beneficio che i consumatori cercheranno dalla televisione digitale terrestre.

Nella maggior parte dei paesi, le unità di *marketing* delle imprese televisive stanno cercando di sensibilizzare la gente riguardo al prodotto

38 Come suggerisce una ricerca condotta da ANDERSEN CONSULTING, *op. cit.*, p. 120, bisogna ora distinguere tra il *«TV viewing time»* e il *«time spent in front of TV»*. Il *«TV viewing time»* si riferisce al tempo che il telespettatore trascorre guardando un programma televisivo, mentre il *«time spent in front of TV»* si riferisce al tempo trascorso davanti al televisore facendo anche altre cose, come ad esempio utilizzare un'applicazione interattiva.

39 A livello europeo si è rilevato, ad esempio, che i telespettatori maggiormente soddisfatti sono quelli dei paesi in cui c'è il maggior numero di canali via etere disponibili (Italia) o il maggior numero di canali via cavo (Germania).

televisivo digitale, sottolineando il valore aggiunto che la televisione digitale offre al consumatore[40]:

a) una migliore qualità dell'immagine e del suono;
b) nuovi programmi e in numero maggiore rispetto all'offerta analogica;
c) servizi interattivi e *on demand.*

Tuttavia affinché le famiglie possano avere accesso alla televisione digitale, ci sono degli ostacoli da superare, come è stato già osservato in precedenza. C'è infatti la necessità:

1. per i possessori / operatori di reti, di investire nel potenziamento delle reti televisive;
2. per gli utenti, di dotare i ricevitori analogici di *decoder*, ovvero di sostituirli con ricevitori digitali integrati che all'inizio saranno molto più costosi rispetto ai ricevitori analogici;
3. per gli operatori televisivi, di trovare delle applicazioni chiave *(killer application)* che stimolino gli utenti ad acquistare la nuova apparecchiatura;
4. per le autorità di regolamentazione di alcuni paesi, di modificare il piano di frequenza nazionale così che possa essere organizzato il *simulcast;*
5. per i diversi stati europei, di ripensare il piano di frequenza internazionale così che le frequenze liberate dallo spegnimento della trasmissione analogica possano essere ricollocate; ed ancora, di promuovere uno sviluppo il più possibile uniforme della televisione digitale nei paesi europei per assicurare che le economie di scala possano essere raggiunte rapidamente, per evitare una frammentazione del mercato.

40 Il BIPE, *op. cit.*, pp. 53–54, afferma che sul lato della domanda la televisione digitale terrestre in Europa ha di fronte quattro categorie di famiglie: 1. quelle già abbonate ai servizi di televisione digitale a pagamento (cavo / satellite); 2. quelle che sono disposte ad abbonarsi ai servizi televisivi meno costosi, ma meno ricchi; 3. quelle che non sono interessate ai servizi a pagamento, ma pronte ad acquistare il terminale per accedere ai nuovi canali digitali in chiaro; 4. quelle che non sono interessate né ai servizi digitali a pagamento né a quelli in chiaro.

Emittenti di servizio pubblico

Le emittenti di servizio pubblico tendono a favorire il passaggio al «tutto digitale», in quanto vi intravedono l'opportunità di esplorare nuove forme di adempimento della propria missione. In alcuni paesi le emittenti di servizio pubblico fanno pressione per assicurarsi che la piattaforma digitale terrestre venga considerata una priorità nel passaggio al digitale e per ottenere le risorse economiche necessarie allo sviluppo della loro attività di editori di canali tematici.

Emittenti commerciali

È opportuno distinguere tra le emittenti commerciali, che sono semplici titolari di una o più concessioni, dalle emittenti commerciali che possiedono partecipazioni in piattaforme televisive a pagamento. Le prime considerano il passaggio al digitale ed il conseguente spegnimento dell'analogico alla stregua di una minaccia, dal momento che siffatto passaggio darà a nuovi operatori l'opportunità di entrare nel mercato, aumentandone l'offerta ed il grado di concorrenza, mentre le seconde, essendo anche editori di canali tematici, riconoscono l'importanza del digitale.

Operatori di televisione a pagamento via satellite

Gli operatori di televisione a pagamento via satellite hanno virtualmente già completato il loro passaggio al digitale. Essi non si oppongono allo spegnimento della trasmissione analogica, ma al modo in cui i politici e le autorità di regolamentazione stanno cercando di ottenerlo: in particolare, sono contrari ad ogni forma di sovvenzione pubblica dei costi necessari per il passaggio al «tutto digitale», in quanto considerata non «tecnologicamente neutrale», dal momento che a loro tempo non furono aiutati economicamente.

I produttori di televisori che dovendo passare al digitale cercano di mantenere uniforme la propria quota di mercato, sono interessati a vendere televisori tecnologicamente avanzati al fine di aumentare il mercato in termini di valore. Per questo motivo sono interessati al passaggio al «tutto digitale».

5.6 I caratteri economici della televisione digitale

Per meglio comprendere quali sono i nuovi operatori coinvolti nello sviluppo del quarto modello di impresa televisiva – oggetto della parte conclusiva – si ritiene opportuno illustrare l'articolata rappresentazione di catena del valore proposta da Andersen Consulting[41], che si basa sulla catena del valore dell'industria multimediale analizzata nel par. 4.3. Essa può essere così schematizzata:

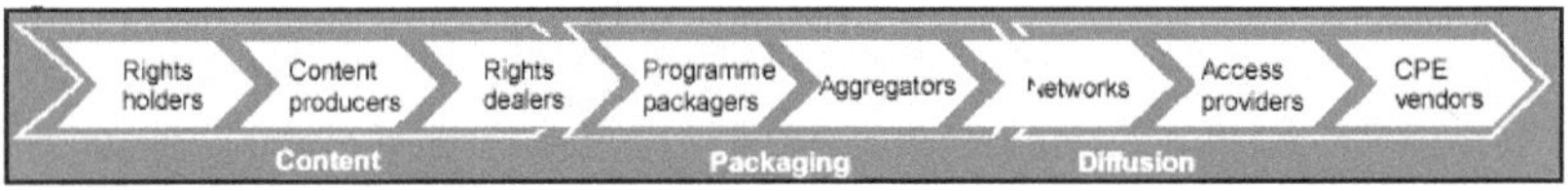

fig. 4 – (Andersen Consulting, Outlook of the development of technologies and markets for the European Audiovisual sector up to 2010, p. 60)

Come si può vedere dall'immagine vi sono dunque tre grandi aree – il contenuto, il *packaging* e la diffusione – in cui sono attivi differenti soggetti.

La prima categoria *(content)* si riferisce alla produzione e distribuzione del contenuto: ne fanno parte i detentori di diritti *(rights holder)*,

41 ANDERSEN CONSULTING, *Outlook of the development of technologies and markets for the European Audiovisual sector up to 2010*, Bruxelles, 2002, p. 60.

i produttori di contenuto *(content producer)* ed i «negoziatori» di diritti *(rights dealer)*.

I *rights holder*, che sono la fonte dei diritti di contenuto, hanno spesso contratti con le poche società che gestiscono e commerciano i diritti e che talvolta sono anche *rights dealer*. Esempi di *rights holder* sono le *major*, come Sony, Universal e Time Warner, ma non sono poche le società di *broadcasting* che detengono analoghi diritti.

I *content producer* si occupano della produzione audiovisiva combinando il *know-how* artistico, commerciale e finanziario. Essi possono produrre contenuti oppure limitarsi alla responsabilità della creazione dei *format*. Esempi di *content producer* sono Endemol[42], Freemantle Media[43] ecc. In particolar modo, in questa fase della catena del valore, la digitalizzazione comporta una diminuzione dei costi (sia dei costi operativi che della spesa di capitale) e richiede competenze specifiche. Inoltre, essa mantiene inalterate o addirittura riduce le barriere all'entrata (ciò che a propria volta comporta un aumento degli operatori ed il consolidamento degli operatori principali), porta ad una maggiore frammentazione e aumenta il livello medio di profittabilità. Infine, la digitalizzazione rafforza l'importanza della programmazione interattiva, inducendo così nuovi entranti (ad es. l'industria dei videogiochi) a competere con gli attori tradizionali e ad avere un rapporto diretto con gli *access provider* (ad es. EPG). I produttori di contenuto, sempre più coinvolti nella produzione di contenuti interattivi, devono decidere se offrire direttamente i servizi al consumatore (in questo modo potrebbero appropriarsi di parte delle entrate che derivano dagli abbonamenti, diversificando sensibilmente il proprio *business model*).

La funzione principale dei *right dealer*, che si occupano del commercio dei diritti, è aggregare film o programmi televisivi di vari produttori

42 La società è nata nel 1994 dalla fusione tra due grandi produttori televisivi: Joop van den Ende Productions e John de Mol Produkties.

43 Conosciuta fino all'ottobre 2001 con il nome di Pearson Television, Fremantle Media è la più grande società di produzione televisiva in Europa e uno dei maggiori *content producer* al mondo.

in un ampio catalogo di diritti, facilitando la distribuzione indipendente e cercando di ridurre i costi di transizione legati alla ricerca ed alla selezione dei diritti.

La seconda categoria si riferisce al *packaging* del contenuto e ne fanno parte i *programme packager* e gli *aggregator*.

I primi, responsabili dell'acquisto e della selezione di singoli programmi, costruiscono il palinsesto attraverso il confezionamento dei programmi in canali e cercano anche di vendere gli spazi pubblicitari. Tipici *programme packager* sono le imprese televisive pubbliche e le imprese televisive a pagamento. Gli *aggregator*, invece, responsabili dell'acquisto e dell'aggregazione di canali in *bouquet*, in vista del sempre più capillare sviluppo delle applicazioni dei nuovi *media*, stanno lavorando sull'integrazione di applicazioni e servizi nel *broadcasting*. In genere la figura dell'*aggregator* è chiamata in causa quando vengono lanciate nuove piattaforme a pagamento ed ha una funzione puramente commerciale. Sempre più spesso, peraltro, le società tendono ad integrare le funzioni di *aggregator* e di *access provider*[44]. Secondo quanto rilevato da Andersen Consulting, l'avvento della televisione digitale e lo sviluppo di Internet hanno portato alla nascita di un nuovo tipo di *aggregator*: *«[...] the role of programme packager will radically change as the focus will change towards aggregation of content.»*[45] La diffusione di nuove piattaforme e l'implementazione della guida elettronica tenderanno a diminuire l'importanza della programmazione e l'audience, in maniera graduale, cambierà il suo modo di vedere la televisione, passando da una visione *schedule-based* ad una *programme-based*.

La terza categoria riguarda la diffusione del contenuto e racchiude le seguenti figure: i *network*, gli *access provider*, e i *CPE vendor*.

I *network* trasmettono i dati attraverso la loro infrastruttura e sono responsabili dello sviluppo, della manutenzione e delle operazioni del-

44 Un buon esempio è Microsoft Network (MSN), la rete di servizi fondata da Bill Gates e riservata agli utenti del *software* Microsoft che costituisce la porta privilegiata di accesso ad Internet.

45 ANDERSEN CONSULTING, *op. cit.*, p. 87.

l'infrastruttura di trasmissione. Esempi tipici sono le società di telecomunicazione, gli operatori cavo e satellitari, nonché i *network* via etere. Se in ambiente analogico sono responsabili soltanto della diffusione del contenuto, in ambiente digitale sono necessari due ruoli distinti. Il ruolo dei *network* rimane lo stesso, mentre viene creato un nuovo ruolo, e cioè quello dell'*access provider*. Gli *access provider* sono responsabili dello sviluppo della piattaforma digitale, della fatturazione, della gestione del rapporto con il consumatore e della gestione dei *set top box*. Spesso sono chiamati *gateway* in quanto offrono al consumatore l'accesso ad una grande quantità di servizi come Internet[46]. Talvolta gli *access provider* – è il caso di Canal Satellite e di BSkyB – sono anche possessori dei *network*. Infine, i *Customer Premises Equipment* (CPE) *vendor* sono responsabili della fabbricazione, della vendita e del *marketing* delle apparecchiature finali (dette anche *Customer Premises Equipment*)[47].

Si può quindi affermare che le nuove tecnologie digitali stanno trasformando il modo in cui l'impresa opera e stanno aprendo nuove opportunità, influenzando in modi differenti la catena del valore.

46 L'introduzione, lo sviluppo e la digitalizzazione delle nuove tecnologie di *broadcasting* (il cavo, il satellite e l'etere) permettono agli *access provider* di trasportare più canali. Questo aumento di larghezza di banda permette di introdurre i canali di nuove aree geografiche (canali di altri paesi europei, ma anche canali statunitensi) e di trasportare canali nuovi.

47 Secondo alcuni autori, tra cui SIGISMONDI, *op. cit.*, pp. 27–29, le funzioni svolte dall'*access provider* e dal *CPE vendor* sono compito di un'altra figura, il *service provider*. Questi si occupa dell'accesso al servizio (distribuzione del *set top box*, manutenzione e aggiornamento *software*), nonché della gestione clienti.

Capitolo sesto

Il mercato della televisione digitale

6.1 Il mercato mondiale della televisione digitale

Come già osservato, la televisione digitale è nata negli Stati Uniti nel 1994 e due anni dopo è apparsa in Europa. Si è sviluppata prima via satellite, poi via cavo e infine via etere.

Attualmente, il mercato televisivo digitale presenta alcuni problemi. Un primo grande problema è «il mancato appuntamento con i frutti della convergenza, le cui promesse si rimandano costantemente al futuro». In particolare, nonostante i forti investimenti già sostenuti dalle varie piattaforme digitali, i fatturati dei servizi televisivi interattivi sono ancora ridotti e l'interesse dimostrato dal grande pubblico per questi servizi (*video on demand*, *t-commerce* ecc.), e per la televisione digitale più in generale, è al momento ridotto[1]. Anche nel 2002 si è registrata la difficoltà ad affermarsi dei servizi televisivi interattivi, tuttavia, le iniziative si stanno moltiplicando sia negli Stati Uniti che in Europa, mentre resta chiaro che sono ancora pochi i servizi in grado di generare risorse economiche di un certo interesse come i videogiochi e le scommesse. Inevitabilmente, una scarsa domanda dell'offerta televisiva ha comportato per le imprese che operano in questo mercato, forti perdite e, più in generale, un livello di indebitamento che limita le loro capacità di manovra e che aumenta, per contrasto, la loro vulnerabilità. Nel 2001 e

1 Secondo molti autori, tra i quali PAPATHANASSOPOULOS, *European Television in the digital age*, Polity Press, Cambridge, 2002, p. 54, la crescita piuttosto lenta del numero degli abbonati ai servizi digitali è dovuta principalmente ad una mancanza di contenuti accattivanti.

nel 2002 (come già osservato nel par. 3.2) il problema si è trasformato per alcuni operatori in un grave fattore di crisi, talvolta irreversibile. Tra i più noti vi sono i casi di Kirch, il maggior *broadcaster* privato tedesco e di ITV Digital, la prima piattaforma televisiva digitale terrestre europea. In molti casi questa situazione ha generato forti spinte verso la concentrazione: l'ipotesi di fondere sotto il controllo di un unico operatore le piattaforme digitali satellitari, che oggi sono in concorrenza, è già stata realizzata in Italia e in Spagna e se ne parla anche in altri paesi (come la Francia).

Su scala internazionale, c'è stato un ulteriore elemento che ha caratterizzato il 2002 e che ha riguardato i preparativi e le iniziative nel campo della televisione digitale terrestre. Come è noto, la televisione digitale terrestre, anche se con alcune incertezze, continua ad occupare l'agenda di tutti i paesi europei e degli Stati Uniti. Le esperienze del 2002 lasciano prevedere che i tempi naturali di espansione della televisione digitale terrestre e della sostituzione definitiva e totale della televisione analogica saranno, probabilmente, in alcuni paesi, più lunghi di quanto inizialmente previsto. Ad esempio, negli Stati Uniti – come si vedrà meglio successivamente (cfr. par. 6.2) – le televisioni locali stentano a rispettare i tempi definiti dalla *Federal Communications Commission*. In Europa, invece, i preparativi fervono anche se permangono incertezze circa l'esistenza di condizioni economiche tali da garantire l'effettivo e stabile successo delle iniziative già in atto e di quelle in preparazione. Ciò che appare è che vi sia in molti paesi la presenza di una quota sostanziale di famiglie, che fino ad oggi, non mostra interesse per la televisione digitale. In tal senso, i governi si stanno attivando affinché il passaggio al «tutto digitale» avvenga nei tempi previsti, considerando ad esempio forme di sostegno alle famiglie per l'acquisto dei nuovi apparati digitali.

Si cercherà ora di presentare la situazione del mercato televisivo alla fine del 2002 dei paesi, già presi in esame nel capitolo 3, – Stati Uniti, Francia, Germania, Gran Bretagna, Italia e Spagna – nella fase digitale, illustrando anche le rispettive politiche di regolamentazione.

6.2 Il mercato statunitense della televisione digitale

La penetrazione della televisione digitale negli Stati Uniti è pari al 38 %, ossia al doppio della media europea (+19 %), di cui il 18 % via satellite, il 19 % via cavo e l'1 % via etere. Schematicamente:

MODALITÀ DI TRASMISSIONE	PENETRAZIONE 2002
Televisione digitale	38 %
Televisione digitale via cavo	19 %
Televisione digitale via satellite	18 %
Televisione digitale terrestre	1 %

fig. 1 – (Informa Media Group, Global Digital TV)

Da rilevare che gli Stati Uniti sono il più grande mercato multicanale del mondo[2].

La tv digitale via satellite negli Stati Uniti rappresenta circa il 50% degli abbonati alla tv digitale satellitare del mondo. Nel 2002 – secondo quanto riporta Informa Media Group[3] – più di 19 milioni di utenti vi sono abbonati. Nel Nord America inizialmente quattro piattaforme trasmettevano via satellite canali televisivi digitali: DIRECTV, DiSH (EchoStar), United States Satellite Broadcasting (USSB) e Primestar[4]. Tuttavia, alla fine del 1999, le quattro piattaforme sono diventate due: DIRECTV, che include USSB e Primestar, ed EchoStar.

2 Secondo INFORMA MEDIA GROUP, *Global Digital TV*, Londra, 2003, pp. 347–348, nel 2006 la televisione digitale raggiungerà una penetrazione pari al 50 % e la televisione digitale via satellite e via cavo continueranno a dominare.

3 INFORMA MEDIA GROUP, *ibidem*, p. 348.

4 Una quinta piattaforma satellitare digitale, Alphastar, andò in bancarotta nell'agosto del 1997.

DIRECTV è il primo operatore di televisione digitale via satellite e il terzo operatore complessivo di *pay TV*, dopo TCI e Time Warner, che operano però nel cavo[5].

Alla fine del 2002 DIRECTV registra 11,1 milioni di abbonati, mentre gli abbonati ad EchoStar[6] sono 8,2 milioni.

Secondo quanto riferisce la più grande associazione di operatori del settore, la *National Cable & Telecommunications Association* (NCTA), alla fine del 2002, gli abbonati ai servizi digitali via cavo sono poco più di 19 milioni, ripartiti tra i 6 principali operatori cavo: Comcast, Time Warner Cable, Charter Communications, Cox Communications e Adelphia Communications. Nell'ultimo periodo si è registrata la tendenza degli operatori cavo a passare dalla trasmissione analogica a quella digitale, in modo da meglio affrontare la concorrenza del digitale satellitare, delle emittenti e delle compagnie telefoniche. Più precisamente, la strategia degli operatori della tv via cavo consiste nel creare le condizioni per sviluppare sulle reti soprattutto quei tipi di servizi interattivi che né la tv via etere né quella via satellite, anche nell'era digitale, saranno in grado di fornire con la stessa qualità. Su questo fronte, la tv via cavo a sua volta dovrà però fare i conti con i servizi di comunicazione interattiva *wireless* che stanno avanzando con una certa rapidità e che la *Federal Communications Commission*[7] (FCC) sembra voler favorire.

Per quanto riguarda il settore del cavo, il digitale ha portato gli operatori a contrapporsi ai *broadcaster*. Questi ultimi vogliono, infatti, che

5 DIRECTV offre più di 225 canali televisivi digitali satellitari. In particolare le alternative a disposizione sono: 3 pacchetti base (TOTAL CHOICE package, TOTAL CHOICE – MOVIE package e TOTAL CHOICE – PLATINUM package) e 4 servizi aggiuntivi (FAMILY Pack, SPORTS Pack, Phoenix TV e DIRECTV – The Guide).

6 L'offerta di EchoStar si compone di 4 pacchetti: Basic, Premium Movies, Sports e International e di tre servizi aggiuntivi – Dish network Business solutions, Dish network Commercial services e Dish Education.

7 Si ricorda che, istituita dal *Communication Act* (1934), la FCC ha il compito di regolamentare il mercato televisivo e il mercato delle telecomunicazioni.

durante il periodo di transizione i loro segnali siano trasmessi sia in analogico sia in digitale, in modo da evitare la perdita dei loro telespettatori tradizionali. Da parte loro, gli operatori del settore si oppongono al mandato governativo di *must carry* dei segnali digitali delle emittenti televisive, in quanto le loro reti assumerebbero un ruolo di secondaria importanza. Il mandato comporterebbe l'occupazione di una parte rilevante della banda che non potrebbe così essere dedicata a nuovi servizi digitali, come i nuovi canali, servizi Internet ad alta velocità, servizi di telefonia ecc.

Inoltre, è da segnalare che gli operatori cavo stanno investendo nello sviluppo delle reti e dei contenuti per far fronte alla concorrenza degli operatori satellitari. In loro favore militano:

- i forti investimenti che hanno intrapreso per allargare le aree coperte e la capacità dei cavi;
- il fatto di aver ottenuto per la prima volta, nell'agosto '98, un'audience superiore a quella registrata da tutti i *broadcaster* terrestri: un risultato e un sorpasso storico per la televisione americana;
- la possibilità di offrire trasmissione dati e accesso ad Internet ad alta velocità.

I mercati televisivi locali sono suddivisi in 210 *Designed Marketing Areas* (DMAs). Alla fine del 2002 il numero di emittenti televisive che trasmettono in digitale sono 787 in 186 mercati, che raggiungono il 97,44% delle famiglie con televisore. Secondo la *National Association of Broadcasters* (NAB) quasi il 73% delle famiglie vive in un mercato dove sono attive almeno cinque emittenti che trasmettono in digitale, e il 36,5% vive in un mercato dove ne sono attive almeno otto.

Inizialmente la televisione digitale terrestre è stata lanciata nei principali 10 mercati, che coprono un terzo delle famiglie statunitensi e dove il lancio della DTT era previsto per il 1999: New York, Los Angeles, Chicago, Filadelfia, San Francisco, Boston, Dallas, Washington, Atlanta e Detroit.

Lo scarso successo raggiunto fino ad oggi dalla televisione digitale terrestre è spesso attribuito alla mancanza di un vero e capillare mercato dei *set top box*.

Per quanto riguarda il quadro normativo, è opportuno citare il *Telecommunication Act*, entrato in vigore l'8 febbraio 1996 e, in particolare, la *Section 201* che specifica le condizioni di base per lo sviluppo della televisione digitale. Esso definisce che alle emittenti venga attribuita temporaneamente dalla *Federal Communications Commission* (FCC) una nuova licenza e un canale aggiuntivo per un periodo di almeno 9 anni, al fine di sviluppare una serie di programmi e servizi digitali e di continuare a trasmettere i tradizionali programmi televisivi analogici[8]. Il 3 aprile 1997 la FCC ha adottato altri due importanti documenti, il *Fifth* e il *Sixth Report and Order*, che rispettivamente delineano le basi per l'introduzione della televisione digitale e definiscono il piano di assegnazione delle concessioni, le procedure di allocazione delle frequenze e i piani di riutilizzo delle frequenze liberate.

Riassumendo:

- entro maggio 1999, le affiliate ai quattro *network* principali (ABC, CBS, NBC e FOX) hanno dovuto lanciare almeno un programma in digitale nei 10 suddetti maggiori mercati locali;
- entro maggio 2002, le altre stazioni commerciali avrebbero dovuto avviare la trasmissione in digitale. Tale termine, in un secondo momento, è stato rimandato al 1. ottobre 2002;
- entro maggio 2003, tutte le stazioni non commerciali dovranno iniziare a trasmettere in digitale.

Inoltre, nell'ottobre del 2001, la FCC ha annunciato la creazione di un comitato *(FCC Digital Television Task Force)* con lo scopo di monitorare il processo di transizione al digitale e di presentare delle proposte alla Commissione circa le priorità per facilitare tale transizione e per promuovere l'utilizzo delle frequenze liberate per altri impieghi.

8 I nuovi tipi di servizio quali i servizi interattivi, la trasmissione di dati ecc. sono definiti nel *Telecommunication Act of 1996* come *«ancillary and supplementary services»*.

Il passaggio al «tutto digitale» è stato fissato per la fine del 2006 a condizione che l'85% delle famiglie dotate di un televisore possa usufruire dei programmi e dei servizi offerti dalla televisione digitale.

6.3 Il mercato europeo della televisione digitale

La storia della televisione europea è solitamente suddivisa – come osserva Pilati[9] – in tre fasi principali: la *fase della riserva assegnata al monopolio pubblico* che, con l'eccezione della Gran Bretagna, è durata fino all'inizio degli anni Ottanta; la *fase di espansione della televisione commerciale*, in cui le televisioni private, finanziate dalla pubblicità o dagli abbonamenti, convivono con le televisioni di servizio pubblico; e la *fase di predominio della tecnologia digitale*, che «moltiplica il numero dei programmi diffusi, introduce nell'uso una gamma di servizi inediti [...] e modifica, insieme ai modi di consumo, i modelli di business»[10]. I mercati europei in che fase si trovano? L'attribuzione di questi ad una piuttosto che ad un'altra delle tre fasi citate dipende dal modo in cui si intende il concetto di «predominio digitale». Se si concorda con la tesi secondo la quale si può parlare di predominio digitale soltanto nel momento in cui la maggior parte delle famiglie in un determinato paese è in grado di ricevere segnali digitali, attraverso qualsiasi mezzo, allora nessun mercato europeo è al momento ascrivibile alla terza fase. Invece, se si assume, come suggerisce Pilati, un'accezione debole, «che richieda per la tecnologia soltanto una forte capacità d'influenza sui comportamenti dei vari soggetti attivi nel settore (*broadcaster*, consumatori,

9 PILATI, *Lo sviluppo della televisione europea negli anni Novanta*, in *L'industria della comunicazione in Italia*, Sesto rapporto, Istituto di Economia dei Media, Guerini e Associati, Torino, 2002, pp. 8–12.

10 PILATI, *op. cit.*, p. 33.

regolatori)»[11], allora, si può dire che in Europa la Gran Bretagna opera già nella terza fase, e considerati i ritmi di sviluppo delle famiglie che ricevono il segnale televisivo in formato digitale e gli sforzi dei differenti governi per passare al «tutto digitale», la transizione alla terza fase dovrebbe potersi ultimare, per gran parte dell'Europa, entro il 2006.

In questo capitolo saranno presentati i dati che è stato possibile raccogliere sulla penetrazione della televisione digitale in Europa, dapprima nella sua globalità e successivamente in relazione ai tre principali meccanismi di distribuzione (satellite, cavo ed etere). Si descriveranno, quindi, le principali caratteristiche del mercato televisivo digitale europeo alla fine del 2002 in parallelo con quanto osservato per il mercato televisivo europeo nella fase analogica.

Contrariamente a quanto accaduto storicamente per la televisione analogica, che fu lanciata e trasmessa per un lungo periodo unicamente via etere, la televisione digitale si sta oggi sviluppando su tre piattaforme distributive quasi simultaneamente (etere, cavo e satellite). Questo sta portando ad accrescere la competizione nel mercato televisivo.

In Europa la televisione digitale è una realtà ormai consolidata. È decollata nel 1996 in Francia e si è diffusa rapidamente in quasi tutti i paesi fino a coinvolgere oggi circa 28 milioni di famiglie. Principalmente, la trasmissione televisiva digitale è via satellite, poi via cavo, mentre quella terrestre è attiva in un numero limitato di paesi con risultati che – come si osserverà in seguito – sono per ora contradditori e comunque non sufficienti a dare indicazioni precise sulla durata e la modalità della fase transitoria. Dall'inizio del 1996 e fino alla fine del 2002, il mercato della televisione digitale in Europa ha goduto, nel complesso, di un tasso di crescita relativamente alto. Nonostante la diffusione della televisione digitale in Europa sia più veloce che negli Stati Uniti, il settore televisivo europeo non solo è molto frammentato, ma è formato da

11 PILATI, *op. loc. ult. cit.*

singoli mercati con specifiche caratteristiche. I paesi europei – come già osservato nel par. 3.4 – si differenziano per quanto riguarda i modi di ricezione della televisione, i metodi di finanziamento del settore televisivo e la ricchezza dell'offerta televisiva. La televisione digitale è apparsa e si è sviluppata in diversi modi a seconda del paese considerato, in accordo con il contesto televisivo analogico storicamente ereditato. Quanto a questo si possono distinguere tre gruppi di paesi in funzione dei meccanismi di distribuzione utilizzati per i *main set*[12] nelle case:

- gruppo 1: paesi cablati. Più del 90% delle famiglie riceve la televisione per mezzo del cavo (Belgio, Lussemburgo e Paesi Bassi);
- gruppo 2: paesi ibridi. La ricezione via cavo e via satellite copre tradizionalmente più della metà delle famiglie (Germania, Austria, Irlanda, Svezia, Finlandia e Danimarca);
- gruppo 3: paesi terrestri. La ricezione terrestre rimane ancora il meccanismo di distribuzione dominante: Francia, Gran Bretagna, Italia, Spagna, Grecia e Portogallo.

Nei paesi del gruppo 1 e 2, la maggioranza della popolazione ha accesso a servizi televisivi multicanale (dai 15 ai 30 canali) attraverso una ricezione satellitare completamente gratuita oppure attraverso la sottoscrizione di un abbonamento al servizio base via cavo. Al contrario, nei paesi terrestri, la televisione analogica via etere fornisce dai 3 agli 8 canali in chiaro e l'accesso alla televisione multicanale richiede al consumatore di passare alla *pay TV*.

Al momento, le «famiglie digitali»[13] sono quasi esclusivamente famiglie che sottoscrivono un servizio *pay TV* e, in due terzi dei casi, un servizio *pay TV* trasmesso via satellite. Sinteticamente la diffusione della televisione digitale nel 2002 in Europa si presenta nel seguente modo:

12 Per *main set* si intende l'apparecchio televisivo più utilizzato dai membri della famiglia.

13 Si definisce «famiglia digitale» una famiglia che riceve i segnali televisivi in modalità digitale su almeno uno dei propri ricevitori, generalmente il *main set*.

Paesi	*% di famiglie*
Regno Unito	43%
Spagna	16%
Francia	15%
Germania	13%
Italia	12%

fig. 2

Prima di illustrare uno ad uno i principali mercati europei (Francia, Germania, Gran Bretagna, Italia e Spagna), si intende fare alcune osservazioni sulla penetrazione delle tre diverse modalità di trasmissione (satellite, cavo ed etere), poiché i mercati nazionali europei – come già osservato – presentano differenti livelli di stesura delle reti di trasmissione satellitare e via cavo, nonché diversi stadi di sviluppo/sperimentazione della trasmissione digitale terrestre. Le osservazioni si riferiscono sempre alla fine del 2002.

La crescita della tv digitale è certamente condotta dalla trasmissione satellitare e questo suo ruolo guida è confermato dai risultati degli studi di penetrazione fatti in questi ultimi anni[14]. Dal 1996 la trasmissione digitale satellitare ha coperto l'intero territorio dell'Unione Europea. In particolare, la ricezione satellitare diretta *(direct to home)* ha avuto una crescita costante dal 1998 al 2002 con un incremento medio annuo nel suddetto periodo pari all'11%. Nello stesso arco temporale, invece, la ricezione satellitare diretta analogica ha sofferto un decremento medio annuo del 5%. Questo permette di affermare che quasi tutti i canali televisivi disponibili in Europa attraverso il satellite sono trasmessi nello *standard* digitale e spesso sono criptati. Molti di questi continuano però ad essere diffusi anche in analogico al fine di assicurare ai consumatori una transizione più dolce al «tutto digitale». Alla fine del 2002 quasi il 71% (circa 20 milioni) delle famiglie digitali è abbonato alla televisione digitale via satellite.

14 BOOZ ALLEN HAMILTON, *Televisioni*, Milano, Febbraio 2002; BIPE, *Digital Switchover in Broadcasting*, Parigi, 2002.

Come già accennato nel par. 3.4, anche nei paesi di maggiori dimensioni sembra non esservi sufficiente spazio per una competizione tra due o più piattaforme digitali. In Germania e Gran Bretagna, opera un'unica piattaforma satellitare a pagamento: rispettivamente Premiere e BSkyB. Nella stessa condizione si trova l'Italia, a seguito dell'acquisizione di Telepiù da parte di Stream e nel corso del 2002, anche in Spagna si è avviato il processo di fusione tra le due piattaforme satellitari a pagamento: Vía Digital, del gruppo Telefonica, e Canal Satélite Digital, del gruppo Sogecable.

Gli abbonati alla televisione digitale via cavo in Europa alla fine del 2002 sono circa 5 milioni e 700 mila famiglie (pari al 20%). Nonostante la televisione digitale via cavo abbia registrato tra il 1998 e il 2002 un incremento medio annuo del 91%, essa risulta essere ancora di gran lunga inferiore alla televisione analogica via cavo in termini di numero complessivo di abitazioni raggiunte.

La televisione digitale terrestre (DTT) ha esordito a livello mondiale nel 1998 in Gran Bretagna, con il varo delle prime trasmissioni a pagamento dell'operatore ONdigital (poi divenuto ITV Digital). Attualmente sono 4 i paesi in cui è stato operativamente lanciato un servizio di televisione digitale terrestre a livello nazionale (Finlandia, Gran Bretagna, Svezia e Spagna), mentre in Germania, seguendo il modello federale, la DTT è stata lanciata nel corso del 2002 nella regione Berlino-Brandeburgo.

Il settore della televisione digitale terrestre ha registrato nel 2002 avvenimenti importanti. Il fatto più rilevante è stato nella primavera il fallimento di ITV Digital, che aveva raggiunto 1,2 milioni di abbonati (con un investimento di 1,5 miliardi di euro). Stessa sorte è toccata alla spagnola Quiero TV con la differenza che, in questo caso, gli abbonati erano arrivati soltanto a 210 mila. La novità è – come si illustrerà meglio in seguito (cfr. par. 6.4) – che in entrambi i casi la televisione digitale terrestre è ripartita sulla base di un diverso modello di *business*: non più televisione a pagamento, ma televisione in chiaro.

In generale, la fase attuale di sviluppo della televisione digitale in Europa mostra tre caratteristiche:

a) le condizioni di sviluppo non rispondono ad un unico modello ma sono fortemente legate alla tradizione e alle caratteristiche culturali, sociali, giuridiche di ciascun paese;
b) si tratta di una nuova fase del *broadcasting* che apre ampie prospettive e genera molte attese, ma che reca con sé ancora molte incertezze sui tempi e le modalità di crescita;
c) tale nuova attività deve confrontarsi con una concorrenza multiforme (la molteplicità dei canali televisivi in chiaro, quelli a pagamento, i servizi in rete, le varie attività proposte per il tempo libero ecc.) e si basa prima di tutto sulla disponibilità dei diritti di due generi televisivi sempre più scarsi (film recenti ed eventi sportivi).

Dopo avere illustrato lo stadio di sviluppo della televisione digitale negli Stati Uniti e in generale in Europa, si passeranno qui di seguito in rassegna i principali mercati europei: Francia, Germania, Gran Bretagna, Italia e Spagna.

6.3.1 La Francia

Come si può vedere dalla tabella seguente, la penetrazione della televisione digitale in Francia nel 2002, è pari al 15%, di cui il 12% via satellite e il 3% via cavo. Schematicamente:

MODALITÀ DI TRASMISSIONE	PENETRAZIONE 2002
Televisione digitale	15 %
Televisione digitale via cavo	3 %
Televisione digitale via satellite	12 %
Televisione digitale terrestre	0 %

fig. 3 – (Informa Media Group, Global Digital TV)

Secondo alcune previsioni[15], nel 2006 si raggiungerà una penetrazione della televisione digitale pari al 39%[16].

I servizi di televisione digitale via satellite sono offerti da due grandi operatori in via di fusione[17]:

1. Canal Satellite, filiale del gruppo Canal+, l'operatore *pay TV leader* con, alla fine del 2002, poco più di 2 milioni di abbonati al digitale[18];
2. TPS (Télévision Par Satellite), una *joint venture* fra France Télévision, M6, TF1, France Télécom e Lyonnaise Communication, distribuito via Eutelsat, che alla fine del 2002 registrava più di 1,4 milioni di abbonati.

Sebbene abbiano registrato un buon risultato nel 2002, i servizi digitali via cavo rimangono lontano dai *bouquet* digitali satellitari in termini di abbonati (758mila e 296). Al fine di offrire agli abbonati, oltre ai servizi di televisione digitale, anche servizi telefonici e via Internet e cercare di far fronte alla sempre crescente concorrenza delle piattaforme satellitari, gli operatori cavo hanno pianificato investimenti elevati. Grazie al processo di digitalizzazione che ha coinvolto anche gli operatori cavo indipendenti di medie dimensioni, come Vidéopole e Régis, più dell'80%

15 INFORMA MEDIA GROUP, *op. cit.*, p. 6.

16 Secondo quanto previsto da ANDERSEN CONSULTING, *Outlook of the development of technologies and markets for the European Audiovisual sector up to 2010*, Bruxelles, 2002, pp. 7–8 (appendice), lo sviluppo dei servizi digitali in Francia sarà limitato, in quanto ci sono diversi ostacoli: 1. secondo alcune previsioni la penetrazione della televisione digitale terrestre non supererà l'80%, aspetto che genera non poche preoccupazioni per lo spegnimento della trasmissione analogica; 2. almeno il 50% delle antenne esistenti dovrà essere sostituito; 3. i canali tematici dovranno cambiare la propria struttura di capitale (i canali specialisti potranno essere posseduti da un unico azionista, tuttavia una sola società non può possedere più del 49% di un canale via etere).

17 Sul mercato digitale via satellite francese è, in realtà, presente un terzo *bouquet*: AB Sat. Più precisamente, AB Sat si limita a svolgere la funzione di editore di canali che poi sono trasmessi, nel quadro di accordi di distribuzione, da Canal Satellite e TPS.

18 Canal Satellite usa il sistema satellitare SES/Astra.

delle case allacciate al cavo ha accesso al segnale digitale. Gli operatori cavo che controllano il 98 % degli abbonati alla televisione digitale sono tre: Noos, NC Numéricâble e France Telecom Cable (FTC), con rispettivamente circa 410 mila, 179 mila[19] e 149 mila abbonati.

In Francia lo sviluppo della televisione digitale terrestre ha l'obiettivo di ovviare alla scarsa disponibilità di canali televisivi in chiaro (due terzi dei francesi accedono, infatti, ad un'offerta di soli cinque canali televisivi in chiaro – TF1, France2, France3, ARTE/La Cinq, M6) e di aumentare il pluralismo informativo.

Al momento la Francia non ha ancora dato avvio ad un servizio operativo di trasmissioni digitali terrestri, limitandosi ad alcune sperimentazioni e prove tecniche[20], tra cui:

- il lancio di due *multiplex* in Bretagna;
- la trasmissione in aree montagnose come a Remiremont e Saint Dié;
- la prova da parte di TPS e M6 di trasmissione digitale per una durata di sei mesi;
- la richiesta da parte di France Télévision e Canal+ per poter testare la trasmissione rispettivamente a Parigi e a Sannois e Digione.

19 Da notare che nonostante NC Numéricâble sia stato il primo operatore cavo a lanciare un servizio digitale, esso ha una penetrazione piuttosto bassa.

20 Un primo studio di fattibilità sul digitale terrestre è stato condotto nel 1998 dall'*Agence Nationale des Fréquences.* Il piano prospettava la possibilità di quattro *multiplex* nazionali con una copertura pari all'80 % delle abitazioni e altri due *multiplex* con una copertura stimabile intorno al 50–60 % delle abitazioni per un totale di 20–30 canali. Fino ad oggi l'iniziativa è rimasta nelle mani del *Conseil Supérieur de l'Audiovisuel* che nel settembre 1998 ha autorizzato Télédiffusion de France, la sussidiaria di Télécom, che possiede la rete delle infrastrutture terrestri di trasmissione, ad avviare la sperimentazione in Bretagna al fine di valutare la capacità di copertura dei trasmettitori, la compatibilità con le antenne esistenti e la qualità della ricezione da parte dei televisori portatili. La sperimentazione, con tre *multiplex,* ha coperto circa un milione e mezzo di abitanti ed è durata sei mesi.

Alla fine del 1999, dopo una consultazione tra i rappresentanti del governo e i principali operatori del mercato per meglio definire la via francese alla televisione digitale terrestre, è stata approvata una nuova legge sull'audiovisivo, entrata in vigore nell'agosto 2000, che modifica la legge del 1986 relativa alla libertà di comunicazione. La nuova legge interessa una vasta gamma di servizi che comprendono non solo la televisione digitale terrestre, ma anche il rafforzamento ed alcune modifiche concernenti le fonti di finanziamento del servizio pubblico.

Più precisamente, per quanto riguarda la televisione digitale terrestre, essa stabilisce:

- l'allocazione di 36 frequenze per la televisione digitale terrestre (6 *multiplex* per le 6 stazioni) da parte del *Conseil Supérieur de l'Audiovisuel* (CSA)[21];
- che ogni stazione televisiva terrestre nazionale deve rendere disponibile durante la fase di *simulcast* un canale per i programmi analogici e un altro canale per i programmi in digitale;
- che la priorità nell'assegnazione delle frequenze deve essere data alle reti di servizio pubblico;
- che una sola compagnia o un solo editore privati non possono farsi attribuire più di 5 licenze per la trasmissione di servizi digitali terrestri (articolo 41). Questa disposizione è stata adottata per impedire che un operatore privato controlli un *multiplex* intero; il limite è

21 Il CSA per l'attribuzione delle frequenze prende in considerazione una serie di criteri previsti dall'articolo 30 della legge per la televisione digitale terrestre e fa riferimento ai criteri descritti all'articolo 30 sulla televisione analogica. Esso deve tener conto: 1. del pluralismo socioculturale, d'opinione e politico; 2. della diversità degli operatori; 3. della necessità di evitare l'abuso di situazioni di posizione dominante e di pratiche anticoncorrenza; 4. dell'uguaglianza di accesso e dell'onestà di informazione; 5. dell'interesse di progetti che si impegnano in materia di produzione audiovisiva e cinematografica.

quindi stato fissato per sostenere i nuovi entranti e garantire la concorrenza;
- che una sola compagnia non può avere allo stesso tempo una licenza nazionale ed una locale.

Inizialmente il Governo francese si era prefissato l'obiettivo di lanciare la televisione digitale terrestre entro la fine del 2002, ma ciò non ha potuto realizzarsi. La data di spegnimento dell'analogico è prevista tra il 2010 e il 2015.

6.3.2 La Germania

In Germania accedere ai servizi digitali è possibile o via cavo o via satellite. La digitalizzazione della televisione terrestre non è ancora presente come servizio regolare, ad eccezione della zona di Berlino-Brandeburgo. Come si può vedere dalla tabella seguente, la penetrazione della televisione digitale è pari al 13%, di cui il 7% via satellite e il 6% via cavo:

MODALITÀ DI TRASMISSIONE	PENETRAZIONE 2002
Televisione digitale	13 %
Televisione digitale via cavo	6 %
Televisione digitale via satellite	7 %
Televisione digitale terrestre	0 %

fig. 4 – (Informa Media Group, Global Digital TV)

Secondo alcune previsioni[22] nel 2006 un terzo delle case riceverà digitalmente il segnale televisivo.

I servizi digitali offerti via satellite sono quelli della *pay TV*, Premiere, i cui abbonati alla fine del 2002 sono poco più di 2,5 milioni, i pacchetti digitali in chiaro delle emittenti di servizio pubblico, ARD digitale e

22 INFORMA MEDIA GROUP, *op. cit.*, p. 6.

ZDF.vision, i pacchetti digitali dell'emittente privata RTL, RTL World, dell'emittente privata tm3, tm3 digitale, e i pacchetti dell'emittente privata Vox, specializzata nelle informazioni turistiche e di servizio.

Lo sviluppo della televisione digitale via satellite, se confrontato con l'andamento medio europeo, appare piuttosto in ritardo. L'obiettivo a medio termine degli operatori della televisione via satellite è di continuare a promuovere il valore aggiunto offerto dai servizi digitali, puntando soprattutto sulle applicazioni interattive e sui nuovi servizi multimediali.

Per quanto riguarda la televisione digitale via cavo, bisogna innanzitutto ricordare che il cavo ha in Germania una diffusione capillare. Gli abbonati al cavo sono circa 20 milioni, di cui circa 1,8 milioni ricevono trasmissioni digitali. Il processo di transizione dall'analogico al digitale è iniziato nell'ottobre del 1997 con il lancio della prima trasmissione digitale via cavo. Gli operatori cavo hanno gradualmente aumentato la loro offerta di servizi digitali, anche se tuttora i programmi analogici continuano a dominare il mercato. L'obiettivo di medio termine degli operatori via cavo è di continuare a promuovere i servizi digitali, anche se ci potrà essere un grande aumento nei servizi digitali soltanto dopo l'espansione della rete.

In Germania il digitale terrestre deve fare i conti con un elevato tasso di penetrazione della distribuzione televisiva via cavo e via satellite. Le trasmissioni analogiche terrestri risultano interessare solo il 10% delle famiglie tedesche, e di queste la maggioranza si trova confinata nei *Länder* dell'ex Repubblica Democratica Tedesca, soprattutto in quelle aree non ancora raggiunte dalle reti via cavo. Per queste ragioni le trasmissioni digitali terrestri, a prima vista, sembrerebbero non interessare né i soggetti desiderosi di entrare nei nuovi mercati televisivi e multimediali, né i soggetti pubblici già fortemente presenti nel settore della televisione via cavo. Di conseguenza, sino a pochi anni fa, l'approccio dominante in Germania ipotizzava l'abbandono delle frequenze terrestri da parte delle emittenti televisive a favore degli operatori di servizi di telefonia mobile. Più recentemente – alla luce anche di alcune sperimentazioni condotte congiuntamente con alcuni operatori titolari delle licenze per i servizi di telefonia mobile di terza generazione UMTS – anche il mondo del *broadcasting* radiofonico e televisivo tedesco ha deciso di puntare nuovamente sulle reti terrestri, in quanto in grado di assicurare all'utente la fruizione dei servizi radiotelevisivi e multimediali anche su ricevitori portatili e in movimento.

Nel 2002 è stata lanciata la televisione digitale terrestre nel *Land* Berlino-Brandeburgo che offre circa 24–30 servizi, tra cui ARD e ZDF, i servizi regionali forniti da SFB e ORB, RTL, RTL II, Vox, Super RTL, ProSieben, Sat1, Kabel1, n-tv come anche PHOENIX e KI.KA, il canale per bambini.

Regolamentazione

L'interesse del Governo federale per il digitale terrestre è recente; il Governo ha deciso di non assegnare più concessioni analogiche a partire dalla fine del 2000, in vista dell'inizio della fase di *simulcast* fissata per il 2003.

In particolare, la direttiva sulla televisione digitale terrestre è stata istituita al fine di elaborare strategie per l'introduzione del *broadcasting* digitale e dei servizi multimediali, nonché per facilitare il processo di conversione dall'analogico al digitale. Al fine di implementare le decisioni acquisite, sono stati istituti quattro gruppi dediti rispettivamente ai requisiti tecnici, ai possibili scenari della televisione digitale, allo sviluppo del mercato e alle questioni giuridiche. Tale direttiva viene applicata in 6 regioni:

- Germania del Nord (Hannover / Braunschweig, Amburgo e Brema);
- Berlino / Brandeburgo;
- Germania centrale (Lipsia / Halle, Erfurt / Weimar, Dresda);
- Germania occidentale (Colonia / Düsseldorf, Reno / Ruhr);
- Germania del Sud (Reno / Meno, Reno / Neckar, Stoccarda);
- Baviera (Monaco / Augusta, Ingolstadt, Norimberga).

Alla fine del 2001 vennero delineati cinque progetti pilota nelle seguenti aree:

- Baviera: un progetto con la partecipazione di Bayerischer Rundfunk (BR) che con almeno quattro *bouquet*, quindi circa 16 programmi, ha l'obiettivo di rendere possibile la ricezione attraverso apparecchi portatili nell'agglomerato di Monaco e Norimberga (circa 3 milioni di abitanti). L'inizio è previsto per il 2003.
- Germania del Nord: un progetto comune per la Bassa Sassonia, Brema, Amburgo con la partecipazione di Norddeutscher Rundfunk (NDR) e RadioBremen. Il lancio di quattro *bouquet*, resi disponibili in sei zone ad alta concentrazione per un totale di circa 4 milioni di abitanti, che mirano a rendere possibile la ricezione *indoor* attraverso apparecchi portatili, è previsto per il 2003.
- Germania centrale: un progetto comune per Sassonia, Sachsen-Anhalt e Turingia nelle regioni di Lipsia / Halle e Erfurt / Weimar con la partecipazione di Mitteldeutsche Rundfunk (MDR). Il lancio di tre o al massimo quattro *bouquet* destinati a circa 1,4 milioni di abitanti dotati di terminali portatili e 2,3 milioni di abitanti dotati di apparecchi fissi è previsto per l'inizio del 2004.
- Vestfalia settentrionale: un progetto per l'agglomerato Colonia / Bonn con la partecipazione di Westdeutsche Rundfunk (WDR). I tre milioni di abitanti dotati di apparecchi portatili e i 7 milioni di abitanti dotati di apparecchi fissi potranno ricevere quattro *bouquet* a partire dalla seconda metà del 2003;
- Berlino e Brandeburgo: un progetto già attivo.

Per quanto riguarda il passaggio dalla trasmissione analogica a quella digitale, le frequenze necessarie per la trasmissione digitale devono essere ottenute liberandone alcune utilizzate per le trasmissioni analogiche. Poiché questo processo non può essere attuato dappertutto nello stesso momento, il Governo ha deciso di adottare una «politica insulare», a zone[23],

23 Un'isola è costituita dalla zona ricoperta da un trasmettitore analogico. Per motivi commerciali le probabili regioni per il lancio sono Reno / Ruhr,

iniziando da quelle più densamente popolate, allo scopo di raggiungere più spettatori già in una prima fase. A tal proposito, il 13 febbraio 2002, è stato firmato un protocollo di intesa dalle emittenti ARD, ORB, SFB, ZDF, ProSiebenSAT1, Media AG, RTL e l'autorità di regolamentazione della televisione privata di Berlino e Brandeburgo (MABB), scegliendo Berlino come prima zona in Germania dove attuare lo *switchover*.

L'obiettivo è di avere 12 programmi televisivi (3 *multiplex* per 4 programmi equivalenti) per ogni «isola» e nuovi servizi multimediali, offerta che dovrà essere ampliata fino a raggiungere un totale di 20 programmi.

La data di spegnimento dell'analogico è fissata, indicativamente, per il 2010, a condizione che il 95 % di tutte le famiglie avrà a propria disposizione ricevitori digitali.

6.3.3 La Gran Bretagna

La Gran Bretagna, oltre ad essere il paese europeo *leader* nel mercato della televisione digitale, con una penetrazione superiore al 40 %, possiede anche la più grande piattaforma di *t-commerce*, Sky Active, accessibile attraverso la piattaforma satellitare Sky digital. Se è vero che la Gran Bretagna ha sviluppato la televisione digitale via satellite in ritardo rispetto ai paesi pionieri come la Francia, è anche vero che esso è oggi l'unico paese al mondo dove sono operativi con successo su scala commerciale servizi digitali che utilizzano tutte e tre le piattaforme: terrestre, via cavo e via satellite.

Düsseldorf / Colonia, Berlino / Postdam, Amburgo, Reno / Meno, Monaco, Stoccarda, Bielefeld, Hannover / Braunschweig, la zona Reno / Neckar, Lipzia / Halle, Norimberga / Erlangen / Fürth, Dresda, Brema, Saar, Aachen, Erfurt / Weimar. Negli anni successivi dovranno essere create nuove isole o dovranno essere allargate quelle esistenti affinché nel 2010 tutte le isole potranno formare un'unica infrastruttura che copre l'intero paese.

Come si può vedere dalla tabella seguente, la penetrazione della televisione digitale è pari al 43%, di cui il 28% via satellite, il 9% via cavo e il 6% via etere.

MODALITÀ DI TRASMISSIONE	PENETRAZIONE 2002
Televisione digitale	43 %
Televisione digitale via cavo	9 %
Televisione digitale via satellite	28 %
Televsione digitale terrestre	6 %

fig. 5 – (Informa Media Group, Global Digital TV)

Secondo alcune previsioni[24] nel 2006 il 64% delle case potrà ricevere il segnale televisivo digitalmente. La televisione *direct to home* (DTH) rimarrà la piattaforma dominante, raggiungendo il 31% delle case, la televisione digitale via cavo raggiungerà il 21% della case e la televisione digitale terrestre il 12% delle case.

Sky digital, gestita da BSkyB, è il servizio che domina il mercato della televisione digitale via satellite *direct to home* in Gran Bretagna e Irlanda. Lanciata nell'ottobre del 1998, Sky digital raggiunge 6,5 milioni di abbonati nel dicembre 2002. Questa rapida crescita ha fatto sì che BSkyB decidesse di cessare la trasmissione analogica nell'estate del 2001, un anno prima di quanto pianificato. Per un'attenta analisi del suo successo si rimanda al capitolo 7.

In Gran Bretagna l'industria della televisione via cavo ha iniziato ad offrire servizi digitali a partire dalla metà del 1999. Il settore era allora dominato da tre grandi operatori: CWC (la divisione cavo di Cable & Wireless), NTL e Telewest. Attraverso fusioni (NTL acquisì CWC) o nuove *partnership* (Telewest con Microsoft e Flextech), le società cavo decisero di offrire ai propri utenti non solo la televisione digitale, ma

24 INFORMA MEDIA GROUP, *op. cit.*, p. 7.

anche applicazioni interattive ad alta velocità. Lo sviluppo del digitale via cavo fu però più lento di quanto le compagnie cavo si aspettassero. Nel dicembre 2002 sono circa 2 milioni le case abbonate alla tv digitale via cavo[25].

Come già accennato, la Gran Bretagna è stato il primo paese europeo ad aver lanciato, nel novembre 1998, la televisione digitale terrestre. ONdigital, una *joint venture* tra ITV, Carlton Communications e Granada, offriva circa 30 canali, a pagamento, forniti anche da BSkyB, Telewest e NTL. Con il passare del tempo, essa si è trasformata da compagnia televisiva multicanale in piattaforma interattiva. Alla fine del giugno 2001, ONdigital, ribattezzata ITV Digital, registrava circa 1,2 milioni di abbonati. Prima ancora di raggiungere il punto di pareggio, stimato in 2 milioni di abbonati e atteso nel 2003, ITV Digital dovette cessare l'attività per fallimento. In seguito alla sua chiusura, avvenuta il 30 aprile 2002, le licenze per il digitale terrestre precedentemente detenute da ITV Digital vennero assegnate all'emittente di servizio pubblico BBC, e al gestore di rete, Crown Castle. Queste due società, assieme a BSkyB, hanno poi lanciato la piattaforma digitale terrestre Freeview. Essa offre oggi più di 30 canali televisivi e 15 canali radiofonici via etere, dei quali cinque sono la versione *simulcast* dei canali terrestri già esistenti in analogico. Per ricevere tali canali le famiglie devono dotarsi di un *set top box* (che costa circa 99 sterline, pari a 143 euro) senza poi pagare però alcun abbonamento mensile. Alla fine del 2002 gli abbonati a Freeview sono un milione e mezzo[26].

25 Il ritardo nel lancio dei servizi digitali via cavo è attribuibile a diversi fattori: 1. alla necessità da parte delle compagnie cavo di integrare *business* già consolidati; 2. all'intervento delle autorità di regolamentazione, che hanno introdotto elementi di incertezza in quanto per alcuni mesi non è stato chiaro l'evolversi della gestione di alcune vertenze importanti (NTL / Cable&Wireless e Telewest / Flextech); 3. all'insorgere di problemi nella fabbricazione dei *set top box*.

26 I fattori che hanno, invece, contribuito a favorire il successo della tv digitale terrestre in Gran Bretagna, come illustra PILATI, *Alternative d'uso nel disegno dei nuovi sistemi ad alta capacità*, in *Quaderni dell'istituto di economia dei*

La Gran Bretagna è stato il primo paese europeo a dotarsi di un quadro normativo per l'introduzione della televisione digitale terrestre. Il testo legislativo di riferimento è il già citato *Broadcasting Act* 1996.

Per quanto concerne il passaggio al «tutto digitale», il Governo ha evidenziato la necessità di definire un piano di azione che delineasse in maniera precisa questa fase di transizione. Il Ministero dell'Economia e del Commercio e il Ministero della Cultura, dei Media e dello Sport hanno elaborato una prima bozza che indica le diverse misure da intraprendere e stabilisce delle scadenze di riferimento. Per passare completamente al digitale, il Governo inglese ha imposto tre condizioni:

1. che tutti i telespettatori che ricevono la televisione analogica devono essere in grado di ricevere i principali canali digitali in chiaro;
2. che il 95% degli utenti deve possedere un televisore digitale;
3. che il passaggio al digitale deve essere alla portata della maggior parte del pubblico.

È importante rilevare che la Gran Bretagna è l'unico paese in cui le autorità hanno espresso chiaramente la volontà di attuare un rapido *switchover* al fine di poter spegnere l'analogico e assegnare nuovamente le frequenze il prima possibile. L'obiettivo è *«to ensure the most efficient use of the spectrum. This means ensuring that sufficient spectrum is allocated to digital terrestrial television, while enabling some of the UHF band currently allocated to broadcasting to be re-used. It is too early to decide how much spectrum could be used to the benefit of the economy as a whole»*[27].

Il Governo ritiene che questi obiettivi potranno essere raggiunti tra il 2006 e il 2010.

---

media, Fondazione Rosselli, Milano, luglio 1999, p. 47, sono stati: un quadro normativo ben definito, la definizione di tempi certi per i vari passaggi operativi e la decisione di lasciare ai privati l'iniziativa di sviluppo dei nuovi mercati assicurando significative garanzie *antitrust*.

27 Joint DCMS/DTI in risposta al questionario BIPE/DGINFSO.

6.3.4 L'Italia

La penetrazione della televisione digitale in Italia, esclusivamente via satellite, è pari al 12%. Schematicamente:

MODALITÀ DI TRASMISSIONE	PENETRAZIONE 2002
Televisione digitale	12 %
Televisione digitale via cavo	0 %
Televisione digitale via satellite	12 %
Televisione digitale terrestre	0 %

fig. 6 – (Informa Media Group, Global Digital TV)

Secondo alcune previsioni[28] fino al 2006 si registrerà un tasso di crescita del 20% delle famiglie che potranno ricevere il segnale televisivo digitalmente.

Il mercato della televisione digitale via satellite è stato fino a poco tempo fa caratterizzato dalla presenza di due operatori *pay*: Telepiù, il cui maggior azionista è Canal+ (90%), e Stream, di proprietà di News Corporation Europe e di Telecom Italia[29]. Né Telepiù né la sua rivale Stream dalla data del loro lancio, rispettivamente nel 1991 e nel 1996, hanno mai registrato profitti, piuttosto hanno realizzato pesanti perdite, ad eccezione del 2002 nel corso del quale Telepiù è riuscito a raggiungere il punto di pareggio dopo 12 anni di attività. Ad ottobre 2002 gli abbonati alla televisione digitale via satellite sono poco più di 2,5 milioni, di cui 1,8 milioni sono abbonati a Tele+ e 811 mila a Stream.

28 Informa Media Group, *op. cit.*, p. 175.

29 In origine Stream era posseduta anche dal Gruppo Cecchi Gori e da una *venture* costituita da alcune società di calcio di serie A, quali la Lazio, la Roma, il Parma e la Fiorentina, denominata Società Diritti Sportivi. Nel febbraio 2000 News Corporation Europe e Telecom Italia si misero d'accordo per acquistare la quota di Cecchi Gori e al contempo la Società Diritti Sportivi vendette la sua quota.

La presenza competitiva di due operatori di televisione a pagamento nel mercato italiano si è confermata difficile ed ha portato, nel mese di ottobre 2002, all'acquisto di Telepiù da parte di Stream.

La penetrazione del cavo in Italia è piuttosto bassa. I principali problemi di mercato e a livello regolamentare che hanno impedito lo sviluppo del cavo in Italia sono stati i seguenti:

- la tarda liberalizzazione dell'attività del cavo avvenuta nel 1997[30];
- l'ampia offerta di programmi televisivi via etere composta da 7 canali nazionali generalisti e da molti canali locali;
- la vicissitudine dell'operatore pubblico di telecomunicazioni, Telecom Italia, che lanciando una rete nel 1995, fu costretta per legge a dare in locazione parte di questa ai propri concorrenti, il che costituì un disincentivo alla costruzione di reti aggiuntive[31].

L'Italia è il paese europeo che promette meglio per lo sviluppo del digitale terrestre. I dati parlano chiaro: in Italia si registra una netta prevalenza della televisione via etere, che raggiunge il 100 % della popolazione. Un ruolo primario sarà, quindi, giocato dalle televisioni in chiaro,

30 L'attività del cavo è stata liberalizzata con la legge n. 249 del 31 luglio 1997.

31 La penetrazione del cavo in Italia è molto bassa. Una ragione della lenta penetrazione del cavo deriva dal fatto che l'attività di Stream, l'unico fornitore di servizi via cavo, dipende a sua volta dalla realizzazione della rete via cavo da parte di Telecom Italia. Telecom Italia possiede e mantiene il *network* via cavo a fibre ottiche e affitta la propria capacità a Stream. Il ruolo di Stream è quello di realizzare e trasmettere un *bouquet* di canali televisivi, forniti dai rispettivi *content provider* ai telespettatori, previo pagamento di un abbonamento. Allo stato attuale però sono pochi gli incentivi che spingono Telecom Italia all'installazione del cavo, soprattutto in ragione del fatto che una veloce realizzazione della rete via cavo diminuirebbe le barriere all'entrata. La normativa vigente impone a Telecom Italia di affittare la propria capacità ai concorrenti compresi gli operatori di telecomunicazioni rivali. Il blocco del piano di cablaggio nell'estate 1998 ha rappresentato una delle principali ragioni che hanno portato Stream al lancio della piattaforma satellitare.

attraverso il lancio di nuove offerte attrattive, accompagnate dall'immissione sul mercato di *decoder* digitali destinati alla sola offerta in chiaro, basati su *standard* MHP e quindi compatibili con i sistemi operativi di tutte le altre piattaforme.

La RAI ha iniziato la trasmissione sperimentale di televisione digitale terrestre nel 1999, dalla stazione di Roma Monte Mario. Secondo il disegno di legge presentato nel settembre 2002 dal Ministro Gasparri, la RAI dovrà cercare due nuovi canali, entro il 1. luglio 2003, per la trasmissione in digitale. Questi canali, solo sperimentali, dovranno raggiungere almeno il 50 % della popolazione.

Mediaset, invece, intende entro settembre 2003 coprire con due *multiplex* oltre il 50 % della popolazione italiana, mentre ha già iniziato trattative riservate con operatori internazionali e nazionali per distribuire i loro canali sulle reti digitali e, a partire dal 2004, intende cominciare a commercializzare i nuovi canali televisivi ed i nuovi servizi interattivi ideati per sfruttare le maggiori potenzialità del digitale.

Regolamentazione

Nell'ambito della regolamentazione del lancio e dello sviluppo della televisione digitale terrestre il Libro Bianco contiene il resoconto dell'attività del Comitato per lo sviluppo dei sistemi digitali, istituito il 25 novembre 1998, allo scopo di definire gli obiettivi, le condizioni e le modalità di sviluppo in Italia della tecnologia digitale nel campo della radiofonia, della televisione e della multimedialità.

Come illustra Richeri[32], l'avvio della televisione digitale terrestre in Italia è favorito da alcune circostanze create dalla legge n. 66/2001, dalla quale risulta che:

32 RICHERI, *Il mercato televisivo in Italia*, in *Il mercato televisivo italiano nel contesto europeo*, a cura di Perrucci e Richeri, il Mulino, Bologna, 2003, pp. 249–251.

a) chi attualmente opera nel campo della televisione terrestre, satellitare e via cavo può sperimentare le trasmissioni televisive e i «servizi della società dell'informazione» in tecnica digitale nei bacini di utenza, o in parte di essi, dove già irradia le trasmissioni analogiche, tramite le frequenze utilizzate per le proprie trasmissioni analogiche ovvero sulle frequenze acquistate da altri soggetti;
b) i concessionari televisivi nazionali possono acquistare emittenti televisive locali e i relativi impianti, con il vincolo di utilizzare tali impianti solo per la sperimentazione delle trasmissioni in tecnica digitale; i concessionari nazionali che non hanno raggiunto la copertura del 75 % del territorio nazionale possono acquistare frequenze anche per l'estensione del servizio analogico;
c) i soggetti titolari di più di una concessione televisiva non possono usufruire di tutta la capacità di un *multiplex* (una frequenza televisiva che permette la trasmissione di 5 canali distinti), ma devono riservare almeno il 40 % della relativa capacità trasmissiva a soggetti non controllati o collegati, ivi compresi gli operatori via cavo o via satellite e le concessionarie analogiche che non abbiano raggiunto la copertura di almeno il 90 % della popolazione del paese, a condizioni eque, trasparenti e non discriminatorie.

L'Autorità per le Garanzie nelle Comunicazioni ha stabilito che entro settembre 2003 RAI e Mediaset dovranno lanciare un'offerta digitale. Per far sì che questa iniziativa possa avere successo il Governo ha deciso di promuovere la diffusione dei *set top box*, stanziando a tal proposito una somma ingente.

Si ricorda, infine, che l'Italia è il solo paese ad aver decretato per legge una data molto ravvicinata del passaggio definitivo dalla televisione analogica terrestre a quella digitale. Entro il 2006 si spegneranno le trasmissioni in tecnica analogica e inizierà l'era del tutto digitale.

6.3.5 La Spagna

Come sintetizzato nella tabella seguente, la penetrazione della televisione digitale nel 2002 è stata pari al 16%, di cui il 15% via satellite e l'1% via cavo. La televisione digitale terrestre è già stata lanciata, ma non ha ancora ottenuto risultati significativi. Schematicamente:

MODALITÀ DI TRASMISSIONE	PENETRAZIONE 2002
Televisione digitale	16 %
Televisione digitale via cavo	1 %
Televisione digitale via satellite	15 %
Televisione digitale terrestre	0 %

fig. 7 – (Informa Media Group, Global Digital TV)

Secondo alcune previsioni nel 2006 poco più di un terzo delle famiglie potrà ricevere il segnale televisivo digitalmente.

In Spagna sono attive due piattaforme satellitari digitali: Canal Satélite Digital (CSD), lanciata nel febbraio del 1997, e Vía Digital, lanciata nel settembre del 1997. Esse si spartiscono il mercato televisivo digitale in Spagna, composto da quasi 2 milioni di abbonati.

Il passaggio al digitale è stato favorito dalla crescita del numero degli abbonati ai servizi digitali via satellite e dal passaggio degli abbonati di Canal+ analogico a Canal+ digitale.

A dicembre 2002 Canal Satélite Digital registra 1,2 milioni di abbonati e Vía Digital circa 775 mila. La situazione si è però aggravata a tal punto che nel maggio 2002 le due piattaforme satellitari hanno annunciato un accordo di fusione nella società Sogecable, i cui azionisti di maggioranza sarebbero Canal+ Francia, Prisa e Telefónica Media[33].

33 Per maggiori informazioni si rimanda a BUSTAMANTE e ÁLVAREZ, *Il mercato televisivo in Spagna*, in *Il mercato televisivo italiano nel contesto europeo*, cit., p. 313.

In Spagna il cavo si è sviluppato molto tardi, a causa dell'assenza di un regime normativo adeguato e della scarsa concorrenza nel settore delle telecomunicazioni. Tuttavia il mercato dei servizi digitali via cavo è in crescita, anche se a ritmi più lenti rispetto al satellite. Secondo alcune stime alla fine del 2002 sono poco meno di 650 mila gli abbonati ai servizi digitali, ripartiti tra di due principali operatori, Ono e Aunacable.

Per quanto concerne la televisione digitale terrestre fino a poco tempo fa operava Quiero TV, cessata nell'aprile 2002, le cui frequenze disponibili sono state dirottate verso un modello *free to air*. Numerose sono anche le emittenti televisive regionali e locali private che trasmettono in digitale.

Quiero TV, iniziò a trasmettere in prova il 15 novembre 1999, con il nome di Onda Digital, a Madrid e a Barcellona. Dal maggio del 2000 la *pay TV* era operativa a livello nazionale con un'offerta di 14 canali tematici, tre servizi di *pay per view*, accesso ad Internet con gestione *e-mail* e servizi di SMS per telefoni cellulari. Essa conobbe un iniziale successo, se si considera che nell'agosto 2001, quindi poco più di un anno dopo il suo lancio, raggiunse circa 200 mila abbonati. Nel marzo 2002, però, la società annunciò che per raggiungere il punto di pareggio prima del 2004, avrebbe avuto bisogno di un aumento di capitale di 300 milioni di euro. Fu così costretta, nell'aprile 2002, a dichiarare il proprio fallimento, e a restituire la propria concessione nazionale.

Attualmente due nuovi operatori Net TV e Veo TV stanno muovendo i primi passi: hanno lanciato i propri servizi nel giugno 2002.

Regolamentazione

La regolamentazione della televisione digitale terrestre in Spagna è stata avviata con il Piano Tecnico Nazionale della televisione digitale terrestre (contenuto nel Decreto Regio 2169/98) che pianifica la fine delle trasmissioni analogiche per il primo gennaio 2012 e permette alle emittenti di programmare in modo differente i palinsesti analogici e digitali. Le principali problematiche affrontate dal «piano» sono le seguenti:

- l'attribuzione delle frequenze a livello nazionale e regionale[34];
- l'inizio della fase di *simulcast* previsto nell'aprile 2002;
- l'impiego di oltre il 20% della capacità di trasmissione per servizi interattivi.

Il Piano identifica 5 *multiplex* nazionali per la televisione digitale terrestre e uno per ciascuna delle 17 regioni. I cinque operatori nazionali – TVE1, La2, Telecinco, Antena3 e Canal+ – condividono un *multiplex*. Quiero TV occupava 3,5 *multiplex* e la rimanente metà del *multiplex* è ora occupata dai due nuovi operatori, Veo TV e Net TV[35].

Il Governo spagnolo ha elaborato tre tipi di concessioni per la televisione digitale terrestre:

- una concessione diretta al servizio pubblico televisivo per tutto il paese e per alcune comunità autonome in caso di copertura autonoma e locale;
- una concessione indiretta ai tre canali analogici esistenti (Antena3, Telecinco e Canal+) come condizione per l'estensione della licenza;
- una concessione indiretta a nuove imprese private, tramite una concessione amministrativa per dieci anni, prolungabile per un uguale periodo.

34 Come riporta DE MATTEIS TORTORA, *La Tv digitale terrestre spagnola Quiero TV; il switch off della domanda*, in *La tv diventa digitale. Scenari per una difficile transizione*, a cura di Fleischner e Solmavico, Franco Angeli, Milano, 2002, p. 109, a livello regionale sono due le comunità autonome ad avere già rilasciato le concessioni per il servizio DTT: la comunità autonoma di Navarra e quella di Madrid.

35 Attualmente ogni *multiplex* può essere composto da al massimo quattro programmi, a meno che il *Ministerio de Ciencia y Tecnología* decida di aumentare il numero di canali di un *multiplex*. Il Ministero ha anche stabilito che il *multiplex* nazionale MFN potrà essere composto da 5 programmi (articolo 5 dell'*Orden Ministerial* del 4.12.1998).

6.4 I modelli di *business* della televisione digitale terrestre

Si ritiene ora opportuno fare alcune osservazioni sui modelli di *business* adottati fino ad oggi dalle imprese di televisione digitale terrestre. Nei paesi analizzati ciò che è fallito non è stato il meccanismo di distribuzione in sé, bensì i modelli di *business* di tipo *pay* degli operatori che lo hanno utilizzato. È perciò necessario distinguere tra i concetti di «sostenibilità» dei soggetti *pay TV* basati sulla DTT e la sostenibilità nel lungo termine della trasmissione digitale terrestre come sistema di distribuzione.

I risultati negativi registrati dalle due imprese che per prime si sono lanciate nel settore, l'inglese ITV Digital e la spagnola Quiero TV, sono da attribuire, almeno in parte, a fattori che riguardano limiti di tipo tecnologico, dimensione degli investimenti, errori di strategia delle imprese coinvolte, nonché similitudini nelle condizioni di mercato in cui sono state introdotte le rispettive piattaforme.

ITV Digital, alla fine del 2001, aveva raggiunto 1,2 milioni di abbonati con un punto di pareggio previsto a 1,7 milioni, ma il forte indebitamento, insieme alla lentezza di crescita del parco abbonati e un ricavo per utente troppo basso (una media di 200 sterline all'anno per abbonato), non hanno permesso di proseguire l'attività oltre la primavera del 2002. I principali fattori di crisi sono stati[36]:

- la limitata copertura del territorio: i servizi di ITV Digital erano accessibili solo nel 60% del territorio nazionale, con una forte limitazione degli abbonati potenziali;
- una non soddisfacente qualità tecnica del segnale;
- una limitata offerta di canali rispetto al principale concorrente: ITV Digital offriva ai suoi abbonati solo 30 canali televisivi rispetto agli

36 Si veda a tal proposito RICHERI, *Le prospettive della televisione digitale alla luce dell'esperienza internazionale*, in *L'industria della comunicazione in Italia*, Settimo rapporto IEM, Guerini e Associati, Torino, 2004, pp. 17–18.

oltre 300 canali offerti da BSkyB, la piattaforma satellitare digitale inglese;

- gli elevati costi della programmazione: i costi per i diritti di film hollywoodiani erano inflazionati, data la concorrenza con BSkyB, e soprattutto i diritti sportivi erano stati ottenuti a prezzi considerati eccessivi[37];
- un elevato indebitamento che frenava la possibilità di rafforzamento dell'offerta e della promozione: le due società che controllavano ITV Digital, Carlton Communications e Granada, avevano accumulato un debito di 800 milioni di sterline (circa 1,2 miliardi di euro) e non avevano più margini per ulteriori investimenti;
- il fatto che BSkyB avesse già raggiunto oltre 5 milioni di abbonati con una forte capacità di spesa, mentre a ITV Digital fosse restata la fascia di utenti con minor disponibilità economiche. Infatti, la spesa media annua per abbonato di ITV Digital, come si è detto, era nel 2001 pari a 200 sterline (304 euro), mentre quella di BSkyB era pari a 330 sterline (circa 500 euro).

Quiero TV, invece, nata in Spagna nel maggio 2000 con un'offerta di 14 canali e servizi interattivi, era gestita da Retevisión, azionista principale con il 49%. L'obiettivo in origine era di raggiungere un milione di abbonati in tre anni. Gli abbonati erano arrivati a 210 mila unità all'inizio del 2001, ma si erano ridotti a 90 mila nella primavera del 2002. Inoltre, al momento della liquidazione aveva accumulato 400 milioni di euro di perdite e 200 milioni di debiti. Anche in questo caso si possono indicare alcuni fattori di crisi:

- il mercato era già saturo per la presenza di due piattaforme digitali: Vía Digital e Canal Satélite Digital;
- la campagna di promozione e di *marketing* adottata si è rivelata non sufficiente;
- la qualità dell'offerta era inferiore a quella dei concorrenti;
- l'offerta televisiva in chiaro era molto ricca.

37 ITV Digital si era aggiudicata i diritti di ritrasmissione di 72 partite di prima, seconda e terza divisione per 315 milioni di sterline (circa 500 milioni di euro).

Le ragioni degli insuccessi degli operatori *pay* della televisione digitale terrestre possono quindi essere schematicamente suddivise in base a diversi aspetti:

1. tecnici;
2. strategici;
3. economici.

1. Aspetti tecnici

Le difficoltà dei precursori della televisione digitale terrestre sono state causate da infrastrutture immature: le reti non erano ancora pronte per il lancio di un *marketing* nazionale; la tecnologia non era abbastanza intuibile da consentire alla ricezione *indoor* di essere un incentivo reale; la limitata potenza di trasmissione non permetteva di avere la certezza assoluta che il segnale fosse ricevuto correttamente in tutta l'area; i *set top box* erano spesso distribuiti con ritardi e non sempre funzionavano alla prima installazione.

2. Aspetti strategici

Time to market. Le piattaforme *pay TV* basate sulla televisione digitale terrestre potrebbero essere state lanciate troppo presto se si considera la necessità di un'effettiva implementazione al fine di indirizzare il mercato di massa in maniera sostenibile. Con il senno di poi, invece, potrebbero essere arrivate troppo tardi per conquistare quote in mercati *pay TV* in via di maturazione.

Vantaggio del first mover. Le piattaforme di *pay TV* basate sulla televisione digitale terrestre hanno sottostimato la forza competitiva dei primi operatori (satellitari e via cavo) presenti sul mercato. Ad esempio, molti degli ingenti investimenti sostenuti da ITV Digital furono dovuti all'inaspettata guerra promozionale condotta da BSkyB, che decise di regalare il *set top box* in cambio della sottoscrizione di un abbonamento annuo ai propri servizi.

Marketing strategico. ITV Digital e Quiero TV non sarebbero forse dovute essere posizionate come offerte in diretta competizione con le più ampie offerte multicanale esistenti, bensì piuttosto come proposte per famiglie a basso reddito e per coloro che non potevano o non volevano accedere al satellite o al cavo.

Errori operativi e di marketing. Ad esempio, gli azionisti di ITV Digital, Carlton Communications e Granada, sprecarono molto tempo e denaro cercando di imporre un nuovo marchio quando invece avrebbero potuto utilizzare il marchio ITV già molto popolare. Anche Quiero TV era un marchio nuovo che sarebbe dovuto rimanere impresso nella mente delle persone.

3. Aspetti economici

ITV Digital e Quiero TV hanno sviluppato nuovi canali esclusivi ad un costo elevato anziché agire come semplici distributori di prodotti già esistenti.

Questi insuccessi non hanno però bloccato nei rispettivi paesi lo sviluppo del digitale terrestre. In Gran Bretagna, come già osservato, le concessioni di ITV Digital sono state rilevate nel corso del 2002 da Freeview. Secondo alcuni esperti del settore[38], il successo di Freeview è dovuto alla sua offerta diversificata e al contempo competitiva rispetto alle piattaforme a pagamento via satellite e via cavo e alla decisione del Governo britannico di supportare l'iniziativa con un finanziamento di circa 20 sterline al canone BBC per la produzione di canali tematici nuovi e originali e di servizi interattivi. Inoltre, sono stati venduti i *set top box* ad un prezzo contenuto che hanno avvicinato alla piattaforma digitale terrestre nuovi *target* come i pensionati, le famiglie con i bambini e gli anziani, ai quali è dedicata una ampia fetta della programmazione.

In Spagna, invece, l'iniziativa è stata per ora ripresa su scala regionale, ma gli aspetti economici non sono ancora chiari.

38 Tra i quali si ricordano PUGLIESE e PRETA.

Capitolo settimo
BSkyB *

7.1 Introduzione

Nel presente capitolo si procede all'analisi concreta di un'impresa televisiva operante in digitale, al fine di evidenziare i tratti essenziali del modello di *business* e della catena del valore che la caratterizzano. L'azienda presa in considerazione è BSkyB, che attualmente costituisce il miglior esempio di piattaforma televisiva digitale multicanale e multiservizio in Europa (oggetto della parte conclusiva).

Allo scopo di comprendere meglio l'attività economica di BSkyB, è in primo luogo necessario considerare le caratteristiche del settore e del mercato all'interno dei quali essa opera. Poiché peraltro sono già stati in precedenza esaminati il contesto, i soggetti e le caratteristiche principali del mercato televisivo britannico (cfr. i parr. 3.4.3 e 6.3.3), ci si può qui limitare, in proposito, a qualche sintetico richiamo.

Attiva sia come fornitrice di canali che come distributrice di servizi televisivi e operatrice di piattaforma *direct to home* (DTH), BSkyB si trova attualmente ad operare in un mercato assai competitivo, caratterizzato dai seguenti comparti:

1. televisione via etere;
2. televisione via cavo;
3. televisione via satellite.

* Questo capitolo riproduce con alcune importanti aggiunte e modifiche il testo della relazione da me presentata alla *6th World Media Economics Conference*, Montreal, Canada, 12–15 maggio 2004.

Tra BSkyB e gli altri operatori c'è competizione tanto per assicurarsi l'ascolto da parte dei telespettatori (concorrenza diretta), quanto per la raccolta pubblicitaria (concorrenza indiretta), specialmente con i canali in chiaro.

Secondo alcune ricerche condotte dal *Broadcasters Audience Research Board* (BARB), a giugno 2003 la penetrazione digitale raggiungeva il 43% delle case, rendendo la Gran Bretagna il paese *leader* per la diffusione della televisione digitale. Si è inoltre rilevato che il 28% dei poco più dei 23 milioni di abitazioni con televisione in Gran Bretagna è dotato dell'apparecchiatura per ricevere il digitale via satellite, il 9% è abbonato alla televisione digitale via cavo e il 6% riceve la televisione digitale terrestre. Sempre secondo BARB il 29% delle abitazioni multicanali riceve i canali offerti da BSkyB (che hanno registrato uno share del 12%).

Dal primo trimestre 2002 il mercato inglese della televisione a pagamento si è dovuto confrontare con la ristrutturazione degli operatori cavo NTL e Telewest[1] e con la chiusura di ITV Digital, la piattaforma digitale terrestre.

Per quanto riguarda il *broadcasting* analogico via etere, BSkyB compete a differenti livelli (soprattutto programmazione e distribuzione) con i 5 canali analogici terrestri (BBC1, BBC2, ITV1, Channel4 e Channel5) trasmessi in chiaro (canali che sono ora accessibili anche via cavo e attraverso la *direct to home* in modalità digitale)[2]. L'azienda compete con tutti e cinque i canali per ciò che concerne l'acquisto dei programmi e l'attrazione dei telespettatori, mentre concorre soltanto con ITV1, Channel4 e Channel5 in ordine alla raccolta pubblicitaria. Rispetto alla

1 Per quanto riguarda il mercato del cavo si è registrato una perdita di 140 mila abbonati, passando da 3,99 milioni di abbonati (giugno 2002) a 3,85 milioni di abbonati (giugno 2003).

2 Ciascuno di questi cinque canali offre una programmazione generalista d'intrattenimento, film e sport.

trasmissione digitale ed alla distribuzione dei *set top box*, BSkyB si misura invece con altri operatori, tra cui Pace Micro Technology, che offre un *decoder* da inserire nel televisore analogico per fornire l'accesso a canali televisivi non a pagamento attraverso la televisione digitale terrestre. Prima di allora anche altre case di produzione, come Grundig, Nokia, Panasonic e Pioneer, avevano lanciato sul mercato *set top box* simili.

Per quanto concerne, invece, il *broadcasting* digitale via etere – come si vedrà più nei dettagli in seguito – tre canali Sky sono trasmessi insieme ad altri servizi *free to air* sulla piattaforma digitale terrestre Freeview. Il 30 giugno 2003, secondo quanto riportato da BARB, 1.710.000 abitazioni in Gran Bretagna ricevono l'offerta digitale terrestre.

Gli operatori cavo, i principali dei quali sono NTL e Telewest, sono, invece, i maggiori concorrenti per l'acquisto dei diritti di programmazione. NTL, ad esempio, compete direttamente con BSkyB per aggiudicarsi i diritti di trasmissione della Premier League. Conseguentemente, la concorrenza con gli altri fornitori di canali o di programmi (tra cui, appunto, gli operatori cavo) può determinare, per BSkyB, l'aumento dei costi di programmazione.

Quanto al *broadcasting* via satellite, invece, BSkyB è *leader* sostanzialmente incontrastata.

Operando in un contesto molto competitivo e soggetto a rapidi cambiamenti, BSkyB si trova a dover continuamente investire in ricerca e sviluppo per conservare la propria quota di mercato e per mantenere, là dove *leader* del settore, la propria posizione dominante (posizione che, a sua volta, consente una maggiore facilità di crescita del numero degli abbonati e di riduzione dei costi di contenuto). L'abilità di competere con successo sul mercato dipende dalla capacità di acquistare, commissionare e produrre contenuti e servizi, di impacchettarli in maniera allettante e di offrirli ai propri utenti ad un prezzo comparativamente ragionevole.

Da ricordare che in Gran Bretagna grazie ai vantaggi della diffusione digitale, la *pay TV* compete in maniera sempre più diretta con la televisione in chiaro, sia per gli ascolti (audience e share) che per le risorse, rappresentando la pubblicità una quota crescente, seppure ancora secondaria, delle risorse della televisione a pagamento. Questa situazione favorita storicamente dalla scarsa attrattività dell'offerta in chiaro analogica, legata al ridotto numero di canali disponibili, sembra essere destinata ad accentuarsi nei prossimi anni con l'incremento costante e significativo dell'offerta tematica, che sta diventando la principale modalità di ascolto in ambito multicanale.

Non bisogna infine dimenticare che il *business* di BSkyB è soggetto alla regolamentazione nazionale (Gran Bretagna e Irlanda) ed europea, in ambito di *broadcasting*, di telecomunicazioni e di concorrenza *(antitrust)*[3].

Come si vedrà meglio in seguito, il mercato britannico vanta «una serie di primati invidiabili»[4]:

1. è il primo paese al mondo per penetrazione di televisione digitale (43% a giugno 2003);
2. vi opera Sky digital, l'operatore con la più alta crescita di abbonati nell'ultimo anno;
3. è il primo paese al mondo a fornire servizi di televisione digitale su tutte le piattaforme distributive (proprio attraverso Sky);
4. è stato il primo paese a varare una piattaforma dedicata ai servizi transattivi (Open Interactive, ora Sky Active).

Come ha recentemente rilevato Preta[5], ciò è stato possibile grazie alla notevole diffusione della *pay TV*, che ha fatto da traino all'intero setto-

3 Per un'analisi dettagliata della regolamentazione si rimanda ai parr. 3.4.3 e 6.3.3.

4 PRETA, *La Tv multichannel*, in *Quella deficiente della Tv*, a cura di De Domenico, Gavrila e Preta, Franco Angeli, Milano, 2002, pp. 108–109.

5 PRETA, *ibidem*, p. 109.

re, nonché grazie allo scarso richiamo dell'offerta in chiaro ed alla fusione tra i due operatori satellitari Sky Television e BSB (con la conseguente creazione di un unico attore di grandi dimensioni, monopolista nel mercato dell'offerta satellitare a pagamento)[6].

7.2 BSkyB e la sua storia

BSkyB, nata nel 1990 dalla fusione di due operatori concorrenti, Sky e British Broadcasting Satellite (BSB), è oggi una *public company*, ossia una società ad azionariato diffuso[7]; l'azionista di riferimento è Sky Global Networks (37%), partecipata di News Corporation di proprietà del magnate australiano Rupert Murdoch[8]. Il 22% delle azioni è in mano a Deutsche Bank, mentre il restante 41% è diviso tra fondi pensione, società assicurative, piccoli azionisti e dipendenti dell'azienda. Oggi BSkyB è la diciassettesima *public company* per capitalizzazione in Gran Bretagna, davanti a società come British Airways e Unilever, ed è prima tra le società di *media*, avendo ormai da tempo superato Carlton Communications, Telewest e Scottish Media Group.

6 Secondo quanto afferma PUGLIESE, *Next Tv*, Olivares Edizioni, Milano, 2003, pp. 36–37, il successo della televisione digitale a pagamento, come dimostra l'esempio di Murdoch, «deve necessariamente basarsi su una forte concentrazione e su una drastica riduzione dei soggetti in grado di proporre la propria offerta agli utenti». La presenza e la concorrenza fra diverse piattaforme, in questo contesto, non sembra portare benefici, ma piuttosto distoglie il pubblico dalla tentazione di abbonarsi alla *pay TV*.

7 Precisamente BSkyB divenne società ad azionariato diffuso nel 1994.

8 La News Corporation, la quarta società mondiale per fatturato, possiede stazioni televisive negli Usa, ha lanciato un canale mondiale di notizie (FOX News), ha varato progetti di televisione digitale via satellite nell'America del Nord e del Sud ed è sbarcata in Giappone e in Germania (acquisendo il 49% di DF1, la tv digitale di Kirch).

La storia di BSkyB può essere suddivisa in tre fasi:

1. la costituzione e gli inizi;
2. la fase dell'offerta analogica;
3. la fase dell'offerta digitale.

Alla fine degli anni '80 in Europa la trasmissione televisiva via satellite è in fase di lancio ed i canali disponibili sono di conseguenza oltremodo limitati[9]. Nel 1982 due delle cinque frequenze per la televisione digitale *direct to home* (DTH) attribuite alla Gran Bretagna dal Piano di Ginevra[10], vengono assegnate alla BBC, che praticamente non le utilizza. Nell'aprile del 1986 l'*Indipendent Broadcasting Authority* (IBA), organo di controllo della televisione privata, rende disponibili in concessione le altre tre frequenze. Tra le sette domande pervenute c'è quella di Murdoch con Sky Television. L'attività di Sky Television nel settore inizia con il lancio di un canale paneuropeo, trasmesso in numerosi stati. A causa delle difficoltà incontrate per via della frammentazione culturale, linguistica e commerciale delle aree coperte, questa iniziativa però fallisce, ed induce l'impresa australiana a rivolgersi esclusivamente al mercato nazionale.

Con l'obiettivo di tenere Sky ai margini del panorama televisivo britannico, viene attribuita una licenza alla British Satellite Broadcasting (BSB)[11], società i cui principali azionisti sono Granada TV, Anglia Television, Virgin Records e Amstrad, tutti operanti in settori rilevanti per il mercato televisivo: Granada TV ha una posizione *leader* nel *leasing*

9 RAI, *I sistemi radiotelevisivi esteri. Europa, Stati Uniti, Giappone*, Analisi Studi e Ricerche, Roma, 1998.

10 Il Piano di Ginevra (1977) definisce il numero di frequenze da attribuire ai singoli paesi. In particolare, per i paesi dell'Europa prevede di: 1. assegnare una posizione orbitale ad ogni paese; 2. attribuire ad ogni paese cinque frequenze per i canali televisivi e radiofonici; 3. determinare il tipo di copertura che i satelliti devono possedere e 4. definire alcune caratteristiche tecniche, come la dimensione dell'antenna e la potenza del satellite.

11 BSB iniziò le trasmissioni via satellite nell'aprile 1990.

di televisori[12], Anglia è tra i principali produttori di programmi televisivi, Virgin Records è tra le più grandi società discografiche e Amstrad costruisce parabole e apparecchi riceventi. Nel novembre 1998, però, aggirati alcuni ostacoli regolamentari[13], Sky Television riesce a noleggiare quattro *transponder* sul satellite Astra e può così varare, il 5 febbraio 1989, un servizio *direct to home* con quattro canali televisivi.

La sfida di Sky Television a BSB è evidente. Tra i due operatori esiste, però, una cruciale differenza: mentre Sky Television è distributore di programmi acquistati da terzi, BSB offre programmi per lo più auto-prodotti. Entrambi, comunque, puntano sull'offerta, soprattutto sullo sport e sul cinema, generando una forte competizione nell'acquisto dei contenuti. I prezzi dei diritti televisivi lievitano molto e i due operatori sono costretti a sostenere investimenti elevati e difficilmente remunerabili. Affrontano anche ingenti spese, perché obbligati a sviluppare il costoso sistema trasmissivo DMAC[14]. Per fronteggiare la grave situazione finanziaria in cui si trovano, Sky Television e BSB giungono allora ad una fusione (1990), dando vita a British Sky Broadcasting (BSkyB), che viene però commercializzata con il marchio Sky[15].

Inizia così la seconda fase della storia di BSkyB, che riguarda l'offerta analogica. Dopo un primo periodo di assestamento per coordinare l'offerta televisiva delle due società fuse, BSkyB decide di proporre ai suoi abbonati un'offerta composta da una decina di canali prevalentemente

12 Si tenga presente che in Gran Bretagna una quota importante di famiglie non acquista il televisore, ma lo noleggia.

13 Murdoch fu ostacolato dalla normativa restrittiva nei confronti della proprietà incrociata tra giornali e televisione. Per superare queste limitazioni venne assicurata a Sky una «posizione» su un satellite fuori dalla giurisdizione britannica.

14 Il sistema trasmissivo DMAC, *Direct Memory Access Channel*, permette di trasferire i dati direttamente tra la memoria e il disco.

15 Come riporta HORSMAN, *Sky High*, Orion Business, Londra, 1997, è stato Sam Chisholm, allora amministratore delegato di Sky, a guidare la fusione tra Sky e BSB ed a raggiungere in appena 18 mesi il punto di pareggio.

dedicati al cinema e allo sport. Fin dall'inizio, quindi, l'offerta della piattaforma televisiva a pagamento rivela un alto grado di specializzazione. Dopo aver stipulato numerosi contratti con le principali *major* hollywoodiane, BSkyB riesce, infatti, a stringere accordi con la Premier League, creando così una seconda importante fonte di ricavo (il messaggio è: «*sport was Sky, Sky was sport*»)[16]. A questi canali a pagamento si aggiungono canali gratuiti come ad esempio MTV, dedicato alla musica, Bravo, Nickelodeon e the Children's Channel (TCC), rivolti ai bambini, e CNN, canale d'informazione con una copertura di 24 ore al giorno.

Nel 1993 BSkyB lancia Sky Multi-channels, un pacchetto di 14 canali a pagamento, con l'obiettivo di anticipare altri operatori intenzionati a fare il proprio ingresso nel mercato televisivo. Tra questi, in particolare, due filiali di società statunitensi che già erano presenti nella televisione via cavo in Gran Bretagna, TCI e United Artists (poi Telewest).

Tre anni dopo (1996), l'offerta di BSkyB si arricchisce della *pay per view*, altro e diverso modo per consumare i medesimi generi – cinema e sport – già essenziali nell'offerta Sky.

La terza ed ultima fase inizia con l'ingresso di BSkyB nel digitale ed è attualmente in pieno sviluppo. Il digitale era già una realtà in America, con DIRECTV, ed in Europa (specialmente in Francia, con Canal Satellite, in Italia, con Stream ed in Germania, con Premiere), ma i primi risultati non furono lusinghieri. BSkyB decide di investire massicciamente nel digitale a partire dal 1997: «*digital was at the heart of the Murdoch strategy. He believed that the huge capacity of digital television would drive the marketplace, creating fresh opportunities for programmers, service providers, rights holders and for the broadcasters itself. People would surely be willing to pay for the extra choice [...]*»[17]. Né va dimenticato che in Gran Bretagna fu lo Stato a creare condizioni molto favorevoli per lo sviluppo della televisione digitale, attraverso l'emanazione del *Broad-*

16 Horsman, *op. cit.*

17 Horsman, *op. loc. ult. cit.*

casting Act del 1996 ove è disegnato, tra l'altro, un avanzato quadro regolamentare dei nuovi sistemi di trasmissione. L'iniziativa decollò nel 1998 con il nome di Sky digital e con un'offerta televisiva di circa 140 canali; al suo successo, testimoniato dal notevole traguardo di 1,3 milioni di abbonati alla fine del 1999, contribuisce non poco il fatto che BSkyB ha offerto gratuitamente ai sottoscrittori il nuovo *set top box* digitale (*digibox*). Gli abbonamenti a Sky digital si segnalano tuttora per il costante *trend* di crescita:

fine 2000:	4,1 milioni
fine 2001:	5,5 milioni
fine 2002:	6,5 milioni
settembre 2003:	7 milioni

L'aumento degli abbonati dipende in larga misura dall'ampliamento e dal perfezionamento dei servizi interattivi, che a loro volta dipendono dall'attrattività della proposta digitale complessivamente messa a punto da Sky, dalle politiche di *marketing* adottate dalla società e dai suoi concorrenti, nonché dal livello di competitività del settore.

Attraverso Sky digital, BSkyB ha sperimentato per prima i servizi interattivi (ad esempio Sky Sports Active) e nel 2000 ha trasmesso la prima pubblicità interattiva. Superati i 5 milioni di abbonati alla piattaforma televisiva via satellite, BSkyB ha infine smesso di trasmettere in analogico (27 settembre 2001).

LA STORIA DI BSkyB

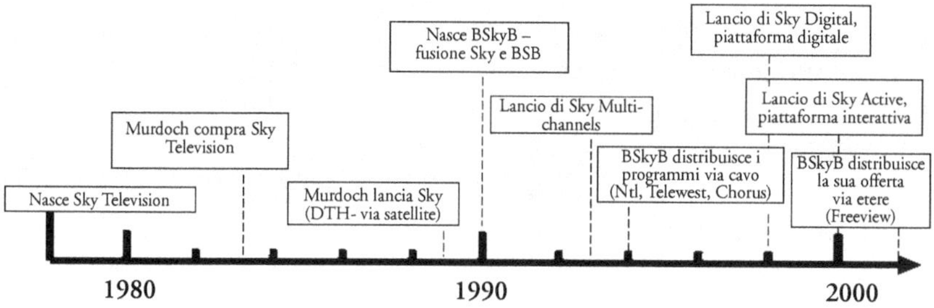

fig. 1

7.3 L'offerta di BSkyB

L'attuale strategia di Sky è quella di creare *«add value by maintaining and extending [its] position as Britain's leading digital TV platform and multichannel content provider»*[18]. Gli investimenti di BSkyB, come si vedrà in seguito, sono perciò principalmente rivolti alla programmazione, giustamente ritenuta fondamentale al fine di mantenere fedeli i telespettatori già abbonati e di attirarne di nuovi.

L'obiettivo di BSkyB è di consentire una scelta di programmi ampia, conveniente ed in continuo miglioramento. Come si osserverà meglio in seguito, BSkyB è una piattaforma televisiva multicanale e multiservizio, la cui offerta è essenzialmente composta da servizi diffusivi e da servizi interattivi. La tipologia dell'offerta televisiva, alla quale BSkyB affianca una non trascurabile offerta radiofonica[19], comprende:

a. canali *basic* (circa 75);
b. canali *premium* (circa 29);
c. canali *pay per view* (oltre 85);
d. canali *near video on demand* (circa 60);
e. canali *free* (circa 150).

Nonostante nessun canale *basic* sia orientato ad un pubblico di massa, l'offerta è comunque in grado, nel suo complesso, di attrarre un consistente bacino di utenza, probabilmente tale da consentire la crescita della base abbonati anche nel prossimo futuro[20]. Del resto il limitato costo di approvvigionamento dei contenuti (fino a 20 volte inferiore al costo dei canali *premium*) e la possibilità per il *broadcaster*-fornitore di canali – come BSkyB – di avere accesso ad una duplice fonte di entrata (canone pagato dal *packager* per il trasporto e pubblicità raccolta diret-

18 SKY, *Leadership Forum Cascade Pack*, Londra, 2002.

19 Si è deciso di non trattare in questa sede la composizione dell'offerta radiofonica di BSkyB. Per informazioni a tal proposito si rimanda al sito della società: http://www.sky.co.uk

20 A tale proposito si rimanda a PRETA, *op. cit.*, pp. 106–107.

tamente dal canale) rende vantaggioso ampliare l'offerta di questo tipo. Gli *Sky Basic Channels*[21] di maggior successo sono Sky One, Sky News, Sky Sports News e Sky Travel.

Sky One è il principale canale d'intrattenimento generalista dell'offerta Sky. Pensato per un pubblico d'età compresa tra i 16 e i 34 anni, offre in prevalenza programmi statunitensi di intrattenimento e serie drammatiche. Tre anni fa Sky One era in competizione con 77 canali, mentre oggi concorre con oltre 200 (tra cui canali a larga diffusione via etere come BBC, Channel4 e «five») e, nonostante la forte concorrenza, l'audience è complessivamente aumentata del 6,5%. Secondo l'analisi condotta dal BARB durante le 52 settimane conclusesi il 30 giugno 2003, Sky One è stato visto da circa il 43,8% dei telespettatori allacciati al cavo, al satellite o alla televisione digitale terrestre[22].

Sky News offre notizie nazionali ed internazionali per 24 ore al giorno. Non essendo criptato, può essere visto da tutti i telespettatori della *direct to home*, che ne ricevono il segnale attraverso il satellite Astra, per mezzo del quale BSkyB offre i propri servizi. Il canale è distribuito anche via cavo, e pure al di fuori della Gran Bretagna da operatori terzi. Il suo successo dipende dalla capacità di trasmettere le notizie con grande rapidità (fu ad esempio il primo a dar notizia degli eventi dell'11 settembre 2001), in maniera di regola sufficientemente imparziale ed ormai autorevole. L'innovazione è stata sempre considerata un fattore fondamentale da Sky News, ed il varo della piattaforma digitale gli ha permesso di avvantaggiarsi sulla concorrenza.

Nell'agosto del 1998 venne lanciato Sky Sports News, il primo canale europeo interamente dedicato alle notizie di sport. Tra il marzo del 2000 e l'agosto del 2001 venne commercializzato come Sky Sport.com.

21 Sono definiti *Sky Basic Channels* i canali *basic* di proprietà di BSkyB.

22 Nel dicembre 2002 è stato lanciato Sky One Mix, una versione *multiplex* di Sky One.

Sky Travel è un canale monotematico dedicato ai viaggi ed all'avventura. Nel febbraio 2003 è stato lanciato Sky Travel Shop che offre tra l'altro la possibilità di acquistare pacchetti-vacanze attraverso il proprio televisore.

I canali *premium* offrono i programmi di maggior richiamo, e cioè lo sport e il cinema. Tipici contenuti di questi canali sono i film di più recente produzione e gli sport preferiti dai diversi pubblici nazionali (per la Gran Bretagna il calcio, il rugby, il cricket, il golf e la boxe). In alcuni casi, viene offerta una combinazione di questi due contenuti e di ulteriori programmi di intrattenimento quali spettacoli di varietà, quiz ecc. Il prodotto più caratteristico, nell'ambito dell'offerta multicanale digitale è dunque rappresentato proprio da questi canali, in grado di orientare assai incisivamente le decisioni di acquisto dei telespettatori. Gli eventi *premium* sono però limitati per definizione ed il prezzo dell'acquisto di diritti di esclusiva ad essi relativi è in genere molto elevato.

Per quanto riguarda il cinema, i canali *premium* di maggior successo sono Sky Movies1, Sky Movies2 e Sky Cinema1. I primi due trasmettono ininterrottamente per 24 ore ogni giorno film di recente produzione (anche destinati esclusivamente al mercato televisivo), distribuiti dalle *major* hollywoodiane e dai concessionari indipendenti statunitensi ed europei. Sky Cinema1, pure attivo 24 ore al giorno, offre invece soprattutto film classici e vecchi lungometraggi. Al 30 giugno 2003, oltre il 97% degli abbonati al genere cinema è abbonato ad entrambi i canali Sky Movies.

Per ciò che concerne lo sport, i canali di maggior richiamo sono senza dubbio Sky Sports1 e Sky Sports2, cui si aggiungono Sky Sports3 e Sky Sports Xtra. I primi due offrono una programmazione media di 20 ore al giorno (mentre la programmazione di Sky Sports3 non supera, attualmente, 14 ore al giorno di media) ed includono la trasmissione in diretta di numerosi eventi sportivi. Gli abbonati hanno la possibilità di seguire l'evento da angolazioni differenti, di scegliere il tipo di commento, nonché di conoscere statistiche e curiosità nel corso della visione. Il 30 giugno 2003 sono circa 5,2 milioni gli abbonati alla DTH e via cavo a Sky Sport1 o Sky Sports2 (oltre il 97 % di questi abbonati dispone di entrambi i canali). Sky Sports Xtra trasmette invece essenzialmente sport non britannici quali il *football* americano NFL, il basket professionistico statunitense (NBA) e la *Liga* spagnola.

I due principali generi televisivi dei canali *premium* sono offerti anche dalla *pay per view*, attraverso una forma di pagamento al consumo, collegata al singolo evento o servizio richiesto direttamente dall'utente. Esempi di canali *premium* offerti in *pay per view* da Sky digital sono FilmFour, che offre 120 film diversi ogni mese, MUTV[23] e Chelsea TV[24], dedicati alle squadre di calcio del Manchester United e del Chelsea. La programmazione dei canali *pay per view* è completata dai concerti offerti sul circuito Music Choice Extra, formato da una trentina di canali audio digitali.

I canali *near video on demand*, che permettono al telespettatore di vedere un film quando preferisce, offrono agli abbonati 62 film in prima visione.

La piattaforma di BSkyB offre, infine, più di 160 canali *free* di notizie, musica, sport, viaggi ecc. Si ricordano, in proposito, i canali BBC – BBC1, BBC2, BBC Choice, BBC News24, BBC Parliament –, Channel5 e ITV, TV Travel Shop, Ideal World ecc.

23 Nel settembre 1997 BSkyB è entrata in una *joint venture* con Manchester United plc. (di cui detiene il 9,9 % del capitale) e Granada Media Group per lanciare un canale televisivo a pagamento dedicato al Manchester United Football Club. Questo canale è stato lanciato il 10 settembre 1998. BSkyB offre MUTV soltanto agli abbonati DTH *à la carte*.

24 Nell'agosto del 2001 BSkyB ha stretto una *joint venture* con Chelsea Village plc. (in cui ha una quota azionaria del 9,9 %) per attivare un canale digitale a pagamento dedicato alla squadra di calcio del Chelsea.

Per quanto riguarda i generi trasmessi, i canali offerti da Sky digital possono essere suddivisi nel modo seguente:

- 60 canali di intrattenimento;
- 26 canali dedicati all'informazione e ai documentari;
- 18 canali dedicati ai programmi per bambini;
- 79 canali di film;
- 16 canali sportivi;
- 25 canali musicali;
- 78 canali specializzati;
- 31 canali dedicati ai programmi per adulti.

7.3.1 I servizi interattivi

Come già incidentalmente rilevato, l'offerta di BSkyB non è limitata alla programmazione televisiva, ma è arricchita da servizi interattivi più o meno legati ai programmi trasmessi, che consentono agli utenti di inviare posta elettronica, selezionare autonomamente i punti di ripresa degli eventi sportivi e televotare, nonché da servizi interattivi transattivi *(t-commerce)*, che permettono di fare acquisti, giocare, scommettere, gestire le proprie finanze ed organizzare un sistema di contabilità domestica.

I servizi interattivi offerti da BSkyB sono gestiti da Sky Interactive Limited[25] e sono organizzati in quattro portali interattivi *stand alone* sulla piattaforma digitale via satellite:

25 Sky Interactive Limited, sussidiaria di BSkyB, diffonde servizi interattivi in modalità digitale ai telespettatori in Gran Bretagna e Irlanda. Fino al 9 maggio 2001 la piattaforma interattiva, ora gestita da Sky Interactive Limited, era gestita dalla *joint venture* BiB, che era posseduta da BSkyB (32,5%), BT Holdings Limited (32,5%), HSBC Holdings plc. (20%) e da Matsushita Electric Europe Limited (15%). Il 9 maggio 2001 BSkyB acquistò le quote di HSBC e Matsushita e il 28 giugno dello stesso anno acquistò anche le quote di BT.

1. Sky Active;
2. Sky Winzone;
3. Sky Buy;
4. Sky Gamestar.

Sky Active è il più importante portale nato dall'acquisizione di Open Interactive, piattaforma di *e-commerce* via televisione lanciata alla fine del 1999 insieme a British Telecom. Attualmente i servizi offerti (*videogame*, scommesse, *unloading* di suonerie per cellulare, acquisto di beni, biglietteria per concerti, rubrica telefonica, *trading on-line* ecc.)[26] sono gratuiti (l'utente paga solamente il costo della telefonata) per tutti i telespettatori di trasmissioni digitali via satellite la cui linea telefonica sia dotata di un canale di ritorno che permetta di riceverli.

Sky Winzone, incentrato sul gioco e sulle scommesse sportive, permette ai telespettatori/utenti di giocare d'azzardo, puntare sulle corse di cavalli e scommettere sulle partite di calcio, rugby e cricket. Simili servizi sono offerti ad esempio da Sky Bet, che consente addirittura di scommettere sull'esito di una gara durante la visione di un programma (le sottoscrizioni ammontano oggi ad oltre 100 mila, e la media settimanale delle giocate si aggira intorno a 65 mila), e da Sky Bet Vegas, che offre giochi d'azzardo con possibilità di vincita fino a 250 mila sterline (360 mila euro)[27].

Sky Buy è il portale dedicato esclusivamente allo *shopping*. È, infatti, possibile ordinare una pizza, comprare vestiti, gioielli, generi alimentari e addirittura immobili. Fornitrici di questi servizi sono aziende cono-

26 Simili servizi sono offerti da Auto Trader, per l'acquisto di vetture, Cinema Listings, Odeon e First Call Tickets, per l'acquisto di biglietti per il cinema, Yell.com, per avere informazioni sui recapiti di privati e società, Job Channel, per la ricerca di posti di lavoro e HSBC, The Woolwich e Abbey National per i servizi finanziari.

27 Altri servizi dello stesso genere sono offerti da Play Monte Carlo, Blue Square, Ladbrokes, TotoPools e Littlewoods Pools.

sciute a livello nazionale e internazionale come Domino's Pizza, Carphone Warehouse e Marketplace, che racchiude in un unico ambiente virtuale 75 negozi.

Sky Gamestar è invece dedicato esclusivamente ai videogiochi. Esso offre a pagamento oltre 25 videogiochi classici, come Tetris e Pacman, o giochi realizzati appositamente per Sky, come Tomb Raider. Ci sono poi anche alcuni videogiochi offerti gratuitamente, come Beehive, Bedlum, Bumble Tumble, Fathom II, Flip-it, Perfect Match e Poker. Questi giochi sono forniti per lo più da Cartoon Network e da Atari Games. BSkyB ha rilevato che, in media, ogni anno vengono messi a disposizione degli abbonati oltre 300 *videogame*. Di recente è stato inoltre realizzato l'innovativo Sky Gamepad senza fili (una specie di *joystick* di ultima generazione), attraverso il quale i sottoscrittori di Sky Gamestar possono sfidare più avversari contemporaneamente ad un prezzo che oscilla tra le 15 e le 30 sterline (21–43 euro circa).

L'offerta dei servizi interattivi è organizzata in un ambiente virtuale denominato *walled garden* (giardino cintato). Si tratta di un'area separata (bisogna immaginarsi una sorta di portale Internet) accessibile solo agli abbonati dove vengono posti i contenuti e i servizi interattivi spesso forniti da terzi. L'accesso al portale «avviene normalmente attraverso la pressione di un bottone del telecomando del *decoder* che apre, a schermo pieno, l'*homepage* nella quale sono organizzati i servizi, la fruizione dei quali è quindi sostanzialmente avulsa rispetto a quella dei contenuti televisivi tradizionali»[28].

Secondo Jon Florsheim[29], amministratore delegato di Sky Interactive Limited, BSkyB ha deciso di puntare sui servizi interattivi legati alla

28 BOGI, *La televisione interattiva*, in *Quella deficiente della Tv*, cit., p. 139.
29 FLORSHEIM, *Interactive TV: learning from the first three years*, in un intervento del 26.11.2002.

programmazione più che sui servizi di *t-commerce*, in quanto i primi permettono di:

a. generare maggiori ricavi;
b. migliorare la propria offerta complessiva;
c. creare maggiore fedeltà ad un determinato canale o alla piattaforma stessa, riducendo la quota dei sottoscrittori che ogni anno disdice l'abbonamento (c.d. *churn*; in confronto agli altri operatori di *pay TV* al mondo tale quota è invero già molto bassa: 9,4 % a giugno 2003)[30].

Ma in cosa consiste, più precisamente, l'offerta dei servizi interattivi? Un abbonato Sky, mentre sta seguendo un certo programma, può decidere di cambiare l'angolazione dell'inquadratura di ripresa, acquisire maggiori informazioni in ordine ad esso, leggere le recensioni di film di prossima proiezione, televotare a favore o contro un personaggio, esprimere la propria opinione in merito a un fatto di attualità e ancora inviare messaggi *e-mail* e SMS; o ancora, durante la messa in onda di una pubblicità interattiva, può decidere di ricevere informazioni di dettaglio sul prodotto reclamizzato: ciò grazie a Sky Sports Active, Sky News Active, Sky Movies Active, Sky One Active ed a operatori come Yahoo, AOL, Demon e Talk21 per quanto riguarda la posta elettronica e il *messaging*.

Attualmente, non sono molti i dati sui servizi interattivi che vengono diffusi da Sky, ma è comunque possibile fornire alcune semplici informazioni sulle esperienze più significative (con speciale riguardo alla pubblicità interattiva).

Si ricordano, a tale proposito, il successo del programma «*The Big Brother*», *reality show* che nelle prime sei settimane della terza edizione è riuscito a raccogliere ben 5 milioni di televoti, ed i cospicui ricavi da scommesse realizzati nel 2002 attraverso la televisione interattiva, via Internet o via telefono (ricavi ammontanti ad alcune decine di milioni di euro).

Nel 2002 c'è stato un forte aumento nella messa in onda di campagne pubblicitarie interattive: si è passati da 12 campagne nel secondo

30 E' molto importante mantenere il *churn* ad un livello basso, in quanto il costo di acquisto di ogni abbonato è molto elevato.

semestre 2001 a 300 nel 2003. Notevole riscontro ha avuto, tra queste, la campagna pubblicitaria di Rimmel, nel corso della quale, rispondendo ad una semplice domanda, era possibile vincere un rossetto (ad essa hanno partecipato oltre 52 mila abbonati, il 64% dei quali ha poi optato per essere inserito nella base dati per il *marketing* di Rimmel; per ogni contatto, Sky ha peraltro ricevuto 40 pence). Pure di successo è stata la *réclame* interattiva dell'agenzia immobiliare Chelsea Building Society, che ha consentito oltre 1550 contatti utili ed ha fruttato alcuni milioni di sterline in mutui di nuova stipulazione.

In generale, i servizi interattivi – come si vedrà meglio in seguito – rappresentano per BSkyB una nuova fonte di ricavi. Le principali entrate derivano:

(1) dal traffico telefonico;
(2) dalle transazioni di *t-commerce;*
(3) dalla pubblicità;
(4) dalla locazione della tecnologia digitale ai fornitori di contenuto che offrono servizi sulla piattaforma (si consideri che, ultimamente, anche canali prodotti da terzi, come BBC, Channel4, Flextech, UK TV, Discovery, MTV, Nickelodeon e Disney offrono servizi interattivi attraverso la piattaforma Sky).

Il telespettatore/utente, infatti, per fruire di un servizio interattivo deve pagare il costo della chiamata, il cui importo profitta in parte alla compagnia telefonica ed in parte a BSkyB. I fornitori dei servizi, invece, pagano un corrispettivo per operare sulla piattaforma di Sky (più precisamente, Sky digital ricarica sulle aziende operanti sulla propria piattaforma i costi relativi all'occupazione della banda trasmissiva necessaria a supportare il relativo servizio).

Da un punto di vista commerciale, i programmi televisivi e i servizi interattivi sono offerti sotto forma di pacchetti multicanali, ossia di un insieme di canali tematici e specializzati per lo più ad abbonamento periodico che coprono nel complesso un vasto campo di interessi. Attualmente sono novantasei le soluzioni di abbonamento annuo definite in base a sei diversi profili di utenza (Family, Popular Mix, Knowledge, Kids / Music, Lifestyle e Value) che costano da un minimo di 12,50 sterline (18 euro) ad un massimo di 38 sterline (55 euro) al mese. La tabella seguente schematizza l'offerta:

	Pacchetti Premium					
Canali / Pacchetti Premium	*Family*	*Popular Mix*	*Knowledge*	*Kids / Music*	*Lifestyle*	*Value*
Sky World	£ 38	£ 37	£ 37	£ 37	£ 37	£ 36
Sky Movie World	£ 33	£ 32	£ 32	£ 32	£ 32	£ 31
Sky Sports World	£ 31	£ 30	£ 30	£ 30	£ 30	£ 29
Sky Sports1 and 2 + Sky Movies1	£ 34	£ 33	£ 33	£ 33	£ 33	£ 32
Sky Sports1 + Sky Movies1 + Sky Movies2	£ 35	£ 34	£ 34	£ 34	£ 34	£ 33
Sky Sports2 + Sky Movies1 + Sky Movies2	£ 35	£ 34	£ 34	£ 34	£ 34	£ 33
Sky Sports1 and 2 + Sky Movies2	£ 34	£ 33	£ 33	£ 33	£ 33	£ 32
Sky Sports1 + Sky Movies1	£ 32	£ 31	£ 31	£ 31	£ 31	£ 30
Sky Sports2 + Sky Movies1	£ 32	£ 31	£ 31	£ 31	£ 31	£ 30
Sky Sports1 + Sky Movies2	£ 32	£ 31	£ 31	£ 31	£ 31	£ 30
Sky Sports2 + Sky Movies2	£ 32	£ 31	£ 31	£ 31	£ 31	£ 30
Sky Movies1	£ 28	£ 27	£ 27	£ 27	£ 27	£ 26
Sky Sports1	£ 27	£ 26	£ 26	£ 26	£ 26	£ 25
Sky Sports2	£ 27	£ 26	£ 26	£ 26	£ 26	£ 25
Sky Movies2	£ 28	£ 27	£ 27	£ 27	£ 27	£ 26
Pacchetti d'intrattenimento Sky	£ 18,50	£ 15,50	£ 15,50	£ 15,50	£ 15,50	£ 12,50

fig. 2

BSkyB offre ai suoi abbonati differenti combinazioni di *Sky Basic Channels* e *Sky Distributed Channels*[31], che comprendono da un minimo di 7 ad un massimo di 92 canali televisivi (compresi alcuni servizi radiofonici). Questi pacchetti base sono denominati *Basic Packages*. Gli abbonati alla DTH possono scegliere di abbonarsi ad uno di questi *Basic Packages* oppure di ricevere un pacchetto più ricco, sottoscrivendo uno degli abbonamenti *premium*, gli *Sky Premium Packages*. Per limitarne l'accesso soltanto a chi sottoscrive un abbonamento, gli *Sky Premium Channels* e gli *Sky Basic Channels* (diversi da Sky News) sono criptati[32].

Oltre a questi pacchetti, Sky offre una serie di canali *premium à la carte* offerti da *broadcaster* di alta qualità: *Premium Channels* prodotti da terzi, come Disney Channel (5 sterline/7euro)[33], Artsworld[34], Film Four[35], MUTV, Chelsea TV, Music Choice Extra (6 sterline/8,5 euro)

31 Sono definiti *Sky Distributed Channels* i canali di proprietà di terzi (e talvolta posseduti in parte da BSkyB) che BSkyB trasmette sulla propria piattaforma.

32 Per rendere operativa la commercializzazione dei diversi pacchetti è necessario realizzare un controllo di accesso per verificare che gli abbonati ricevano solo quei determinati programmi per cui hanno pagato. Di questo aspetto si occupa il gestore del parco abbonati, le cui principali attività sono, appunto, la gestione del *database* degli abbonati, il servizio di assistenza telefonica e la gestione del sistema dei pagamenti. Il gestore, inoltre, prima che vengano emessi i segnali dei diversi canali, assegna loro dei codici di riconoscimento e di criptaggio e delle chiavi di accesso, in modo che l'abbonato possa riceverli e decriptarli solo se abilitato. A questo punto il centro di emissione diffonde attraverso i vari distributori i segnali relativi ai contenuti, rielaborati insieme ai dati provenienti dal gestore degli abbonati, verso le abitazioni degli utenti finali.

33 BSkyB ha in esclusiva il diritto di trasmettere via DTH e in modalità *à la carte* Disney Channel e tre *multiplex* aggiuntivi come *bonus* per quegli abbonati alla DTH che ricevono sia Sky Movies1 che Sky Movies2.

34 Artsworld è un canale a pagamento dedicato all'arte, alla musica classica, all'opera e alla danza lanciato nel dicembre 2001. BSkyB offre Artsworld soltanto agli abbonati DTH *à la carte*.

35 FilmFour è un canale a pagamento di film gestito da Channel4 lanciato il 1. novembre 1998. BSkyB distribuisce FilmFour insieme a tre *multiplex*, FilmFour+1, FilmFourWorld e FilmFourExtreme, soltanto agli abbonati DTH *à la carte*.

e Star News/Star Plus (12 sterline/17 euro)[36]. Per poter ricevere un canale *à la carte*[37], il telespettatore deve essere abbonato almeno ad un pacchetto *premium*.

La maggior parte dei canali offerti da BSkyB non è di proprietà della società che, invece, mantiene il controllo sui contenuti di maggiore capacità attrattiva: sport, cinema e informazione. BSkyB possiede interamente 15 canali (o 25 se si includono le versioni *multiplex*), denominati *Sky Channels*[38], e impacchetta e vende più di 80 canali di proprietà di terzi (e talvolta in misura minoritaria posseduti da BSkyB), denominati *Sky Distributed Channels* (incluse le versioni *multiplex*). BSkyB inoltre possiede, in esclusiva, il diritto di offrire questi canali agli abbonati alla televisione *direct to home* (DTH) residenti in Gran Bretagna ed Irlanda, per i quali, generalmente, paga ai proprietari dei canali un canone mensile per ogni abbonato[39]. Degli *Sky Distributed Channels*, 13 sono *premium à la carte*, 23 sono canali di intrattenimento, 20 di informazione o di documentari, 13 musicali, 10 sono canali per bambini, 3 sono canali sportivi e 5 sono canali radio. Più precisamente i 15 *Sky Channels* e gli *Sky Distributed Channels* sono venduti sotto forma di pacchetto *basic* della programmazione denominata «Sky Family Pack», che comprende 71 canali.

36 Star News è un canale a pagamento dedicato alle *news*, e Star Plus è un canale a pagamento dedicato all'intrattenimento (entrambi indirizzati ad un pubblico indiano) lanciati nel gennaio 2001. Questi canali vengono offerti soltanto agli abbonati DTH *à la carte*.

37 Un canale *à la carte* è «*a television channel which can be subscribed to on an individual basis by a DTH subscriber to one of [the] packages of basic channels*». BSkyB, *Form 20-F, Securities and Exchange Commission*, Washington, 2002, p. 4.

38 Attualmente gli Sky Channels sono Sky Movies1, Sky Movies2, Sky Cinema1, Sky Sports1, Sky Sports2, Sky Sports3, Sky Sports Xtra, Sky Sports News, Sky One, Sky News, Sky Travel, Sky Travel Shop e i tre canali musicali Flaunt, The Amp e Scuzz.

39 Inoltre, BSkyB offre ai suoi abbonati servizi audio digitali, Music Choice Extra e Music Choice, 5 servizi radio e il servizio Sky Box Office.

BSkyB, tramite Sky Venture[40], possiede anche rilevanti partecipazioni azionarie in alcune imprese proprietarie degli *Sky Distributed Channels*. Ad esempio, BSkyB ha una quota pari al 50% nella società che gestisce i canali d'intrattenimento Nickelodeon, Nick Jr. e Nicktoons, in quella che controlla The History Channel e Biography Channel e nella società che possiede National Geographic Channel e l'Adventure One Channel. Inoltre, detiene un terzo delle azioni della società che produce il canale MUTV, dedicato alla squadra di calcio del Manchester United, e della società che gestisce il canale dedicato alle corse dei cavalli. Con una quota del 25% BSkyB è presente anche nella società che gestisce il Paramount Comedy Channel e con una quota del 20% nelle società che controllano il canale di *home shopping* QVC ed il canale televisivo dedicato alla squadra di calcio del Chelsea. Infine, trasmette alcuni servizi di televisione a pagamento che vengono venduti da terzi in maniera indipendente, come PlayboyTV / Adult Channel, The Fantasy Channel, Sony TV Asia, B4U, Zee TV, Zee Music, Zee Cinema, Bangla TV, ARY Digital, Prime TV, Ekushey TV, Sirasa e South For You.

Per garantire un'offerta cinematografica di grande qualità, BSkyB ha dovuto stringere accordi con le *major* hollywoodiane, come Sony/ Columbia, Disney (ad eccezione dei film animati), Paramount, Twentieth Century Fox, MGM, Universal e Warner Bros, accordi che le consentono di trasmettere, in Gran Bretagna ed Irlanda, una serie di film prodotti appositamente per la televisione e/o distribuiti da ciascuna delle suddette *major*[41]. Per quanto concerne l'offerta sportiva, BSkyB ha inoltre acquistato i diritti di importanti eventi di calcio, rugby, cricket, golf e boxe. In particolare, per quanto riguarda il calcio, BSkyB ha il diritto in

40 Sky Venture, istituita nel 1997, gestisce un portafoglio di 11 *joint venture* che comprendono numerosi canali televisivi e radio.

41 Un particolare rilevante, per comprendere la strategia dell'azienda è che durante ogni periodo di licenza di un film, BSkyB possiede in esclusiva i diritti di trasmissione televisiva sia in modalità analogica sia digitale, nonostante l'emittente trasmetta ormai i suoi servizi soltanto in digitale.

esclusiva di trasmettere sessantasei partite della Premier League inglese (oltre ad ulteriori quaranta partite in *pay per view*) e alcune partite della Football Association Cup, nonché di mandare in onda gli Internazionali inglesi di tennis fino alla fine del 2003/2004.

In generale, BSkyB ha stipulato numerosi accordi con differenti fornitori di contenuto e/o servizi, i principali dei quali sono:

- per la vendita al dettaglio: Asda, Carphone Warehouse, Domino's Pizza, GAME, Gadgetshop.com, Kittbag, WHSmith, Sky Buy, Altura, BT Shop, Littlewoods, Totopools, Racing Network;
- per le scommesse: Blue Square, Surrey Sports, Ladbrokes;
- per i viaggi: Going Places, Sky Travel;
- per i servizi di biglietteria: First Call, Odeon;
- per i servizi finanziari: Abbey National, Egg TV, Halifax, HSBC, The Woolwich, Department of Works and Pensions;
- come fornitori di *e-mail*: AOL, Yahoo;
- come fornitori di risultati e di informazioni: UK Phonebook, UK Online, UpMyStreet/Love To Meet, Yellow Pages, Job Channel, Autotrader, Koopid, Racing Network.

Si può quindi affermare che BSkyB ha deciso di adottare una politica di acquisto dei contenuti (ad eccezione del genere informazione e dei servizi interattivi) e offre specialmente film, sport, informazione e servizi interattivi. In un secondo periodo, a partire dalla metà degli anni '90, BSkyB trasmette anche canali di terzi. In questo modo, per la prima volta, una piattaforma satellitare ha diversificato il proprio *business*, diventando *packager* di canali tematici realizzati da terzi. Questa è una nuova funzione tipica di una piattaforma televisiva digitale multicanale e mutiservizio.

7.4 La distribuzione

BSkyB distribuisce i propri servizi in tre modalità: via satellite, via cavo e via etere.

Il *core business* dell'azienda sono gli abbonati alla *direct to home*, che sono gestiti direttamente. BSkyB affitta la maggior parte dei *transponder* che utilizza da Société Européenne des Satellites S.A. (SES), l'operatore dei satelliti Astra, e la restante parte da Eutelsat, che gestisce i satelliti Eurobird[42]; a propria volta, essa subaffitta poi a terzi la capacità di alcuni *transponder*, per la trasmissione di altri canali o servizi (tra cui alcuni degli *Sky Distributed Channels*).

I programmi ed i servizi offerti da BSkyB vengono distribuiti anche via cavo[43]. In precedenza, in Gran Bretagna c'erano diversi operatori cavo, ma una lunga serie di fusioni e acquisizioni ha portato alla sopravvivenza di due soli grandi soggetti – NTL e Telewest – che detengono oggi la quasi totalità delle concessioni britanniche. Entrambi questi operatori offrono servizi digitali via cavo in Gran Bretagna, nonostante le reti ricoprano approssimativamente soltanto il 50% delle case britanniche. Attualmente BSkyB ha accordi sia con NTL che con Telewest per la trasmissione di alcuni suoi canali. NTL e Telewest trasportano, attraverso le proprie reti a banda larga, tutti gli *Sky Premium Channels*, e la maggior parte degli *Sky Basic Channels*, ma nessuno di essi, al momento, trasporta i servizi *enhanced* dei canali Sky, come Sky News Active e Sky Movies Active.

42 Il servizio digitale di Sky opera sui satelliti Astra posizionati sull'orbita ovest 28.2° e 28.5°. Eutelsat ha lanciato nel marzo 2001 il satellite Eurobird che è posto sull'orbita 28.5°. Sky ha affittato da BT Telecommunications plc. quattro *transponder*.

43 All'interno dell'azienda è il *Cable department* che si occupa della relazione con gli operatori cavo.

Secondo quanto riporta BSkyB, al 30 giugno 2003 gli abbonati alle reti cavo di NTL e Telewest rappresentano circa il 99 % di tutti gli utenti collegati al cavo in Gran Bretagna. Più precisamente, gli abbonati via cavo all'offerta di Sky[44] sono, a quella data, 3,851 milioni.

Gli abbonati via cavo stipulano un contratto con l'operatore cavo locale, che acquista da BSkyB i diritti di distribuire un certo numero di *Sky Channels*, i quali vengono poi impacchettati insieme ad altri canali prodotti in proprio o acquistati da terzi. Per potere trasmettere la programmazione di BSkyB, gli operatori cavo versano, per i canali *basic*, un corrispettivo mensile d'abbonamento dipendente dal numero degli abbonati e, per i canali *premium* (non di Sky), un canone mensile per ogni pacchetto. La distribuzione via cavo dei propri canali, rappresenta quindi per BSkyB un'ulteriore fonte di entrate (di contro, la riduzione di simili entrate influenzerebbe assai negativamente l'attività dell'impresa). Secondo Mark Young[45], gli operatori cavo sono comunque considerati dei concorrenti per Sky, sebbene proprio grazie ad essi l'azienda sia in grado di raggiungere determinati utenti che non possono o non vogliono ricevere la televisione *direct to home* (DTH)[46].

La strategia di Sky nel trattare con gli operatori cavo è quella di limitare l'offerta soltanto ad alcuni canali[47], avendo sempre bene in mente che il *core business* degli operatori cavo è la telefonia e la larga banda.

44 BSkyB ha stipulato degli accordi anche con NTL Irlanda e Chorus, i due operatori cavo *leader* in Irlanda.

45 Direttore del settore commerciale della sezione cavo, intervistato il 4 marzo 2003.

46 In alcune aree non è possibile installare l'apparecchiatura di ricezione DTH via satellite, ad esempio a causa della pianificazione e della regolamentazione locale.

47 Sky fornisce agli operatori cavo soltanto alcuni canali e non i servizi interattivi, in quanto la capacità tecnica del cavo è inferiore rispetto a quella del satellite.

BSkyB, inoltre, forniva sei canali[48] a ITV Digital, piattaforma digitale terrestre a pagamento varata in Gran Bretagna il 15 novembre 1998. In seguito alla chiusura di ITV Digital[49], avvenuta il 30 aprile 2002, le licenze per il digitale terrestre precedentemente in mano a questa società vennero battute all'asta dalla *Independent Television Commission* (ITC). Il 4 luglio 2002 la ITC ha annunciato l'assegnazione delle licenze *multiplex* alla British Broadcasting Corporation (BBC) ed al gestore di rete Crown Castle, che insieme a BSkyB hanno poi lanciato la piattaforma digitale terrestre Freeview[50]. Quest'ultima piattaforma offre più di 30 canali televisivi e radiofonici via etere, cinque dei quali sono la versione *simulcast* dei canali terrestri già esistenti in analogico[51]. In linea generale si può sostenere che Freeview abbia avuto un buon inizio. Secondo quanto riportato da BARB, al 30 giugno 2003, 1,710 milioni di abitazioni hanno accesso ai servizi offerti dalla piattaforma digitale terrestre. Si prevede[52] che nel 2005 Freeview sarà accessibile a circa il 10% delle case, e che in seguito crescerà fino al 62% (2010). Al contempo, però, si ritiene che tale piattaforma rappresenti un'alternativa alla televisione a pagamento solo per una piccola parte della popolazione. Questo aspetto si riflette sulla qualità dei nuovi canali disponibili e in particolare sull'attenzione rivolta da Freeview a mercati meno costosi come l'informazione e la musica, che sono generi molto presenti nella sua pro-

48 Precisamente i 6 canali trasmessi via DTT erano: Sky Movies Premier, Sky Movies Max, Sky Sports1, Sky Sports2, Sky Sports3 e Sky One.

49 La chiusura di ITV Digital ha causato a BSkyB perdite di oltre 1 miliardo di sterline (1.440 milioni di euro), secondo quanto riporta UBS WARBURG, Londra, 2003.

50 Da non dimenticare che BSkyB è potuta entrare anche nel mercato via etere, grazie all'abolizione di quelle norme che ponevano restrizioni sulla proprietà di più di una stazione nazionale televisiva o radiofonica.

51 Per ricevere l'offerta di Freeview, le famiglie devono dotarsi di un *set top box* che costa circa 99 sterline (143 euro) senza poi pagare però alcun abbonamento mensile, come avviene ad esempio per la DTH. Tutti i canali di Freeview sono anche disponibili via cavo e via satellite.

52 Si fa qui riferimento a UBS WARBURG, Londra, 2003.

grammazione. In totale si stima che la quota di audience dei nuovi canali di Freeview sia di poco superiore all'8 % nelle famiglie con la televisione a pagamento, pur rappresentando il 20% dei canali visibili. È per via di questi aspetti che, pur avendo deciso di puntare sul digitale terrestre allo scopo di raggiungere *«all homes»* e comunque di occupare una quota di spettro che altrimenti potrebbe essere coperta da un potenziale concorrente, BSkyB ha deciso di assumere un approccio *soft* nei confronti della nuova piattaforma. Il coinvolgimento di BSkyB in Freeview è, infatti, limitato: essa offre tre canali, Sky News, Sky Sports News e Sky Travel, che peraltro possono già essere trasmessi *free* via etere.

Allo scopo di fornire un'ampia varietà di contenuti e servizi al maggior numero possibile di utenti, BSkyB sta cercando di distribuire la propria offerta anche attraverso nuovi mezzi di comunicazione, come ad esempio il *Digital Audio Broadband*, Internet e la telefonia di terza generazione (3G). Inoltre, l'azienda ha sviluppato un *microbrowser* compatibile a Internet che permette di operare con i *set top box* digitali che utilizzano il linguaggio WTVML *(Wireless Mark-Up Language)*. Per garantire un accesso all'offerta interattiva sempre più facile e veloce, BSkyB, oltre a convertire tutti i servizi alla tecnologia WTVML, ha inaugurato, nell'agosto 2002, Sky Talk Select, un servizio telefonico che offre tariffe più vantaggiose rispetto alla compagnia telefonica British Telecommunications (BT)[53] e, nel contempo, ha stipulato un accordo con il settore vendite di BT al fine di poter offrire agli abbonati DTH, a condizioni agevolate, prodotti ADSL[54].

È in questo quadro che, nel novembre 1999, BSkyB ha costituito la Sky New Media Ventures plc., allo scopo di investire in iniziative imprenditoriali sui nuovi *media* (specialmente Internet). Tra i primi investimenti vanno menzionate l'acquisizione del 21,2% di Mykindplace.com Ltd., un sito Internet commerciale pensato per le adolescenti,

53 In particolare, Sky Talk Select, permette di risparmiare più del 62 % rispetto alle tariffe telefoniche offerte da British Telecommunications. Il traffico telefonico viene fatturato con la bolletta di Sky digital.

54 Il lancio dei servizi ADSL a larga banda sono stati lanciati nell'ottobre 2002.

e l'acquisizione del 7,8% di Streets OnLine Ltd., venditore in rete di prodotti d'intrattenimento.

7.4.1 La distribuzione dei servizi digitali

Dalla fine del 1997 ad oggi, BSkyB ha investito nel digitale 2,4 miliardi di sterline[55] (3,5 miliardi di euro), che sono stati così ripartiti:

- 900 milioni di sterline (circa 1,3 mila euro) *set top box;*
- 600 milioni di sterline (864 mila euro) *marketing;*
- 300 milioni di sterline (432 mila euro) canali di proprietà di terzi;
- 200 milioni di sterline (288 mila euro) gestione degli abbonati;
- 200 milioni di sterline (288 mila euro) *transponder;*
- 100 milioni di sterline (144 mila euro) *smart card;*
- 100 milioni di sterline (144 mila euro) oneri capitalizzati[56].

BSkyB si occupa della costruzione degli impianti di trasmissione digitale e degli *uplink*, della creazione e dello sviluppo del sistema d'accesso condizionato digitale, dei sistemi di gestione del cliente, della realizzazione della guida elettronica di programmazione (Sky Guide)[57], della tecnologia di navigazione, delle applicazioni e delle infrastrutture che permettono di offrire la programmazione interattiva. Essa collabora inoltre con diverse aziende per lo sviluppo dei *set top box* digitali e attualmente sta cooperando al fine di produrre televisori dotati di ricevitori integrati digitali via satellite e terrestre. BSkyB ha anche sviluppato il *personal video recorder* Sky Plus («Sky+»), composto da due sintonizzatori

55 Si fa qui riferimento a quanto riportato da SKY, *op. cit.*

56 I costi di programmazione non vengono annoverati, in quanto BSkyB ha da sempre investito nella programmazione (anche prima del lancio del digitale).

57 Sky Guide permette ai telespettatori di navigare tra i canali e di vedere la programmazione. Da notare che non c'è nessun obbligo per un canale di apparire sulla guida elettronica, anche se, naturalmente, l'essere presente garantisce una maggiore visibilità. Il costo per comparirvi è di 75 mila sterline annue (108 mila euro).

via satellite e da un registratore televisivo integrato che permette di registrare all'incirca 20 ore di programmazione direttamente sull'*hard disc* presente nel *set top box*[58]. Tramite tale apparecchio gli spettatori hanno la possibilità di registrare un programma mentre ne seguono un altro, di scegliere quando vedere un certo programma e di personalizzare la programmazione interrompendo la trasmissione, saltando passaggi indesiderati o rivedendo singole immagini. Il prezzo del prodotto si aggira intorno alle 300 sterline (432 euro), cui bisogna aggiungere un canone mensile di abbonamento di circa 10 sterline (14 euro). Per lo sviluppo di Sky Plus e della guida elettronica, BSkyB si appoggia a Gemstar, filiale di News Corporation, mentre per quanto riguarda i *set top box* i principali fornitori sono Pace, Panasonic, Grundig, Amstrad e Sony.

Per ricevere i servizi di Sky digital, gli abbonati devono dotarsi di un sistema satellitare digitale che include la parabola, il *set top box* digitale ed il relativo telecomando. Quando venne lanciato, il costo di Sky digital (o meglio il costo dell'apparecchiatura per ricevere l'offerta di Sky digital) era di circa 400 sterline (577 euro); grazie ad un sussidio fornito dalla British Interactive Broadcasting Holdings Ltd., società controllata da BSkyB, il costo scese a 199 sterline (287 euro) per i nuovi utenti, e a 159 sterline (pari a 239 euro) per gli utenti Sky in analogico. Nel 1999, per accelerare il decollo del satellite digitale, BSkyB decise di offrire ai propri abbonati un *set top box* gratuito e di installare l'apparecchiatura necessaria, in accordo con i differenti rivenditori, ad un prezzo vantaggioso. La società offrì anche servizi d'installazione e di riparazione.

Sia l'apparecchiatura via satellite, sia gli abbonamenti ai servizi DTH sono offerti da BSkyB direttamente o tramite una rete di rivenditori, alcuni dei quali, conosciuti come *Authorized Sky Agents* (ASA), godono di particolari vantaggi.

Dall'ottobre 2001 gli abbonati a BSkyB hanno anche la possibilità di acquistare un secondo *set top box (Extra Digibox)* per la stessa residenza, ad un costo che varia dalle 99 alle 300 sterline (da 143 euro a 432 euro) in funzione della tipologia dell'apparecchio acquistato. Il

58 In data 30 giugno 2003 gli abbonati a Sky+ sono 105 mila.

secondo *set top box* permette agli abbonati di vedere contemporaneamente diversi programmi in stanze differenti, utilizzando una sola parabola. A giugno 2003 gli abbonati all'*Extra Digibox* sono 165 mila.

La *smart card*[59], che serve a decodificare il segnale, viene solitamente fornita da NDS Group plc., una controllata di BSkyB che è *leader* nei sistemi di gestione del cliente e nell'accesso condizionato. Da sottolineare che la tecnologia offerta da NDS è la sola a non risultare ad oggi interessata da episodi di pirateria tecnologica.

BSkyB fa infine impiego di tecnologia VideoGuard, una tecnologia ad accesso condizionato che serve a codificare e decodificare i servizi digitali[60]. Qualsiasi altra emittente che distribuisce indipendentemente un servizio televisivo criptato in modalità analogica o digitale deve acquistare una tecnologia di codifica ed un accesso condizionato differente da quello di BSkyB, nonché realizzare un proprio *decoder*, o, in alternativa, stipulare un accordo con Sky per i servizi ad accesso condizionato. Il 1. novembre 2002 (ultimo dato disponibile) erano 38 i canali televisivi (diversi da *Sky Channels* e *Sky Distributed Channels*) che utilizzavano la tecnologia VideoGuard, tra cui BBC, ITV1, S4C, Channel5 e The Fantasy Channel.

59 Una *smart card* è una carta di plastica, grande come una carta di credito, che contiene un *microchip* che implementa la gestione e la ricezione delle chiavi di decodifica necessarie per rendere visibili i canali televisivi e permette agli abbonati di ricevere determinati servizi. Attraverso il *software* delle *smart card*, BSkyB controlla l'accesso ai canali DTH criptati.

60 Più precisamente, l'azienda commissiona a NDS Group plc., una filiale di News Corporation, il disegno e lo sviluppo di alcuni elementi del sistema VideoGuard.

7.5 Il *marketing* e la pubblicità

Gli investimenti di *marketing* di BSkyB sono cospicui e strategicamente assai importanti. Obiettivo è soprattutto il rapporto con l'abbonato, che guida lo *share price* dell'azienda: non a caso, la *brand ambition* di BSkyB è quella di rendere *«every day extraordinary*[61] *for every one of the customers»*[62].

Nel corso degli ultimi anni BSkyB ha deciso di investire prima nella promozione della piattaforma digitale e poi in quella del contenuto. Dall'ottobre 1998 al settembre 2001, periodo in cui le trasmissioni avvenivano sia in analogico che in digitale, l'azienda intraprese una forte campagna pubblicitaria per indurre i telespettatori in analogico a passare al digitale, sì da graduare i tempi della programmata transizione e da ridurne i costi complessivi.

Il passaggio dall'analogico al digitale non ha modificato il generale funzionamento dell'attività di *marketing* di BSkyB, ma è parzialmente mutato il messaggio trasmesso: adottando un approccio di *marketing* non *holistic* (generico), bensì diversificato a seconda del cliente, l'azienda cerca ora di comprendere le distinte necessità e i desideri di ciascuno dei molteplici *target* cui si rivolge e di comunicare con essi utilizzando il linguaggio dei diversi canali offerti. All'uopo, BSkyB è ormai in grado di conoscere il profilo di tutti i suoi abbonati alla DTH: sebbene non possa ancora trattare ciascuno come individuo a sé stante, l'azienda dispone di strumenti idonei a distinguere – a seconda della loro propensione al consumo – gli *high value customer* dai *low value customer*, con conseguente notevole risparmio di risorse nella gestione e nell'indirizzo delle varie iniziative promozionali.

61 Per specificare il concetto di *«extraordinary day»* in SKY, op. cit., si legge: *«just think: a generation ago, the business that we work in didn't even exist. The technology we deplay didn't exist. This is all brand – new staff, and we're right at the front of it. So let's continue to make every day extraordinary for every one of our customers»*.

62 SKY, *ibidem*.

Tra le principali attività di *marketing*, meritano di essere segnalati tanto l'efficiente servizio d'installazione e riparazione delle antenne e dei *set top box* che BSkyB mette a disposizione dei propri clienti, quanto i suoi qualificati *call center* (a questo proposito, è significativo rilevare come BSkyB affermi di disporre non già di semplici *call center*, ma di veri e propri *customer relationship management center*). I due centri di gestione delle relazioni con i clienti con sede in Scozia si occupano anche della sottoscrizione degli abbonamenti agli *Sky Channels* ed agli *Sky Distributed Channels*, nonché del mantenimento degli stessi; la loro attività è fondamentale per il successo dell'azienda, in quanto da essi dipende in gran parte la determinazione del c. d. *churn*[63], ossia il numero di abbonati che rescinde il proprio abbonamento. BSkyB offre, peraltro, un analogo servizio di gestione clienti a canali di proprietà altrui (The Fantasy Channel e S4C), a servizi televisivi interattivi ed a servizi Internet. Per il costante aggiornamento in ordine all'evoluzione dell'offerta e della programmazione, BSkyB fornisce inoltre ai propri abbonati una guida cartacea *(Channel Guide)*, che periodicamente mette in evidenza ogni novità di interesse.

Ulteriori aspetti degni di nota riguardanti l'attività commerciale di BSkyB sono costituiti dalla gestione diretta della pubblicità e dal ruolo che BSkyB svolge come rappresentante pubblicitario di diversi canali operanti sulla propria piattaforma (National Geographic Channel, Adventure One, Hallmark, the History Channel, the Biography Channel, MUTV e Chelsea TV). L'azienda investe molto nella pubblicità: con una spesa annua di oltre 50 milioni di sterline (72 milioni di euro) è uno dei primi dieci pubblicitari in Gran Bretagna. Nel segmento pubblicitario i principali concorrenti di BSkyB sono Granada plc. e Carlton Communications plc., i quali vendono pubblicità a nome di Channel3 e ITV2, Channel4 e Channel5. Per la vendita pubblicitaria BSkyB com-

63 Da sottolineare che negli ultimi tre anni, BSkyB ha investito circa 120 milioni di sterline (pari a circa 170 milioni di euro) per modernizzare i *customer relationship management center.*

pete, anche, con gli *Sky Distributed Channels* e con tutti gli altri canali commerciali. Secondo quanto riportato da BSkyB[64], tra le famiglie inglesi che ricevono la televisione via satellite o via cavo, i canali Sky attirano un *target* di pubblico simile a quello dei canali analogici via etere: di conseguenza, se il numero di tali famiglie aumentasse, la posizione competitiva dell'azienda sul mercato pubblicitario dovrebbe proporzionalmente migliorare.

Secondo quanto riportato dalla BARB, lo share degli *Sky Channels* (al 30 giugno 2003) è pari al 17,5% registrando un lieve aumento (+0,2%) rispetto l'anno precedente. Una ricerca condotta sempre dalla BARB ha rilevato che nel periodo compreso tra il 1. luglio 2002 ed il 30 giugno 2003, l'audience nelle abitazioni britanniche dotate di televisione via satellite e via cavo dei cinque canali analogici via etere e del complesso dell'offerta Sky è stato, rispettivamente, del 19,7% per BBC1, 7% per BBC2, 19,4% per ITV1, 6,9% per Channel4, 4,6% per Channel5 e 12,2% per i canali Sky, tra i quali Sky One ha ricoperto il 29% dell'audience totale (il restante 30,2% dell'audience risulta invece ripartito tra altri canali – non Sky –, via satellite e via cavo).

Grazie all'alta tecnologia, Sky è in grado di offrire e di ricorrere a differenti modi di fare pubblicità: spot, sponsorizzazione (finanziamento di programmi), pubblicità interattiva, pubblicità *on-line* ecc.

BSkyB, inoltre, è stato il primo *broadcaster* a sperimentare, nell'aprile 2000, la pubblicità interattiva. Come già ricordato, sono state da allora trasmesse oltre trecento campagne interattive attraverso cui è possibile raggiungere *target* mirati e registrare immediatamente l'interessamento ad un prodotto da parte dei clienti attraverso le risposte degli abbonati. La sponsorizzazione, a sua volta, permette di diffondere la conoscenza del prodotto pubblicizzato e di accrescerne l'*appeal* attraverso la sua associazione ad un determinato programma di successo. Sky dispone poi di ulteriori opportunità pubblicitarie attraverso una serie di siti Internet che diffondono oltre 75 milioni di *impression* ogni anno (visualizzazione di un'immagine pubblicitaria su una pagina *web*)

64 BSKYB, *op. cit.*

e riesce a raggiungere *target* mirati di consumatori anche grazie ai servizi di telefonia WAP. Va rilevato, però, che la sempre più capillare diffusione del *personal video recorder* (Sky+) ha per i pubblicitari un effetto negativo: tramite Sky+ è, infatti, possibile registrare un determinato programma e decidere di vederlo in un momento successivo, evitando le interruzioni pubblicitarie.

7.6 Aspetti economici e finanziari

È ora opportuno considerare alcuni aspetti economici e finanziari di BSkyB per capire se il suo modello di *business* è di successo. In questi anni, BSkyB ha mantenuto e consolidato la propria posizione di fornitore *leader* nei servizi di televisione digitale a pagamento in Gran Bretagna ed Irlanda. Dal momento in cui la televisione a pagamento si è sviluppata, BSkyB ha costantemente cercato di accrescere il proprio numero d'abbonati, di sviluppare nuovi prodotti e di migliorare la propria programmazione.

I ricavi totali nell'anno giugno 2002/giugno 2003 sono stati di 3,186 miliardi di sterline, pari a 4,6 miliardi di euro (nel giugno 2002 essi ammontavano a 2,776 miliardi di sterline, pari a 3,99 miliardi di euro), ripartiti come segue (le voci sono espresse in milioni di sterline):

	Giugno 2003	*Giugno 2002*
DTH	2.341	1.929
Vendita all'ingrosso	202	279
Pubblicità	284	251
Interattività	218	186
Altro	141	131
Totale	*3.186*	*2.776*

fig. 3

Nell'ultimo anno il volume d'affari di BSkyB è aumentato del 15%, grazie soprattutto alla crescita dei ricavi da abbonamenti, da pubblicità e da servizi interattivi. L'aumento dei ricavi da abbonamento alla DTH (+21%) riflette una crescita pari al 14% del numero di abbonati alla DTH e una crescita del 7% della componente del ricavo medio per abbonato alla DTH (*Average Revenue Per User* – ARPU), dovuta principalmente ai nuovi prezzi di vendita di Sky, ma anche all'introduzione di nuovi prodotti come Sky+. L'aumento dei ricavi da pubblicità (+13%) è dovuto principalmente all'aumento della base abbonati della piattaforma digitale e alla «vendita del pubblico» alle agenzie pubblicitarie. L'aumento dei ricavi dai servizi interattivi (+17%) è dovuto soprattutto alla crescita delle scommesse, che superano ormai i 15 milioni. Infine, i ricavi da altre attività sono aumentati (+8%) grazie al lancio di nuovi prodotti, come Sky+ e *Extra Digibox*. Invece, la diminuzione dei ricavi derivanti dalla vendita all'ingrosso, che racchiude i ricavi da abbonamento all'offerta via cavo e via etere, è conseguenza diretta della minore penetrazione dei canali *premium*, della riduzione del ricavo medio per abbonato al cavo[65] e della chiusura della piattaforma digitale terrestre ITV Digital.

Nel 2003 i ricavi sono stati così ripartiti:

- 73,5% da abbonamenti ai diversi pacchetti d'offerta via satellite DTH (inclusa la *pay per view*);
- 6% da vendita all'ingrosso;
- 9% dalla raccolta di pubblicità;
- 7% dai servizi interattivi[66];

65 Il numero totale degli abbonati ai canali Sky è diminuito di oltre 300 mila unità negli ultimi 12 mesi, nonostante l'accessibilità dei canali Sky sia aumentata nelle case allacciate al cavo. Nello stesso periodo la penetrazione dei canali *premium* nelle case allacciate al cavo è continuata a diminuire.

66 Questa voce è prevalentemente composta dal margine netto sulle scommesse via TV interattiva, da Sky Gamestar (giochi) e dagli altri servizi Sky Active.

– 4,5 % da altre attività (cessione di diritti, locazione a terzi di *transponder* satellitari, provvigioni per il traffico telefonico generato dai programmi e dai servizi offerti dalla piattaforma DTH, vendita di Sky+ ecc.).

Dal lato dei costi, nell'anno giugno 2002/giugno 2003 le spese prima del *goodwill*[67] e delle poste straordinare[68] sono state pari a 2,851 miliardi di sterline (4,090 miliardi di euro), registrando così un aumento del 9 % rispetto all'esercizio precedente. Tali spese risultano così suddivise (le voci sono espresse in milioni di sterline):

	Giugno 2003	*Giugno 2002*
Programmazione	1.604	1.439
Gestione abbonati	324	291
Marketing	401	417
Trasmissione	143	147
Amministrazione	236	203
Giochi	108	88
Totale	*2.815*	*2.585*

fig. 4

Nel 2003 i costi sono stati così ripartiti:

- 57 % costi di programmazione;
- 12 % costi di gestione abbonati;
- 14 % costi di marketing;
- 5 % costi di trasmissione;
- 8 % costi di amministrazione;
- 4 % costi di giochi.

67 L'ammortamento del *goodwill* è aumentato di circa 3 milioni di sterline (4,3 milioni di euro) nel periodo preso in esame raggiungendo 121,5 milioni di sterline (pari a circa 174 milioni di euro).

68 Durante l'ultimo anno BSkyB ha avuto una posta straordinaria pari a 22 milioni di sterline (circa 32 milioni di euro) per premunirsi contro la svalutazione, ad esempio, delle squadre di calcio di cui è azionista.

Come si può agevolmente constatare, le principali fonti di spesa di BSkyB concernono la programmazione ed il *marketing*, cui si aggiungono, nell'ordine, i costi di gestione degli abbonati, i costi amministrativi, i costi di trasmissione ed i pagamenti delle vincite derivanti dal gioco.

La programmazione è la principale voce di costo ed include le spese per:

(1) l'acquisto dei diritti televisivi dalle case di distribuzione cinematografica;
(2) l'acquisto dei diritti televisivi sugli eventi sportivi;
(3) l'acquisto di programmi prodotti da terzi;
(4) la concezione e la produzione di programmi originali;
(5) l'acquisto dei diritti di trasmissione degli *Sky Distributed Channels* e dei servizi audio Music Choice e Music Choice Extra.

Nell'anno giugno 2002/giugno 2003 i costi di programmazione hanno inciso per il 57% del totale delle spese d'esercizio. In particolare, le spese di acquisto dei diritti sportivi, che rappresentano il 45% del totale della spesa di programmazione, sono aumentate del 9% raggiungendo 723 milioni di sterline (poco più di un miliardo di euro). Il primo motivo di questa crescita è l'aumento contrattuale dei diritti e il costo di eventi non-annuali come la *Ryder Cup* e la *Cricket World Cup*. Invece, l'aumento del 9% delle spese di acquisto dei film, che hanno raggiunto 397 milioni di sterline (572 milioni di euro), è dovuto al crescente numero dei film trasmessi e agli aumenti contrattuali. In particolare, questa voce rappresenta il 25% del totale della spesa di programmazione. Le spese per i programmi di intrattenimento, invece, sono state pari a 94 milioni di sterline (ossia circa 135 milioni di euro), registrando un aumento di 9 milioni di sterline (pari a quasi 13 milioni di euro). Questo aumento è dovuto alla messa in onda di nuovi programmi acquistati e al lancio di quattro nuovi canali Sky (Sky One Mix, Flaunt, The Amp e Scuzz). Infine, le spese per i programmi d'informazione sono aumentati del 15% raggiungendo circa 39 milioni di sterline (ossia 56 milioni di euro).

Le spese di gestione degli abbonati includono:

(1) i costi di gestione dei *customer relationship center*;
(2) i costi delle *smart card*;
(3) i crediti inesigibili nei confronti dei sottoscrittori;
(4) i costi di Sky+ e degli altri *set top box*[69];
(5) gli oneri per l'installazione dell'apparecchiatura di ricezione via satellite.

Codesta voce di bilancio non comprende, invece, i costi concernenti l'apparecchiatura digitale in chiaro (nonché la relativa installazione), che sono inclusi tra le spese di *marketing*. Nell'ultimo esercizio i costi di gestione degli abbonati sono aumentati dell'11%, principalmente a causa dell'incremento di sottoscrizioni al digitale (ciò che, del resto, è ampiamente compensato dall'aumento più che esponenziale delle entrate da abbonamenti) e dell'introduzione di nuova tecnologia (Sky+); sono anche diminuiti i costi dei centri di gestione degli abbonati, a seguito dell'acquisita maggiore efficienza degli stessi e della riduzione dei contatti.

I costi di *marketing* comprendono:

(1) le spese per l'apparecchiatura digitale in chiaro e per la relativa installazione presso i nuovi clienti;
(2) le commissioni che BSkyB paga ai rivenditori al dettaglio ed ai propri agenti per la vendita degli abbonamenti;
(3) i costi di promozione e di pubblicità (incluso il c.d. *direct marketing* verso i sottoscrittori DTH).

In proposito, va ricordato che BSkyB offre gratuitamente l'antenna di ricezione ed il *decoder* (il cui prezzo si aggira intorno alle 150 sterline, ossia 216 euro) a chi sottoscrive un abbonamento di almeno 12 mesi al

69 Tra le funzioni dei centri di gestione degli abbonati si ricordano la gestione degli ordini degli abbonati, il mantenimento dei conti, la fatturazione, la raccolta dei ricavi, il *telemarketing* e il servizio clienti. Tutte queste funzioni permettono ai centri di avere un ruolo importante nella gestione del livello del *churn*.

pacchetto *basic* di Sky digital. Le spese di *marketing* nell'anno giugno 2002/giugno 2003 sono diminuite di 16 milioni di sterline, ossia 23 milioni di euro (–4%) nonostante lo stesso numero di installazioni dell'apparecchiatura digitale. Tale diminuzione è dovuta principalmente alla riduzione di costi dell'*hardware* e ad un aumento dei ricavi che derivano dall'installazione delle apparecchiature.

I costi di trasmissione e le spese tecniche in genere dipendono principalmente dal numero e dalla capacità dei *transponder* satellitari presi a nolo. Nell'ultimo anno si è registrata una diminuzione, dovuta principalmente alla riduzione dei costi di operazioni tecniche.

Rientrano nei costi amministrativi i costi di gestione del canale, le agevolazioni e gli altri costi operativi. L'ammortamento del *goodwill* dovuto alle acquisizioni di altre società operanti nel settore (ad esempio BiB), è compreso in questa voce di bilancio[70]. Nell'ultimo anno si è registrato un incremento anche di queste passività (+ 16%)[71].

La principale spesa di BSkyB relativa al gioco concerne il pagamento delle vincite del *betting*. Anche tali costi risultano cresciuti nel corso dell'ultimo esercizio (+ 22%)[72], a causa dell'aumento delle giocate, compensato dal correlato incremento proporzionale delle entrate.

In linea generale, si può ben affermare che durante l'anno giugno 2002/giugno 2003, il costante aumento degli abbonati alla DTH (il numero degli abbonati è aumentato di circa 700 mila unità, raggiungendo

70 Solitamente tale *goodwill* viene ammortizzato in sette anni a partire dalla data di acquisto, ad esempio di una società.

71 Nel 2003 i costi amministrativi ammontano a 236 milioni di sterline (poco meno di 340 milioni di euro), mentre nel 2002 ammontavano a circa 203 milioni di sterline (292 milioni di euro).

72 Nel 2003 i costi relativi al gioco ammontano a circa 108 milioni di sterline (156 milioni di euro) rispetto ai circa 88 milioni di sterline (127 milioni di euro) dell'anno precedente.

6,8 milioni di abbonati) ha indotto una consistente crescita dei profitti, nonostante la chiusura di ITV Digital.

Come è dato di constatare, tra l'altro, dagli investimenti compiuti, i fattori chiave del successo di BSkyB sono:

(1) l'offerta di alta qualità;
(2) l'infrastruttura efficiente e semplice;
(3) la garanzia di un puntuale servizio di assistenza clienti.

Internamente, BSkyB misura lo sviluppo della propria attività commerciale avvalendosi di tre differenti indicatori economici:

1. il ricavo medio per utente/abbonato (*average revenue per user/subscriber* – ARPU);
2. la percentuale di abbonati che disdice il proprio abbonamento ogni anno *(churn)*;
3. il costo di acquisizione di ogni nuovo abbonato (*subscriber acquisition cost* – SAC), ossia la somma media che viene investita per l'incremento delle sottoscrizioni.

Nel giugno 2003:

1. l'ARPU[73] è pari a 366 sterline (circa 525 euro). L'aumento del 5% nell'ultimo anno riflette il cambio di prezzi di vendita adottati da Sky a partire dal 1. gennaio 2003, il successo di Sky+ e il maggior uso dei servizi interattivi;
2. il *churn* è pari al 9,4% (il livello più basso mai registrato dal varo di Sky digital);
3. il SAC è pari a 207 sterline (297 euro) registrando una diminuzione di 27 sterline rispetto all'anno precedente[74]. Tale riduzione è dovuta

73 L'ARPU può essere suddiviso in tre categorie: (1) interconnessione al telefono: tassa per il traffico telefonico; (2) ricavi da scommesse, servizi interattivi, *t-commerce* e (3) tassa per l'accesso condizionato sulla EPG di ogni canale che offre servizi interattivi.

74 Secondo quanto afferma Sky nella Rassegna Stampa del 14/02/03, il SAC nel giugno 2004 sarà al di sotto di 200 sterline (288 euro).

principalmente ai prezzi più bassi dei *set top box* e dei costi inferiori che concernono l'installazione[75] e le *smart card.*

Analizzando i ricavi e i costi di BSkyB si constata che, nel 2003, la redditività operativa dell'azienda è pari all'11,6% prima dell'ammortamento del *goodwill* e delle poste straordinarie (e pari all'8% dopo l'ammortamento delle medesime voci).

Come si evince dallo stato patrimoniale consolidato e dai flussi di cassa (cfr. Allegato 2), BSkyB negli ultimi tre anni ha registrato una significativa generazione di cassa[76] e una riduzione dell'indebitamento di circa un terzo[77]. Questo indicatore finanziario, unitamente alla percentuale di redditività e agli indicatori economici sopraccitati, testimoniano il successo imprenditoriale dell'azienda.

7.7 Alcune considerazioni sul caso BSkyB

Dopo aver esaminato la storia, l'offerta e i risultati dell'attività commerciale di BSkyB, si hanno ora elementi sufficienti per segnalare alcune non trascurabili variazioni nella catena del valore dell'impresa televisiva. Il passaggio dall'analogico al digitale, come più volte si è avuto occa-

75 Da notare che, poiché i costi di installazione sono al netto della somma ricevuta dagli abbonati, il SAC può variare molto a seconda delle politiche di prezzo adottate dall'impresa televisiva.

76 Nel 2003 la generazione netta di cassa è pari a 658,8 milioni di sterline (ossia pari a 942 milioni di euro), mentre nel 2002 era pari a 249,7 milioni di sterline (ossia pari a 357 milioni di euro) e nel 2001 era pari a 38,9 milioni di sterline (ossia pari a 55,6 milioni di euro).

77 Nel 2003 i debiti sono di 1.105 milioni di sterline (ossia pari a 1.508 milioni di euro), nel 2002 erano pari a 1.528 milioni di sterline (ossia pari a 2.185 milioni di euro) e nel 2001 a 1.546 milioni di sterline (ossia pari a 2.210 milioni di euro).

sione di rilevare, determina infatti mutamenti che coinvolgono direttamente l'organizzazione ed il *modus operandi* delle aziende presenti sul mercato televisivo.

Nel primo capitolo si è visto che l'impresa televisiva è «il soggetto istituzionale e economico che organizza i modi, i tempi e i luoghi dell'offerta televisiva, scegliendo l'insieme dei telespettatori cui rivolgersi e decidendo la composizione del palinsesto»[78]. Consistendo precipuamente nella predisposizione del palinsesto e nella sua offerta al telespettatore, l'attività dell'impresa televisiva presuppone dunque la produzione (o, alternativamente, l'acquisizione) dei programmi e la diffusione del segnale. La televisione digitale, come pure già osservato, tende a proporsi come naturale estensione della *pay TV* analogica, le cui principali attività sono[79] la produzione di contenuti, l'*editing* del palinsesto e la gestione degli abbonamenti; la transizione al digitale è dunque, per un operatore *pay*, assai più agevole ed immediata di quanto non lo sia per un *broadcaster* tradizionale, in quanto il primo già dispone di un *know-how* specifico in ordine alle funzioni chiave della gestione di una televisione a pagamento (si pensi, ad esempio, al servizio clienti), oltre che di una base abbonati più o meno consistente, di regola sensibile al *brand* dell'operatore e perciò più semplice da persuadere alla transizione. Il modello di *business* di fatto rimane lo stesso, ed è dunque sempre basato sull'integrazione verticale dell'operatore *pay*, il quale controlla[80]:

- a monte, l'accesso (selezionato) dei contenuti, essendo presente in tutti i segmenti della catena del valore ovvero assicurandosi, là dove non sia presente, l'esclusiva sui contenuti di maggior richiamo;
- a valle, l'accesso (selezionato) ai contenuti, vincolando gli utenti, proprio grazie all'esclusività dell'offerta che l'operatore è in grado di

78 DEMATTÉ-PERRETTI, *L'impresa televisiva*, Etas Libri, Milano, 1997, p. 7.

79 DEMATTÉ-PERRETTI, *L'economia della pay-tv digitale*, in *Problemi dell'informazione*, il Mulino, Bologna, 1/1997, p. 17.

80 PRETA, *Il futuro della televisione*, Rapporto Federcomin, Italmedia Consulting, Milano, 2000, pp. 21–22.

garantir loro, all'acquisto (o al noleggio), oltre che della programmazione, di attrezzature di ricezione *(decoder)* generalmente incompatibili con le piattaforme concorrenti.

L'integrazione verticale rappresenta l'elemento chiave di questa estensione, garantendo all'operatore *pay* l'acquisizione di un vantaggio competitivo rispetto a tutti i potenziali concorrenti, sia in termini di accesso ai contenuti sia in termini di rapporto diretto con l'utente finale. Esemplare, a questo proposito, è proprio il caso di BSkyB, che da operatore analogico monopolista nel proprio mercato di riferimento è divenuta *leader* nel mercato digitale.

Rispetto a quella analogica, la televisione digitale vede ampliarsi il livello di competizione sia dal lato della domanda (controllo del consumatore), sia dal lato dell'offerta (controllo dei contenuti). L'allargamento della proposta commerciale, favorito dallo sviluppo del digitale e accompagnato talvolta dal lancio di piattaforme concorrenti (anche, come in Gran Bretagna, con differenti modalità distributive: via cavo, via satellite e via etere), accresce la forza contrattuale dei *content provider*, in particolare se i titolari di contenuti di grande richiamo (*major* cinematografiche e grandi associazioni sportive su tutti), impongono prezzi sempre più elevati per la cessione dei diritti (in argomento ha giustamente rilevato Preta che, «mentre saranno sempre più numerosi i contenuti richiesti, in conseguenza dell'ampliamento dell'offerta, saranno sempre gli stessi quelli in grado di attrarre nuovi utenti e spingerli a pagare un prezzo. I diritti sportivi continueranno, pertanto, a trainare gran parte della penetrazione della televisione digitale in Europa, ma i *broadcaster* avranno sempre meno opportunità di acquisire il monopolio sulle loro trasmissioni»[81]). Non a caso, fin dagli albori della propria offerta analogica (primi anni '90), BSkyB ha dovuto da una parte assicurarsi l'esclusiva dei principali titoli cinematografici e delle più seguite manifestazioni sportive, stringendo all'uopo alleanze commerciali con

81 PRETA, *ibidem*, p. 11.

le più grandi *major* statunitensi e con le più importanti squadre di calcio inglesi, e dall'altra estendere il più possibile il periodo di esclusiva dei film e per contro restringere l'intervallo di tempo rispetto all'uscita nelle sale cinematografiche, sì da accrescere il valore economico del prodotto. Gli investimenti per l'acquisizione dei diritti di trasmissione hanno perciò da sempre rappresentato per BSkyB – come invero è agevole intuire – una delle voci più consistenti del suo *budget* ed una delle componenti più onerose della sua spesa complessiva: ciò, con il duplice risultato di indurre i consumatori ad abbonarsi e di ridurre la possibilità di ingresso di nuovi concorrenti sul medesimo mercato.

L'acquisto dei diritti di trasmissione del campionato inglese di calcio e dei film statunitensi di recente proiezione nelle sale cinematografiche ha permesso, ad esempio, a BSkyB di:

- rafforzare l'identità della propria offerta, dotandosi di programmi sostanzialmente inaccessibili alle emittenti tradizionali;
- creare uno scenario in cui soggetti simili mirano al più ampio controllo possibile della nuova offerta.

L'aumento del numero dei canali offerti, consentito dalla digitalizzazione, determina lo spostamento dell'obiettivo dell'impresa televisiva dalla tradizionale «costruzione di un palinsesto attraverso l'assemblaggio di programmi, in parte prodotti internamente e in parte acquistati», alla «costruzione di un *bouquet* o di un pacchetto di canali televisivi realizzati in parte internamente e in parte esternamente»[82]. Per svolgere l'attività primaria, ossia l'organizzazione dell'offerta, l'impresa televisiva deve dunque anzitutto decidere se acquistare o produrre i diversi programmi. BSkyB, che offre soprattutto informazione, film, sport e servizi interattivi, ha deciso fin dall'inizio di puntare principalmente sull'acquisto dei contenuti, producendo in proprio soltanto parte dell'informazione (Sky News) e dei servizi interattivi. In un secondo momento (dalla seconda metà degli anni '90 in avanti), BSkyB ha iniziato ad ospitare sulla propria piattaforma anche canali di altri operatori. In questo modo, una

82 DEMATTÉ-PERRETTI, *op. ult. cit.*, p. 22.

piattaforma televisiva multicanale e multiservizio ha diversificato la propria attività, rendendosi *packager*, cioè assemblatore e distributore di canali (di regola tematici) ideati, prodotti e realizzati (anche) da soggetti esterni. La funzione principale di BSkyB è oggi proprio quella di *packaging*, ossia di confezionamento di veri e propri pacchetti multicanale; in questo modo, l'azienda allestisce la propria offerta non solo producendo o acquistando i programmi, ma prevalentemente impacchettando canali di proprietà e produzione altrui. L'operatore diventa per lo più un editore di pacchetti (un *packager*, appunto), che per organizzare l'offerta della propria piattaforma utilizza il materiale televisivo di altri editori.

La riorganizzazione dell'offerta di programmi in ambiente digitale supera, infatti, i limiti della tradizionale offerta monocanale per articolarsi in *bouquet* di più canali, con differenti livelli di accesso, secondo logiche di impacchettamento (c. d. *bundling*) che sono il frutto di una sofisticata strategia di *marketing*. La struttura dei *bouquet* digitali di BSkyB, come già osservato, si articola in una fascia di accesso detta *basic* o pacchetto tematico che, ad un prezzo di partenza comparativamente contenuto, offre all'utente un'ampia selezione di canali che complessivamente rispondono alla medesima logica di un palinsesto generalista, ampliato però in un contesto multicanale. All'offerta *basic* si aggiungono ulteriori opzioni tematiche, ovvero *bouquet* di canali / servizi *(premium)* a più marcata specializzazione (cinema, sport, educazione ecc.), rivolti a gruppi mirati di telespettatori, che possono scegliere tra le diverse possibilità a seconda dei loro interessi particolari. L'offerta di BSkyB è anche integrata dai canali *à la carte*, ovvero disponibili singolarmente senza vincoli di abbonamento a pacchetti complessi o opzioni tematiche. Completano, infine, l'offerta digitale di BSkyB i canali gratuiti ed i canali *near video on demand*.

Migliorata in termini quantitativi e qualitativi, l'offerta digitale in esame si articola, dunque, in quattro distinte forme distributive:

- canali generalisti e tematici cui si accede con un abbonamento di base *(basic channel)*;

- canali specializzati, con contenuti più attraenti e di maggior costo per l'azienda, cui si accede con un abbonamento specifico e maggiormente oneroso per il sottoscrittore *(premium channel)*;
- canali che offrono la possibilità di selezionare, pagare e vedere solo i singoli programmi desiderati *(à la carte* e *near video on demand channel)*.

Oltre ai contenuti tradizionali, BSkyB offre servizi interattivi in parte legati alla programmazione televisiva ed in parte indipendenti da essi (tra cui i servizi di *t-commerce*). L'apertura della televisione digitale all'interattività è il frutto della sempre maggiore diffusione delle tecnologie di trasmissione di dati *(datacasting)* e di Internet. La combinazione di questi fattori, con la necessità per il *broadcaster* di diversificare ed incrementare le proprie fonti di entrata, accelera la transizione verso un nuovo modello di *business*, tuttora in fase di sviluppo, ma comunque profondamente diverso da quello proprio delle imprese televisive operanti in analogico.

Esempi di servizi di *datacasting* sono la guida elettronica ai programmi (EPG), «sfogliata» regolarmente dal 94% degli abbonati di Sky digital, ed i servizi informativi multimediali e d'intrattenimento (*game on-line*, *e-mail*, *chat* ecc.). Il lancio di simili applicazioni rappresenta senza dubbio un'opportunità per l'operatore televisivo, ma nel contempo può mettere a repentaglio la sua «rendita di posizione», giacché lo obbliga a condividere con altri attori e con altre piattaforme interattive (specialmente Internet) sia i ricavi aggiuntivi derivanti dall'offerta interattiva che, in prospettiva, lo stesso controllo dei contenuti. Per questo motivo BSkyB si mostra assai riluttante ad offrire agli utenti della propria piattaforma un accesso Internet illimitato, temendo di perdere una parte consistente delle entrate provenienti dai servizi interattivi. L'obiettivo è piuttosto quello di far sì che i propri contenuti siano più attraenti e facilmente accessibili di quelli distribuiti sul Web, così da mantenere il controllo dell'utente: proprio a tale scopo BSkyB ha creato un ambiente «protetto» (*walled garden*) all'interno del quale l'accesso dell'utente è ristretto ad un numero limitato di siti *web* e tutte le possibilità interattive, dalla pubblicità alle transazioni commerciali, profittano in parte a BSkyB. Chiave del successo del *walled garden* è naturalmente il rapporto di fiducia che l'impresa televisiva crea con i suoi abbonati, che si fidano della selezione operata dall'azienda: secondo quanto afferma Griffin Parry[83], infatti, solo quando si riesce ad instaurare un rapporto di fiducia con il cliente si può far pagare il servizio agli operatori che vogliono avere visibilità e agli utenti che vi accedono. Inoltre, come afferma Bogi, esiste una combinazione vincente di ruoli che consente di massimizzare l'utilizzo dei servizi interattivi e la riscossione delle entrate: si tratta dell'accorpamento nella medesima figura dei ruoli di fornitore dei contenuti e di operatore di una piattaforma digitale (esattamente ciò che avviene nel caso di BSkyB).

I servizi interattivi determinano un notevole miglioramento qualitativo dell'offerta televisiva, ma richiedono un'architettura molto più complessa e costosa di quella che caratterizza l'offerta televisiva tradizionale. Per offrire servizi interattivi BSkyB ha, infatti, avuto bisogno di dotarsi di:

a. un canale di ritorno che colleghi lo spettatore ai suoi *server;*
b. un sistema di accesso condizionato *(conditional access)*[84] che gestisca

83 Griffin Parry è *strategic planning manager* di Sky.
84 Il sistema di *conditional access* è lo strumento usato dai *broadcaster* per codificare i propri programmi prima della loro trasmissione, in modo da consentire l'accesso solo agli utenti abilitati. Questo processo è utilizzato per tutti i tipi di servizi (video, audio e dati). Per evitare l'accesso agli estranei, le *smart card* permettono ai *broadcaster* d'inviare agli abbonati nuove versioni dei codici d'accesso che vengono periodicamente modificati per cercare di ridurre al minimo il fenomeno della pirateria. I servizi digitali di *conditional access* comprendono 5 funzioni: SMS *(Subscriber Management System)*, BCCS *(Broadcast Control Computer System)*, STB *(Set Top Box)*, *Smart Card*, Comunicazione con l'SMS. L'SMS si occupa della gestione completa degli abbonati: attraverso un *server on-line* connesso direttamente all'utente vengono concesse autorizzazioni e si revocano o si rinnovano gli abbonamenti. Il BCCS permette di ricevere informazioni direttamente dal *service provider* generando messaggi di controllo che identificano ogni canale (es. *pay*, *free*, solo per adulti ecc.). Il *set*

l'accesso degli abbonati ai servizi e garantisca la funzionalità del sistema di pagamento *(Subscriber Management System)*;

c. una guida elettronica ai programmi (EPG) che faciliti la selezione dei contenuti.

In pratica, l'EPG è il *software* di navigazione proprio del sistema televisivo digitale, che ha per obiettivo principale quello di permettere agli abbonati un migliore orientamento nella sempre più vasta offerta di servizi digitali, avvertendoli della possibilità di sintonizzarsi su un certo canale e consentendo loro la selezione del canale stesso. Peraltro BSkyB, che possiede una sofisticata tecnologia di guida elettronica ai programmi, presenta sempre nell'EPG la propria programmazione in maniera privilegiata rispetto a quella di canali di proprietà altrui distribuiti sulla medesima piattaforma. La guida elettronica dei programmi è poi fondamentale nello sviluppo della pubblicità interattiva, giacché permette, quando viene trasmesso un messaggio pubblicitario, di ricevere informazioni ulteriori quali il prezzo del prodotto, il nome dell'azienda che lo distribuisce e le modalità per ordinarlo. Infine, essa permette all'azienda di registrare le scelte del consumatore, rilevando quali programmi ha selezionato e quali pubblicità ha seguito.

In generale, BSkyB ritiene che i servizi interattivi possano funzionare soprattutto allorché si pongano come strumento di arricchimento e di integrazione di contenuti televisivi tradizionali, quando cioè non distraggano eccessivamente lo spettatore dal flusso principale della comunicazione che forma oggetto della sua normale azione di consumo.

Rispetto all'offerta di servizi interattivi, il gestore della piattaforma digitale si è trasformato da semplice *TV service provider* in portale di

---

top box permette di decodificare il segnale, mentre la *smart card* contiene le informazioni identificative di ciascun abbonato compresi gli algoritmi che permettono di accedere alla decodifica del segnale. Infine, attraverso il *modem* del STP, collegato ad un *call-back server* è possibile comunicare direttamente con il *Subscriber Management Service.*

servizi interattivi via TV digitale (iDTV). Questo passaggio ha coinvolto alcuni fattori chiave[85]:

- la massa critica, cioè la base abbonati necessaria e sufficiente affinché l'offerta dei servizi interattivi possa incontrare successo (incentivi e sovvenzioni per il noleggio del *decoder* possono rivelarsi determinanti per l'incremento del numero delle sottoscrizioni, come si è verificato proprio nel caso di BSkyB);
- un *set top box* predisposto per ricevere servizi interattivi;
- un accesso facile e veloce: il *portal provider* deve essere messo nelle condizioni di raggiungere nel modo più semplice e veloce il consumatore;
- collegamenti con la EPG ed i programmi televisivi: la cooperazione e l'integrazione tra le funzioni di portale e di *service provider* è essenziale per il successo dei servizi iDTV;
- il *customer management*: è una funzione fondamentale, perché permette al *portal provider* di gestire tutte le informazioni concernenti i consumatori; tali informazioni si basano sui profili degli abbonati a disposizione del *Subscriber Management System* (SMS) e consente al *portal provider* di usare le *smart card* del *set top box* per raccogliere ed elaborare i dati;
- il *brand*: un elemento chiave per il successo di un portale iDTV è l'affermazione di un *brand*, sia in rapporto ad altre possibili offerte concorrenziali sulla stessa piattaforma sia rispetto ad altre forme di distribuzione. Affermare il proprio *brand* richiede ingenti investimenti, soprattutto in termini di promozione e *marketing*;
- i servizi a valore aggiunto: per accrescere l'utilizzo del portale iDTV è necessario prevedere una serie di servizi in grado di interessare gli utenti (giochi, posta elettronica ecc.).

Considerata l'estrema flessibilità dei nuovi servizi, assumono un ruolo di grande importanza le politiche di *marketing* e di *branding* del prodotto, attuate a vari livelli dai gestori dei *bouquet* digitali e dai singoli *content*

85 PRETA, *op. cit.*, pp. 23–24.

provider al fine di guidare le scelte degli abbonati, consolidare il processo di fidelizzazione dei consumatori ai *bouquet* offerti ed introdurre una sempre maggiore personalizzazione dell'offerta, adeguata alle esigenze di ogni nicchia di utenza. In particolare, BSkyB tiene sempre conto delle caratteristiche delle famiglie, perché su di esse pesano due ordini di decisioni: quello concernente la spesa fissa necessaria per accedere effettivamente ai nuovi servizi (antenna parabolica, decodificatore ecc.), e quello relativo alle modalità di pagamento dei servizi medesimi (abbonamento o pagamento a consumo).

Come si è già visto, le attività di promozione e di *marketing* giocano, perciò, un ruolo centrale nella strategia di BSkyB. Da esse dipendono il consolidamento e la crescita della base abbonati, il mantenimento del rapporto con essa ed il rafforzamento del proprio marchio attraverso le campagne promozionali. Per persuadere i non abbonati a sottoscrivere un abbonamento ad uno dei propri pacchetti, il *marketing* di BSkyB deve realizzare iniziative di promozione e comunicazione collegate all'identità e alla composizione dei pacchetti medesimi, mentre ai telespettatori già abbonati è utile destinare strumenti di tipo più marcatamente informativo, quali Teletext ed EPG, al fine di illustrare dettagliatamente il panorama complessivo dell'offerta di programmi.

Secondo quanto affermato dal responsabile del *marketing* di BSkyB nel corso di un'intervista, dal punto di vista del messaggio pubblicitario l'azienda preferisce puntare sul prodotto, piuttosto che sull'immagine globale dell'impresa. La convinzione è che, almeno inizialmente, l'utente decida di abbonarsi al servizio non già per fregiarsi di uno *status symbol*, ma per fruire di contenuti che effettivamente lo interessano (vero è però che, in un secondo momento, BSkyB cerca di offrire ai propri abbonati servizi e vantaggi di cui soltanto essi possono godere, inducendo in loro l'idea di far parte di un «club» esclusivo). Più precisamente, per quanto riguarda le campagne di sensibilizzazione nei confronti dell'abbonamento, BSkyB cerca di persuadere gli utenti del fatto che il pagamento di un abbonamento costituisce un atto meno dispendioso di quanto possa sembrare di primo acchito, specialmente in rapporto alla ricchezza della proposta commerciale offerta; per far ciò l'operatore utilizza una strategia volta ad evidenziare il costo giornaliero dell'abbonamento, che fornisce un'impressione di maggiore accessibilità rispetto all'indicazione di importi mensili o annuali. Fra gli strumenti utilizzati da BSkyB per incentivare gli abbonamenti e contribuire a rafforzare le relazioni con gli abbonati vi sono poi diverse forme di *marketing* diretto: il *mailing*, le promozioni speciali, il Teletext, il Centro di Assistenza Telefonica, l'EPG ecc. Per quanto riguarda le prime due forme BSkyB possiede una Direzione Abbonati addetta al *customer care*, che si occupa dell'invio di materiale promozionale agli abbonati, del controllo delle disdette e del mantenimento del portafoglio clienti. Le promozioni speciali sono poi disponibili anche presso i rivenditori autorizzati che espongono il marchio della *pay TV* anglo-australiana.

Come osservato nel primo capitolo, le *pay TV* non hanno dei semplici telespettatori, ma degli abbonati con i quali è cruciale mantenere il contatto: «il concetto di servizio dopo la vendita è [perciò] fondamentale [...]. Il dialogo con l'abbonato è naturale e rientra nella gestione dell'abbonamento»[86]. La gestione degli abbonati e dunque la cura e la conoscenza dell'utente finale rappresentano un elemento centrale della politica commerciale di un operatore multicanale e multiservizio a pagamento come BSkyB. Una rete di ascolto e di comunicazione al servizio degli utenti è infatti fondamentale in un mercato determinato dalla domanda come quello delle *pay TV* (poiché l'abbonamento è il frutto di una scelta liberamente compiuta dal telespettatore). L'abbonato deve sentirsi ascoltato e quasi «coccolato», donde la necessità di individuare prodotti, servizi, modalità di pagamento e strumenti di erogazione sempre migliori e più personalizzati. Per questo è importante per un operatore multicanale come BSkyB disporre di un *customer relationship management center* che spieghi chiaramente come può essere effettuato l'abbonamento, che risponda a domande di tipo tecnico senza ricorrere all'aiuto di un installatore e soprattutto che illustri dettagliatamente l'offerta disponibile.

86 RICHERI, *La tv che conta*, Baskerville, Bologna, 1993, p. 151.

Se si applica a BSkyB la rappresentazione di catena del valore proposta da Andersen Consulting[87] e illustrata nel par. 5.6, si osserva che quest'impresa televisiva si profila come un unico operatore verticalmente integrato, che incorpora in un unico soggetto i differenti ruoli di *rights holder*, *content producer* (specialmente di servizi interattivi), *rights dealer*, *programme packager* e *aggregator*, *network*, *access provider* e *Customer Premises Equipment vendor* (le ultime due attività vengono svolte rispettivamente da Gemstar e da NDS Group, controllate di News Corporation). Schematicamente:

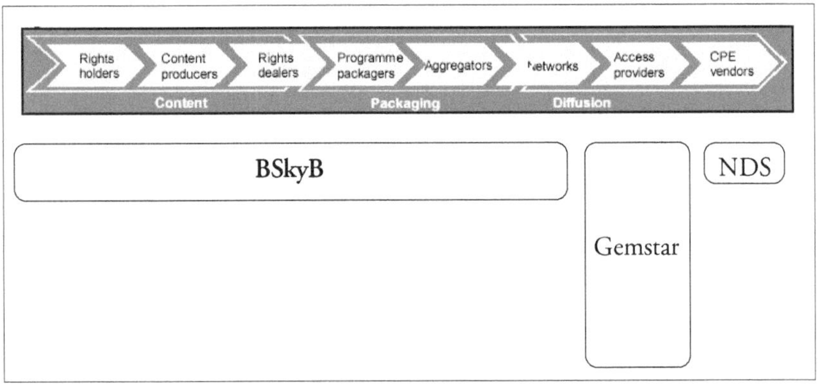

fig. 5 – (Andersen Consulting, Outlook of the development of technologies and markets for the European Audiovisual sector up to 2010, p. 60)

Attualmente, il modello di BSkyB, si basa sull'integrazione verticale fra le funzioni di *content provider*, *packager* e *gatekeeper*. A monte, l'impresa produce alcuni programmi e altri ne acquista da terzi insieme ai relativi diritti di trasmissione (sport e film), al centro confeziona pacchetti di canali e servizi per diversi *target* di pubblico e a valle, quale gestore del più efficace sistema di distribuzione *(gateway)*, vincola gli utenti attraverso i propri apparati di accesso alla rete. In questo modo BSkyB svolge un ruolo di vero e proprio «guardiano» *(gatekeeper)* del punto di passaggio obbligato fra domanda e offerta, funzione che assume mag-

87 ANDERSEN CONSULTING, *Outlook of the development of technologies and markets for the European Audiovisual sector up to 2010*, Bruxelles, 2002, p. 60.

giore rilevanza con la transizione alla televisione digitale[88]. In particolare, attraverso Sky digital, BSkyB è editore di piattaforma che catalizza l'offerta e la articola in chiave di *marketing*, rendendo disponibile agli abbonati l'infrastruttura di servizio necessaria per accedere ai contenuti; è *packager* di differenti canali forniti da editori di contenuto inglesi e stranieri; gestisce le reti di distribuzione, per le quali è sia produttore che editore di contenuti; è responsabile della commercializzazione dei pacchetti di offerta, della gestione degli abbonati (inclusa l'abilitazione al servizio e l'assistenza ai clienti). Attraverso questa strategia integrata a monte (produzione di contenuti e detenzione di diritti) e a valle (gestione dei canali di distribuzione) BSkyB controlla l'intera catena economica dei servizi digitali: essa, infatti, si occupa anche della gestione dei canali di distribuzione (etere, cavo oltre che satellite) e dei decodificatori. Poiché peraltro la prima attività «rappresenta una componente di costo fissa molto elevata che condiziona la redditività dei singoli canali»[89], BSkyB ha affittato il maggior numero di *transponder* sui satelliti adibiti alle trasmissioni digitali e ha subaffittato la loro capacità di trasmissione ai canali che compongono i propri *bouquet*. La seconda attività ha rappresentato poi un fattore critico di successo per l'impresa televisiva, dal momento che sin dalla nascita della propria offerta digitale BSkyB ha sviluppato un sistema di accesso condizionato incompatibile con quello di altri operatori e l'ha integrato nei *decoder* distribuiti in collaborazione con le principali aziende produttrici (Panasonic, Grundig, Pace ecc.).

E ancora, in ordine alla fase di diffusione del contenuto e dei servizi, BSkyB come *network* trasmette attraverso la propria infrastruttura ed è responsabile dello sviluppo, della manutenzione e delle operazioni dell'infrastruttura stessa. Più precisamente, BSkyB è anche *access provider*, in quanto è responsabile dello sviluppo della piattaforma digitale e dei *set top box*, della fatturazione e della gestione del rapporto con il consumatore.

88 Come sostiene HORSMAN, *op. cit.*, p. 198, BSkyB è «*a integrated business, that's why it's in digital terrestrial, cable, satellite you know smoke signals, what ever the platforms are, we're a programme deliverer*».

89 DEMATTÉ-PERRETTI, *op. cit.*, p. 24.

Il *modus operandi* di BSkyB evidenzia in maniera estremamente efficace la relazione che deve esistere tra le due funzioni strategiche – *packager* di contenuti (a monte) e gestore del sistema di distribuzione o *gatekeeper* (a valle) – per garantire all'operatore la massimizzazione del profitto. La prima di queste funzioni, che è quella strategicamente più importante, in quanto più marcatamente catalizza l'interesse del pubblico televisivo, ma che è pure la meno controllabile in quanto più aperta alla competizione, viene decisamente penalizzata rispetto alla seconda, in ordine alla quale BSkyB opera in posizione di monopolio: in questo modo l'operatore *pay* sposta la redditività del *business* tutta sul lato del *gateway* (il sistema di distribuzione), penalizzando i fornitori dei contenuti, per i quali l'accesso alla piattaforma BSkyB rappresenta l'unica reale opportunità di ingresso nel mercato televisivo.

Il fornitore dei servizi, in quanto elemento di raccordo e di mediazione tra domanda e offerta, non solo dunque consente la diffusione dei servizi, ma determina anche le stesse condizioni per la creazione del mercato nel suo complesso. Il raggiungimento della massa critica spinge dunque l'operatore a farsi carico, in rapporto ai diversi mezzi di distribuzione, di tutte le fasi del processo, dall'*hardware* al *software*, dalla realizzazione e adeguamento delle infrastrutture allo sviluppo dei sistemi di codifica e decodifica.

In conclusione ed in sintesi, si ritiene che BSkyB abbia avuto successo per i seguenti principali motivi:

a. qualità e diversificazione dell'offerta rispetto ai canali in chiaro presenti in Gran Bretagna;
b. capacità di promozione e di *marketing;*
c. carattere di sistema proprietario del *decoder;*
d. disponibilità di apparati di ricezione di facile installazione e di prezzo accessibile;
e. capillarità della rete di vendita degli abbonamenti e di installazione degli apparati di ricezione;
f. vastità ed innovatività dell'offerta dei servizi interattivi.

Conclusioni

Come sostengono Chalaby e Segell[1], la digitalizzazione sta trasformando non solo il modo in cui guardare ed utilizzare la televisione, ma anche il modo in cui la televisione viene fatta e l'impresa televisiva viene gestita. Con l'avvento del digitale si sviluppa, infatti, un nuovo modello di impresa televisiva: la c.d. impresa televisiva multicanale e multiservizio, la cui offerta può essere *pay* (es. BSkyB) o *free* (es. Freeview).

Dalla dettagliata analisi di BSkyB e dalle osservazioni sui modelli di ITV Digital, Quiero TV e Freeview, è ora possibile fare alcune precise considerazioni.

L'impresa televisiva multicanale e multiservizio è un'impresa che opera attraverso reti via cavo, via satellite e terrestre in grado di offrire una molteplicità di canali televisivi e di servizi interattivi.

Nel suo insieme, l'offerta è caratterizzata da:

- servizi diffusivi (ossia i programmi televisivi);
- servizi interattivi *(enhanced broadcasting, interactive broadcasting* e *internet access).*

Per quanto riguarda i servizi diffusivi, essa si distingue in:

- canali ad abbonamento *basic;*
- canali ad abbonamento *premium;*
- canali *pay per view;*
- canali *near video on demand.*

1 CHALABY-SEGELL, *The broadcasting media in the age of risk: the advent of digital television*, in *New Media and Society*, vol. I,3, Sage Publications, Londra, 1999, pp. 351–367.

I canali *basic* propongono per lo più una programmazione monogenere (es. musica, sport, ragazzi, viaggi, bambini ecc.), in grado di soddisfare gli interessi di specifiche categorie di utenza. Nonostante nessuno di questi canali sia orientato ad un pubblico di massa, la loro offerta è comunque in grado, nel suo complesso, di attrarre un consistente bacino di utenza. È peraltro importante rilevare che il costo di approvvigionamento di codesti contenuti (fino a 20 volte inferiore al costo dei canali *premium*) rende ulteriormente vantaggioso l'ampliamento della loro programmazione.

I canali *premium* offrono programmi focalizzati su determinate tipologie di contenuti, come lo sport e il cinema. Tipici generi di questi canali sono i film di più recente produzione e gli sport capaci di attrarre i vari pubblici nazionali. Gli eventi sportivi *premium* sono però limitati per definizione, in quanto il loro prezzo di acquisto è in genere molto elevato.

I due principali generi televisivi dei canali *premium* possono essere offerti anche dalla *pay per view*, attraverso una forma di pagamento al consumo, collegata al singolo evento o servizio richiesto direttamente dall'utente.

Infine, i canali *near video on demand* completano l'offerta dei servizi diffusivi. Il *near video on demand* è la messa in onda dello stesso film su canali diversi ad orari prestabiliti e consiste nella sua trasmissione a intervalli regolari.

I servizi di *pay per view* e di *near video on demand* rappresentano il primo servizio fortemente potenziato dall'introduzione della tecnologia digitale, oltre che un efficace elemento di traino dell'offerta complessiva, che mette a disposizione dell'utente prodotti di forte richiamo (cinema e sport) pagabili a consumo e fruibili a orari differenziati.

Ispirandosi all'offerta dell'impresa televisiva a pagamento e superando i limiti della tradizionale offerta monocanale, la proposta commerciale dell'impresa multicanale e multiservizio è organizzata in aggregazioni di canali (pacchetti) con prezzi di abbonamento differenti. Le grandi categorie di generi offerti si suddividono in:

- programmi basati su contenuti a basso costo e talvolta destinati a pubblici di nicchia (es. sport minori);
- programmi basati su contenuti ad alto costo (es. film recenti, eventi sportivi di grande successo).

L'offerta di un'impresa multicanale e multiservizio non è però limitata alla programmazione televisiva (ossia ai servizi diffusivi), ma è arricchita da servizi interattivi. È necessario a tale proposito ricordare la distinzione tra servizi interattivi legati ai programmi televisivi trasmessi, che consentono agli utenti di ricevere informazioni (attraverso la guida elettronica) sulla programmazione aggiornata in tempo reale e sui programmi del palinsesto settimanale, oppure, di selezionare autonomamente i punti di ripresa degli eventi sportivi e televotare, e i servizi interattivi indipendenti dalla programmazione televisiva, come ad esempio i servizi transattivi *(t-commerce)*, che permettono di fare acquisti, giocare, scommettere, gestire le proprie finanze ed organizzare un sistema di contabilità domestica ecc.

Solitamente, al fine di meglio sorvegliare il comportamento dell'utente e di sottolineare il ruolo del televisore come punto di aggregazione e smistamento di un'offerta sempre controllata, l'offerta dei servizi interattivi è organizzata nel c.d. *walled garden.*

Sempre tenendo conto di quanto osservato per BSkyB, si può affermare che nella gamma dei servizi diffusivi quelli in grado di generare la maggior parte degli abbonamenti sono i canali *premium* che offrono contenuti in esclusiva (sport e film) e orientano incisivamente le decisioni di acquisto dei telespettatori.

Nella gamma dei servizi interattivi, invece, quelli di maggior successo, in ordine decrescente, sono:

- la guida elettronica dei programmi;
- l'interazione con i contenuti dei programmi;
- i videogiochi *on-line;*

- le scommesse;
- la pubblicità interattiva;
- il *t-commerce*, *t-banking* ecc.

Per quanto concerne le risorse, oltre alle tradizionali fonti economiche legate ai servizi diffusivi, un'impresa multicanale e multiservizio può fare affidamento su:

- la pubblicità interattiva;
- la percentuale sul valore delle transazioni e del *t-commerce*;
- il diritto d'entrata che i fornitori dei servizi interattivi (banche, video, giochi *on-line*, operatori *t-commerce*, scommesse ecc.) pagano per esser presenti nel *walled garden;*
- la percentuale sulle entrate da traffico telefonico generato dall'utilizzo del canale di ritorno degli abbonati: infatti, quando l'utente utilizza un servizio interattivo, ad esempio vota all'interno di un *reality show* per un protagonista piuttosto che per un altro, deve pagare il costo della chiamata, il cui importo profitta in parte alla compagnia telefonica e in parte all'impresa televisiva;
- la commercializzazione dei dati degli utenti dei servizi. Ad esempio quando un'impresa multicanale e multiservizio trasmette una pubblicità interattiva, può vendere all'impresa che pubblicizza il suo prodotto, i dati degli utenti che vi hanno partecipato e ricevere in cambio una somma per ogni «contatto».

In generale, si può quindi affermare che per avere successo (da un punto di vista economico), un'impresa televisiva multicanale e multiservizio deve adottare una strategia molto più complessa delle imprese televisive precedenti che deve contemporaneamente prevedere:

- la fidelizzazione degli abbonati, ossia la riduzione del tasso di abbandoni *(churn)*, adottando quindi un efficiente sistema di gestione dei rapporti con i clienti e proponendo un'offerta varia e di qualità per i telespettatori;
- l'incremento del numero di abbonati, diversificando i servizi offerti e potenziando le attività di *marketing* e di promozione;

- l'incremento dell'ARPU *(Average Revenue Per User)*;
- l'incremento del numero di fornitori nel *walled garden*;
- l'incremento dei nuovi servizi interattivi forniti da terzi (percentuale su transazione e percentuale su traffico telefonico).

L'interattività offerta dalla televisione è sicuramente una grande opportunità di innovazione dei servizi, ma richiede al contempo un mutamento abbastanza forte nell'atteggiamento e nei comportamenti d'uso della televisione da parte delle famiglie.

In generale, l'attrazione dell'interattività televisiva si basa sul fatto che essa offre ai potenziali consumatori una maggiore flessibilità e personalizzazione delle scelte di consumo insieme all'opportunità di partecipare e di essere coinvolti direttamente in esperienze ed eventi a distanza. Ma per sfruttare l'interattività in modo sostanziale e soddisfacente, è necessario assumere decisioni precise su obiettivi e strategie di consumo, quindi conoscenze e competenze per distinguere e ottenere ciò che si vuole nell'ampia gamma della proposta commerciale. Sul fronte dell'offerta l'interattività permette di avere un rapporto più diretto e personalizzato con gli utenti, quindi anche forme di *customer care* più mirate. Ma presuppone anche investimenti consistenti sia di allestimento dei servizi sia di gestione dei servizi e degli utenti. L'interattività rappresenta anche una grande opportunità per generare nuove entrate economiche, ma richiede una particolare attenzione sul fronte dei fornitori, che devono investire energie e risorse notevoli nella messa in forma dei servizi, e il superamento di barriere psicologiche, culturali e tecniche sul fronte di una elevata percentuale di pubblico.

Prossime ricerche

La sostituzione della televisione analogica con quella digitale è un'occasione di forte modernizzazione non solo della televisione, ma anche dei servizi in dotazione alle famiglie. Sarebbe necessario approfondire meglio gli aspetti seguenti:

- l'analisi della segmentazione dei contenuti e dei servizi per categoria di pubblico potenziale in modo da spiegare quali sono i contenuti e i servizi capaci di attrarre l'interesse delle famiglie in modo da motivarle all'acquisto dei terminali digitali;
- quale tipologia di risorse economiche sarà in grado di sostenere l'offerta di nuovi programmi, di nuovi canali e di nuovi servizi, che dovranno essere accessibili a tutti indiscriminatamente. Da una parte, il pagamento spontaneo di un abbonamento esclude dall'accesso ai canali una parte consistente delle famiglie, dall'altra il finanziamento pubblicitario non sembra in condizione di crescere abbastanza da sostenere la moltiplicazione dei canali televisivi e le risorse pubbliche non sembrano in grado di crescere abbastanza per sostenere lo sviluppo della tv digitale terrestre in chiaro, sia per obiettive difficoltà giuridiche che per ragioni di opportunità;
- la possibilità di portare a domicilio un'ampia gamma di servizi è evidente, così come è evidente la gamma di servizi interattivi che si possono combinare con la programmazione televisiva. L'incognita riguarda sia i fornitori che gli utenti: da un lato, dalle esperienze in corso, è chiaro che la maggior parte dei fornitori di servizi interattivi non ha trovato ancora le forme capaci di coinvolgere e interessare gran parte degli utenti potenziali; dall'altro lato, gli utenti devono acquisire competenze culturali, comportamentali e tecniche per sfruttare al meglio i servizi interattivi.

Si ritiene quindi interessante, da un lato, vedere come questi aspetti appena menzionati saranno affrontati di qui allo spegnimento della trasmissione analogica, e quale modello di *business (pay o free)* prevarrà in seguito ad esso nell'impresa multicanale e multiservizio in Europa e, dall'altro lato, analizzare anche il rapporto tra le strategie adottate dai governi in materia di televisione digitale e la formazione di un nuovo modello di impresa.

Fonti

Bibliografia

AIROLDI G., BRUNETTI G., CODA G., *Economia aziendale*, il Mulino, Bologna, 1994.

ALBARRAN A. B., *Understanding Markets, Industries and Concepts*, in *Media Economics*, Iowa State University Press, 1996.

ALESSI A., *Dalla televisione analogica alla diffusione digitale terrestre: regole per la transazione*, in *La tv diventa digitale. Scenari per una difficile transizione*, a cura di E. Fleischner e B. Solmavico, Franco Angeli, Milano, 2002.

AMENDOLA A., *La regolamentazione della convergenza*, in *Quella deficiente della TV*, a cura di F. De Domenico, M. Gavrila e A. Preta, Franco Angeli, Milano 2002.

ANDERSEN CONSULTING, *Outlook of the development of technologies and markets for the European Audiovisual sector up to 2010*, Bruxelles, 2002.

ANDERSEN CONSULTING, *The impact of digital television on the supply of programmes*, Bruxelles, 1998.

AUTORITÀ PER LE GARANZIE NELLE COMUNICAZIONI, *Relazione annuale sull'attività svolta e sui programmi di lavoro*, Roma, 2001.

AUTORITÀ PER LE GARANZIE NELLE COMUNICAZIONI, *Relazione annuale sull'attività svolta e sui programmi di lavoro*, Roma, 2002.

BAIN J. S., *Barriers to New Competition*, Harvard University Press, Cambridge, 1956.

BASS F. M., *A New Product Growth Model for Consumer Durables*, in *Management Sciences*, Institute for Operations Research and the Management Sciences, Evanston, vol. XV, n. 5, 1969.

BIPE, *Digital Switchover in Broadcasting*, Parigi, 2002.

BIZZARRI L., SOLAROLI L., *L'industria cinematografica italiana*, Parenti, Firenze, 1958.

BOGI D., *La televisione interattiva*, in *Quella deficiente della TV*, a cura di F. De Domenico, M. Gavrila e A. Preta, Franco Angeli, Milano 2002.

BOOZ ALLEN HAMILTON, *Funding European Broadcasting: the Challenge for the 1990s*, Working Paper, Londra, 1998.

BOOZ ALLEN HAMILTON, *Televisioni*, Milano, Febbraio 2002.

BSKYB, *Form 20-F, Securities and Exchange Commission*, Washington, 2002.
BSKYB, *Press release*, Londra, febbraio 2003.
BUSTAMANTE E., ÁLVAREZ J. M., *Il mercato televisivo in Spagna*, in *Il mercato televisivo italiano nel contesto europeo*, a cura di A. Perrucci e G. Richeri, il Mulino, Bologna, 2003.
CHALABY J. K., SEGELL G., *The broadcasting media in the age of risk: the advent of digital television*, in *New Media and Society*, vol. I,3, Sage Publications, Londra, 1999.
CHAN-OLMSTED S., KANG J. W., *Theorizing the strategic architecture of a broadband television industry*, in *Journal of Media Economics*, Lawrence Erlbaum Associates, Londra, vol. XVI, n.1/2003.
COLLINS R., GARNHAM N., LOCKSLEY G., *The economics of television*, Sage Publications, Londra, 1988.
COMMISSIONE EUROPEA, *Libro verde sulla convergenza tra i settori delle telecomunicazioni, dell'audiovisivo e delle tecnologie dell'informazione e sulle sue implicazioni normative*, Bruxelles, 1997.
DE DOMENICO F., *I linguaggi della Tv globale*, in *Quella deficiente della TV*, a cura di F. De Domenico, M. Gavrila e A. Preta, Franco Angeli, Milano 2002.
DE KERCHOVE D., *Brainframes*, Baskerville, Bologna, 1993.
DE MATTEIS TORTORA G., *La Tv digitale terrestre spagnola Quiero TV; il switch off della domanda*, in *La tv diventa digitale. Scenari per una difficile transizione*, a cura di E. Fleischner e B. Solmavico, Franco Angeli, Milano, 2002.
DE VESCOVI F., *Il mercato della televisione*, il Mulino, Bologna, 1997.
DEMATTÈ C., PERRETTI F., *L'economia della pay-tv digitale*, in *Problemi dell'informazione*, il Mulino, Bologna, marzo 1997.
DEMATTÈ C., PERRETTI F., *L'impresa televisiva*, Etas Libri, Milano, 1997.
DOYLE G., *Understanding media economics*, Sage Publications, Londra, 2002.
DUNNET P., *The world television industry: an economic analysis*, Routledge, Londra, 1990.
EBU, *The positioning of digital terrestrial television in Western Europe*, Ginevra, 2002.
FLORSHEIM J., *Interactive TV: learning from the first three years*, intervento del 26.11.2002.
FORRESTER C., *The business of digital television*, Focal Press, Oxford, 2000.
GAMBARO M., RICCIARDI C. A., *Economia dell'informazione e della comunicazione*, Laterza, Bari, 1997.
GAMBARO M., SILVA F., *Economia della televisione*, il Mulino, Bologna, 1992.
GRANT R. M., *L'analisi strategica nella gestione aziendale*, il Mulino, Bologna, 1991.
HENDERSON B., *The origin of strategy*, in *Harvard Business Review*, Harvard 1/1989.
HORSMAN M., *Sky High*, Orion Business, Londra, 1997.

HUMPHREYS P.J., *Mass Media and Media Policy in Western Europe*, Manchester University Press, Manchester, 1996.
INFORMA MEDIA GROUP, *Digital Broadcasting Revolution*, Londra, 2001.
INFORMA MEDIA GROUP, *Global Digital TV*, Londra, 2003.
LISCIA R., DUBINI P., BATTOCCHIO R., *L'impresa multimediale*, Etas Libri, Milano, 1992.
MALLARDO M., *I mercati televisivi*, in *Il futuro della tv*, a cura di A. Borri, Laterza, Bari, 1991.
MASON E., *Price and Production Policies of Large Scale Enterprises*, in *American Economic Review*, marzo 1939.
MEYER L., FONTANE G., *Sviluppo della televisione digitale nell'Unione Europea*, Rapporto IDATE, Bruxelles, 2000.
MONTRUCCHIO S., *Dalla televisione di flusso alla televisione interattiva*, in *La tv diventa digitale. Scenari per una difficile transizione*, a cura di E. Fleischner e B. Solmavico, Franco Angeli, Milano, 2002.
NEGROPONTE N., *Essere digitali*, Milano, Sperling & Kupfer Editori, 1995.
NIZZOLI F., *La «migrazione digitale» e le migrazioni editoriali*, in *La tv diventa digitale. Scenari per una difficile transizione*, a cura di E. Fleischner e B. Solmavico, Franco Angeli, Milano, 2002.
NORA S., MINC A., *Convivere con il calcolatore. Rapporto sull'informatica al presidente della repubblica francese*, Milano, Bompiani, 1979.
NUNBERG G., *«kon-ver-jen(t)s: A History»*, Forbes ASAP, New York, 1999.
OCDE, *Telecommunications and Broadcasting: Convergence or Collision?*, Parigi, 1991.
ONG W.J., *Oralità e scrittura*, il Mulino, Bologna, 1976.
PAGANI M., *La TV nell'era digitale: le nuove frontiere tecnologiche e di marketing della comunicazione televisiva*, Egea, Milano, 2000.
PAPATHANASSOPOULOS S., *European Television in the digital age*, Polity Press, Cambridge, 2002.
PARKER R., *The Economics of Digital TV's Future*, in *The economics, technology and content of digital TV*, a cura di D. Gerbarg, Kluwer Academic Publishers, Massachusetts, 1999.
PAROLINI C., *Rete del valore e strategie aziendali*, Egea, Milano, 1996.
PELOSSI M., *Convergence entre le régime juridique des télécommunications et de la radiodiffusion*, in *Le droit des télécommunications en mutation*, Editions Universitaires Fribourg, Friburgo, 1999.
PERRUCCI A., RICHERI G., *Il mercato televisivo italiano nel contesto europeo*, il Mulino, Bologna, 2003.
PICARD R.G., *Media Economics*, Sage Publications, Londra, 1989.

PILATI A., *Alternative d'uso nel disegno dei nuovi sistemi ad alta capacità*, in *Quaderni dell'istituto di economia dei media*, Fondazione Rosselli, Milano, n. 9, luglio 1999.

PILATI A., *Lo sviluppo della televisione europea negli anni Novanta*, in *L'industria della comunicazione in Italia*, Sesto rapporto, IEM, Guerini e Associati, Torino, 2002.

PILATI A., RICHERI G., *La fabbrica delle idee*, Baskerville, Bologna, 2000.

PORTER M. E., *Il vantaggio competitivo*, Edizioni di Comunità, Milano, 1996.

PORTER M. E., *La strategia competitiva. Analisi per le decisioni*, Editrice compositori, Bologna, 1982.

PRARIO B., A *Multi-Channel and Multi-Service Television Platform: The Case of BSkyB*, in *6th World Media Economics Conference*, Montreal, Canada, 12–15 maggio 2004.

PRETA A., *Il futuro della televisione*, Rapporto Federcomin, Italmedia Consulting, Milano, 2000.

PRETA A., *Il nuovo sistema della comunicazione*, in *I media verso la convergenza*, a cura di A. Preta, Edizioni Quattro Venti, Urbino, 1998.

PRETA A., *La Tv multichannel*, in *Quella deficiente della TV*, a cura di F. De Domenico, M. Gavrila e A. Preta, Franco Angeli, Milano, 2002.

PUGLIESE L., *La catena del valore dei media nella concorrenza*, Booz Allen Hamilton, Milano, 2002.

PUGLIESE L., *Next Tv*, Olivares Edizioni, Milano, 2003.

RAI, *I sistemi radiotelevisivi esteri. Europa, Stati Uniti, Giappone*, Analisi Studi e Ricerche, Roma, 1998.

RICHERI G., *Il mercato televisivo in Italia*, in *Il mercato televisivo italiano nel contesto europeo*, a cura di A. Perrucci, G. Richeri, il Mulino, Bologna, 2003.

RICHERI G., *La Tv che conta*, Baskerville, Bologna, 1993.

RICHERI G., *Le prospettive della televisione digitale alla luce dell'esperienza internazionale*, in *L'industria della comunicazione in Italia*, Settimo rapporto IEM, Guerini e Associati, Torino, 2004.

RICHERI G., *Le reti-mercato e l'economia dell'industria editoriale*, Centro Studi San Salvador di Telecom Italia, Venezia, 1995.

RICHERI G., *Media audiovisivi: condizioni e prospettive di sviluppo*, in *Economia della Cultura*, il Mulino, Bologna, 1/2001.

RICHERI G., *Reti di trasmissione digitali terrestri: una strategia di lungo periodo*, in *La televisione digitale terrestre: tendenze di sviluppo, vantaggi e problemi*, Quaderni dell'istituto di economia dei media, Fondazione Rosselli, Milano, aprile 1999.

RIZZA N., *Costruire palinsesti*, Nuova Eri, Roma 1989.

Rogers E., *Diffusion of Innovations*, The Free Press, New York, 1962.
Salvatore V., *Concorrenza televisiva e diritto comunitario*, CEDAM, Padova, 1993.
Sargant N., *Learning for TV: the Next Ten Years*, in un intervento tenuto alla British Royal Society of Arts, Londra, dicembre 1986.
Schroeder H. D., Dreier H., Hasebrink U., *Il mercato televisivo in Germania*, in *Il mercato televisivo italiano nel contesto europeo*, a cura di A. Perrucci e G. Richeri, il Mulino, Bologna, 2003.
Scianò F., *Parole che durano*, Usigrai, Roma, 2003.
Sigismondi A., *La situazione della Tv digitale terrestre in Italia: inevitabile, allettante, piena d'incognite*, in *La tv diventa digitale. Scenari per una difficile transizione*, a cura di E. Fleischner e B. Solmavico, Franco Angeli, Milano, 2002.
Sky, *Fact Book*, Londra, 2002.
Sky, *Leadership Forum Cascade Pack*, Londra, 2002.
Spitz M., *Fattori critici di successo delle televisioni nazionali europee nel mercato degli anni '90*, Difo-Druck GmbH, Bamberga, 1993.
Stipp H., *Convergence now?*, in *The International Journal on Media Management*, MCM Institute, San Gallo, vol. I, 1999.
Tracey M., *The decline and fall of public service broadcasting*, Oxford University Press, Oxford, 1998.
UBS Warburg, Londra, 2003.
Vannucchi G., *Il nuovo scenario e le principali sfide dei «broadcaster» radiotelevisivi*, in *Telecomunicazioni e liberalizzazione in Italia*, a cura di A. Roveri, ANIE, Milano, 2000.
Vannucchi G., *Le tecnologie della convergenza: evoluzione storica verso la Società dell'informazione*, in un intervento al seminario «Convergenza e Società dell'Informazione», Capri, 2001.
Walker J. R., Fergurson D. A., Long J., Sauter K., *The broadcast television industry*, Allyn & Bacon, New York, 1998.
Writz B. W., *Convergence processes, value constellations and integration strategies in the multimedia business*, in *The International Journal on Media Management*, MCM Institute, San Gallo, maggio 2001.

Interviste

Cipriani C., Commercial Manager, ora *Head of Commercial and Interactive Music channels*, 3 marzo 2003.
Daper V., Fraser R., *Corporate Communications*, 5 marzo 2003.
Freeman B., *New Product Development*, 5 marzo 2003.

KINGSTON R., *Corporate finance*, 4 marzo 2003.
MC WILLIAM G., *Strategy Manager*, 4 marzo 2003.
PARKER G., *Strategic Business Modelling*, 5 marzo 2003.
PARRY G., *Strategy Manager*, 5 marzo 2003.
PEARCHE M., *Head of Communications*, Sky Interactive, 4 marzo 2003.
SAUL T., *Interactive Manager*, 4 marzo 2003.
SHEPPARD A., *Channels and Operations Executive*, 3 marzo 2003.
TREMELLEN R., *Strategy Manager*, 5 marzo 2003.
YOUNG M., *Head of Cable Management*, *Commercial Group*, 4 marzo 2003.

Testi legislativi

COMMISSIONE EUROPEA, Direttiva 89/552/CEE, «Televisione senza frontiere», 1989.
COMMISSIONE EUROPEA, Libro verde sulla convergenza tra i settori delle telecomunicazioni, dell'audiovisivo e delle tecnologie dell'informazione e sulle sue implicazioni normative, 1997.
USA, Communication Act of 1934.
USA, The Sherman Anti-Trust Act of 1890.
USA, The Clayton Act of 1914.
USA, The Radio Act of 1927.
USA, The Telecommunication Act of 1996.
USA, Fifth Report and Order, 1997.
USA, Sixth Report and Order, 1997.
FRANCIA, Loi n° 86-1067 du 30 septembre 1986.
GERMANIA, Gesetz gegen Wettbewerbsbeschränkungen (Gwb), 1999.
GRAN BRETAGNA, A New Future for Communications, 2000.
GRAN BRETAGNA, The Broadcasting Act 1990.
GRAN BRETAGNA, The Broadcasting Act 1996.
ITALIA, Legge 31 luglio 1997, n. 249.
ITALIA, Legge 20 marzo 2001, n. 2001.
ITALIA, Libro bianco sulla televisione digitale terrestre, 2001.
SPAGNA, Ley 46/1983, Reguladora de tercer canal de televisión.
SPAGNA, Real Decreto 2169/1998.

Allegato 1

Dati economici di BSkyB

	Year ended June 30,					
	1999	2000	2001	2002	2003	2003[1]
	(in millions except per share data)					
Profit and Loss Account: Amounts in accordance with UK GAAP						
DTH subscriber revenues	£ 979	£ 1.189	£ 1.537	£ 1.929	£ 2.341	$ 3.870
Cable and DTT subscriber revenues	253	303	299	279	202	334
Advertising revenues	217	242	271	251	284	469
Interactive revenues	–	5	93	186	218	361
Other revenues	96	108	106	131	141	233
Group turnover	1,545	1,847	2,306	2,776	3,186	5,267
Operating expenses, net, before amortization of goodwill and operating exceptional items	(1,360)	(1,762)	(2,146)	(2,584)	(2,815)	(4,653)
Amortization and impainment of intangible fixed assets	–	–	(44)	(118)	(122)	(202)
(Provision against) release of provision against remaining unprovided ITV Digital programming debtors	–	–	–	(23)	5	8
Estimated cost of reorganization of Sky Interactive	–	–	(23)	–	–	–
Cost of abortive Man Utd bit	(6)	–	–	–	–	–
Estimated cost of transitioning analog customers to digital service	(450)	(58)	–	–	–	–
Estimated cost of termination of analog operations	–	(41)	–	4	–	–
Estimated cost of Sky In-Home Service Limited reorganization	–	(6)	–	–	–	–
Operating expenses, net	(1,816)	(1,867)	(2,213)	(2,721)	(2,932)	(4,847)
Operating (loss) profit	(271)	(20)	93	55	254	420
Share of operating results of joint ventures	(58)	(122)	(256)	(76)	3	6
Joint ventures' goodwill amortization, net*	–	(14)	(101)	(1,070)	–	–
Loss profit on sale of fixed asset investments	–	(1)	–	2	–	–
Share of joint venture's loss on sale of fixed asset investments	–	(14)	(70)	–	–	–
Amounts written off fixed asset investments, net	–	–	(39)	(60)	(15)	(25)
(Provision) release of provision for loss on disposal of subsidiary	–	–	(10)	10	–	–
Interest receivable and similar income	4	11	18	11	4	6
Interest payable and similar charges	(59)	(103)	(153)	(148)	(118)	(195)
Exceptional finance (charges) credits	(5)	–	3	–	–	–
(Loss) profit on ordinary activities before taxation	(389)	(263)	(515)	(1,276)	128	212
Tax on (loss) profit on ordinary activities	103	65	(24)	(107)	2	103
(Loss) profit on ordinary activities after taxation	(286)	(198)	(539)	(1,383)	190	315
Equity dividends – paid and proposed	(47)	–	–	–	–	–
Retained (loss) profit	(333)	(198)	(539)	(1,383)	190	315
(Loss) earnings per share – basic	(16.6p)	(11.3p)	(29.2p)	(73.3p)	9.9p	16.4c
(I.oss) earnings per share – diluted	(16.6p)	(11.3p)	(29.2p)	(73.3p)	9.8p	16.2c
Dividends per share[2]	2.8p	–	–	–	–	–
Dividends per share[2] (US dollars at date of payment)	4.5c	–	–	–	–	–

* Included within joint ventures' goodwill amortization of £ 1.070 million for fiscal 2002 is £ 971 million in respect of an impaiment of KirchPayTV goodwill (see Notes 4 and 14 of Item 18).
All results relate to continuing operations.

	Year ended June 30,					
	1999	2000	2001	2002	2003	2003[1]
	(in millions except per share data)					
Amounts in accordance with US GAAP						
Total revenues	£1,644	£1,911	£2,296	£2,707	£3,082	$5,094
Amortization and impaiment of intangible fixed assets	(12)	(12)	(58)	(145)	(6)	(8)
Operating profit (loss)	118	(247)	(176)	(30)	370	610
Joint ventures' goodwill amortization, net	–	(10)	(71)	(712)	–	–
Income (loss) before income tax	2	(473)	(660)	(940)	259	428
Net (loss) income	(14)	(351)	(625)	(1,047)	286	473
Basic (loss) earnings per share	(0.8p)	(20.1p)	(33.8p)	(55.5p)	14.9p	24,7c
Diluted (loss) earnings per share	(0.8p)	(20.1p)	(33.8p)	(55.5p)	14,7p	24.3c
Basic (loss) earnings per ADS	(3.2p)	(80.3p)	(135.4p)	(221.9p)	59.7p	98.6c
Diluted (loss) earnings per ADS	(3.2p)	(80.3p)	(135.4p)	(221.9p)	58,9p	97,4c

	As at June 30,					
	1999	2000	2001	2002	2003	2003[1]
	(in millions)					
Balance Sheet:						
Amounts in accordance with UK GAAP						
Total assets	£1,187	£3,280	£3,877	£2,201	£2,025	$3,347
Long-term debt	(715)	(1,412)	(1,768)	(1,577)	(1,152)	(1,904)
Total liabilities	(1,735)	(2,483)	(2,816)	(2,502)	(2,131)	(3,522)
Net (liabilities) assets	(548)	797	1,061	(301)	(106)	(175)
Sharholders' (deficit) funds	(548)	797	1,061	(301)	(106)	(175)
Capital stock	1,566	3,123	3,920	3,870	3,806	6,291
Shares in issue (number)	1,726	1,826	1,889	1,893	1,938	1,938

	As at June 30,					
	1999	2000	2001	2002	2003	2003[1]
	(in millions)					
Amounts in accordance with US GAAP						
Total assets	£1,428	£3,060	£4,209	£2,853	£2,810	$4,645
Long-term debt	(715)	(1,412)	(1,768)	(1,577)	(1,152)	(1,904)
Total liabilities	(1,327)	(2,379)	(3,359)	(2,994)	(2,362)	(3,904)
Net assets (liabilities)	101	681	850	(141)	448	741
Sharholders' funds (deficit)	101	681	850	(141)	448	741
Capital stock	1,566	3,123	3,920	3,879	3,806	6,291
Shares in issue (number)	1,726	1,826	1,889	1,893	1,938	1,938

	As at June 30,				
	1999	2000	2001	2002	2003
	(in thousands)				
Distribution of Sky Channels					
DTH subscribers	3,460	4,513	5,453	6,101	6,845
Cable subscribers	3,778	3,735	3,486	4,001	3,871
DTT– UK	204	740	1,105	–	1,510
Total UK and Ireland	7,442	8,988	10,044	10,192	12,226

Allegato 2

Dati finanziari di BSkyB

CONSOLIDATED BALANCE SHEETS

	Notes	June 30. 2002 £m	June 30. 2003 £m
Fixed assets			
Intangible assets	12	657.4	535.9
Tangible assets	13	343.0	346.2
Investments			
Investments in joint ventures: Share of gross assets		88.8	86.8
: Share of gross liabilities		(68.5)	(59.0)
: Transfer to creditors		1.6	2.6
Total investment in joint ventures	14	21.8	30.4
Other fixed asset investments	15	107.1	78.5
Total investments		128.9	108.9
		1,129.3	991.0
Current assets			
Stocks	16	414.2	370.4
Debtors: Amounts falling due within one year			
– deferred tax assets	18	13.9	30.8
– other		387.0	363.3
	17	400.9	394.1
Debtors: Amounts falling due after more than one year			
– deferred tax assets	18	24.9	159.0
– other		182.1	63.9
	17	207.0	222.9
Cash at bank and in hand		50.3	46.4
		1,072.4	1,033.8
Creditors: Amounts falling due within one year			
– short-term borrowings	19	(1.5)	(0.2)
– other creditors	19	903.9	(955.0)
		(905.4)	(955.2)
Net current assets		167.0	78.6
Total assets less current liabilities		1,296.3	1,069.6
Creditors: Amounts falling due after more than one year			
– long-term borrowings	20	(1,576.9)	(1,151.6)
– other creditors	20	(16.0)	(20.5)
		(1,592.9)	(1,172.1)
Provisions for liabilities and charges	22	(4.1)	(3.2)
		(300.7)	(105.7)
Capital and reserves – equity			
Called-up share capital	23	946.7	968.9
Share premium	24	2,409.8	2,535.5
Shares to be issued	24	255.8	2.7
Merger reserve	24	266.7	299.0
Profit and loss account	24	(4,179.7)	(3,911.8)
Total shareholders' deficit	24	(300.7)	(105.7)

CONSOLIDATED CASH FLOW STATEMENTS

	Notes	2001 £m	2002 £m	2003 £m
		June 30.		
Net cash inflow from operating activities	a	38.9	249.7	663.6
Dividends received from joint ventures		–	–	4.0
Returns on investments and servicing of finance				
Interesr received and similar income		4.6	8.8	3.2
Interest paid and similar charges on external financing		(118.6)	(141.0)	(127.3)
Interest element of finance lease payments		(1.7)	(0.6)	(0.5)
Net cash outflow from returns on investments and servicing of finance		(115.7)	(132.8)	(124.6)
Taxation				
UK corporation tax paid		–	–	(17.6)
Consortium relief (paid) received		(16.2)	22.5	(0.3)
Net cash (outflow) inflow from taxation		(16.2)	22.5	(17.9)
Capital expenditure and financial investment				
Payments to acquire tangible fixed assets		(133.3)	(100.8)	(98.4)
Payments to acquire fixed asset investments		(25.5)	–	–
Receipts from sales of tangible fixed assets		–	–	0.6
Receipts trom sales of fixed asset investments		–	0.4	0.8
Receipts from sales of intangible fixed assets		0.2	0.6	–
Purchase of own shares for Employee Share Ownership Plan ("BSCP")		–	(26.9)	–
Net cash outflow from capital expenditure and financial investment		(158.6)	(126.7)	(97.0)
Acquisition and disposals				
Purchase of subsidiary undertakings		(27.3)	–	–
New cash acquired with subsidiary undertakings		11.7	–	–
Funding to joint ventures		(137.3)	(11.6)	(14.6)
Repayments of funding from joint ventures		–	4.8	4.5
Net cash outflow from acquisitions and disposals		(152.9)	(6.8)	(10.1)
Net cash (outflowl) inflow before management of liquid resources and financing		(404.5)	5.9	418.0
Management of liquid resources				
Decrease in short-term deposits	c	85.0	69.5	0.5
Financing				
Proceeds from issue of Ordinary Shares		6.5	14.3	4.8
Payments made on the issue of Ordinary Shares		(3.5)	(1.8)	(0.1)
Capital element of finance lease payments	b	(2.1)	(1.7)	(1.6)
Net increase (decrease) in total debt	b	359.7	(190.0)	(425.0)
Net cash inflow (outflow) from financing		360.6	(179.2)	(421.9)
Increase (decrease) in cash	c	41.1	(106.8)	(3.4)
(Increase) decrease in net debt	c	(401.5)	18.4	422.7

CONSOLIDATED CASH FLOW STATEMENTS – (continued)

a) Reconciliation of operating profit to operating cash flows

	2001			2002			2003		
	Before goodwill and acceptional items	Goodwill and acceptional items	Total	Before goodwill and acceptional items	Goodwill and acceptional items	Total	Before goodwill and acceptional items	Goodwill and acceptional items	Total
Operating profit (loss)	160.2	67.4	92.8	191.5	139.5	55.0	370.7	(116.7)	254.0
Depreciation	64.1	7.0	71.1	81.1	–	81.1	97.9	–	97.9
Amortization of goodwill and other intangible fixed assets	–	44.3	44.3	0.1	118.3	118.4	–	121.5	121.5
Profit on sale of fixed assets	–	–	–	–	–	–	(0.3)	–	(0.3)
(Increase) decrease in stock	(43.1)	–	(43.1)	9.9	–	9.9	43.8	–	43.8
(Increase) decrease in debtors	(23.4)	–	(23.4)	77.9	22.3	100.2	88.0	–	88.0
(Increase) decrease in creators	59.8	–	59.8	(80.5)	–	(80.5)	59.6	–	59.6
Provision provided (utilized), net	0.3	(162.9)	(162.6)	(0.8)	(34.1)	(34.4)	(0.9)	–	(0.9)
Net cash inflow (outflow) from operating activities	217.9	(179.0)	38.9	279.7	(30.0)	249.7	658.8	4.8	663.6

b) Analysis of changes in net debt

	At July 1, 2001	Cash flow	At July 1, 2002	Cash flow	At June 30 2003
	£m	£m	£m	£m	£m
Overnight deposits	91.9	(53.2)	38.7	(6.0)	32.7
Other cash	61.7	(50.6)	11.1	2.6	13.7
	153.6	(103.8)	49.8	(3.4)	46.4
Short-term deposits	70.0	(69.5)	0.5	(0.5)	–
Cash at bank and in hand	223.6	(173.3)	60.3	(3.9)	46.4
Debt due after more than one year	(1,759.1)	190.0	(1,569.1)	425.0	(1,144.1)
Finance leases	(11.0)	1.7	(9.3)	1.6	(7.7)
Total debt	(1,770.1)	191.7	(1,578.4)	426.6	(1,151.8)
Total net debt	(1,546.5)	18.4	(1,528.1)	422.7	(1,105.4)

c) Reconciliation of net cash flow to movement in net debt

	2001	2002	2003
	£m	£m	£m
Increase (decrease) in cash	41.1	(103.8)	(3.4)
Decrease in short-term deposits	(85.0)	(69.5)	(0.5)
Cash (inflow) outflow resulting from (increase) decrease in debt and lease financing	(357.6)	191.7	426.6
(Increase) decrease in net debt	(401.5)	18.4	422.7
Net debt at beginning of year	(1,145.0)	(1,546.5)	(1,528.1)
Net debt at end of year	(1,546.5)	(1,528.1)	(1,105.4)

Bobjoseph Mathew

The WTO Agreements on Telecommunications

Bern, Berlin, Bruxelles, Frankfurt am Main, New York, Oxford, Wien, 2003.
XV, 262 pp.
Studies in Global Economic Law. Vol. 6
Edited by Thomas Cottier
ISBN 3-03910-033-5 / US-ISBN 0-8204-6271-3 pb.
sFr. 74.– / € 51.– / €** 47.70 / £ 31.– / US-$ 56.95*

* includes VAT – only valid for Germany and Austria ** does not include VAT

Under the World Trade Organization (WTO) Agreement on Telecommunications Services, 72 member states have made commitments with regard to the increasing international competition in the telecommunications sector. This book provides a comprehensive overview of the regulatory framework at a multilateral level. It deals with the growing importance and the technological evolution of the telecommunications sector. Furthermore, it describes the negotiations on telecommunications at WTO level. The book gives insights into the provisions of the Annex on Telecommunications and describes their impact on the services industry. Moreover, the commitments relating to basic telecommunications are analyzed. The author specifically examines the reference paper which sets out rules for competition in the telecommunications sector and interprets these provisions in the light of the existing multilateral rules.

Contents: WTO / ITU – Annex on Telecommunications – Schedule of Commitments on Basic Telecommunications – Reference Paper – Competition Law – Telecommunications Law.

«Mathew hat ein konsistentes, kenntnisreiches Werk vorgelegt, das [...] hohen Ansprüchen gerecht wird.» (Ludwig Gramlich, Zeitschrift für ausländisches öffentliches Recht und Völkerrecht)

The Author: Bobjoseph Mathew, born in 1973, read law and graduated at the University of Fribourg. He obtained his doctoral degree from the University of Berne. The present study was written at the Department of Economic Law and the World Trade Institute, Berne. He also completed a postgraduate course in Information Systems at the Department of Informatics at the University of Fribourg, Switzerland.

Katharine Sarikakis

Powers in Media Policy

The Challenge of the European Parliament

Oxford, Bern, Berlin, Bruxelles, Frankfurt am Main, New York, Wien, 2004.
212 pp., 11 tables
ISBN 3-03910-146-3 / US-ISBN 0-8204-6956-4 pb.
sFr. 60.– / € 41.20 / €** 38.50 / £ 27.– / US-$ 45.95*

* includes VAT – only valid for Germany and Austria ** does not include VAT

Contrary to widespread rhetoric of deregulation, the media are objects of increased global policy. Generators of cultural spheres, within which social consensus is formed, the media are shaped by national and supranational agencies of questionable legitimacy. Policy delineates the form and content of global communications impinging on cultures, discourses and consciousness; yet, citizen representation in processes of policy-making remains fragmentary.

In this insightful study, the author examines the role of the European Parliament, as the only international organisation directly accountable to and elected by citizens, in the formation of media policy. This critical account of supranational representation identifies the structural and ideological dynamics of powers in European media policy. Through detailed examination of major policies, the author demonstrates the conditions under which supranational representation can offer a resisting force to unaccountable global powers, and the ways in which it can contribute to system transformation and defend communication spaces.

Contents: Institutional structures and European integration – Governance and parliamentary representation – Representational politics, media and policy – Constructing the broadcasting market – Policies of the extremes? The cases of public service broadcasting and media ownership concentration – Media policy and the context of supranational parliamentary representation – Transformations: global interdependence and governance.

The Author: Katharine Sarikakis (PhD) is Senior Lecturer in International Communications and Media Policy at Coventry University. Her research interests are in the area of globalisation and in particular, international political economic aspects and the role of institutions in media policy, technology and gender.

Benno Keller

Competition and Regulation in Telecommunications

Theory and Application to Switzerland

Bern, Berlin, Bruxelles, Frankfurt am Main, New York, Oxford, Wien, 2003.
XX, 248 pp., 28 fig., 5 tables
European University Studies: Series 29, Social Economics. Vol. 17
ISBN 3-03910-201-X / US-ISBN 0-8204-6869-X pb.
sFr. 72.– / € 49.60 / €** 46.40 / £ 33.– / US-$ 55.95*

* inkl. MWSt. – nur gültig für Deutschland und Österreich ** exkl. MWSt.

In 1998, the Swiss telecommunications industry was liberalized. Liberalization resulted in significant price reductions and in an increased pace of innovation. However, it did not evolve without frictions. The Swiss Telecommunications Act of 1998 contains several regulatory provisions in order to address problems that arise with competition in the telecommunications sector. Among these problems are the need to provide universal service, the presence of (potential) natural monopoly segments in telecommunications networks, and network externalities. They raise difficult issues of regulation and antitrust. To explore these issues, this study develops a number of game-theoretic models of telecommunications competition in different competitive environments, taking positive network externalities into account.

The Author: Benno Keller was born in Zürich in 1971. Between 1991 and 1996, he studied economics and management in Freiburg (Switzerland) and Bologna (Italy). From 1997 to 2001 he worked as a research and teaching assistant at the Seminar of Political Economy (University of Freiburg) with Prof. Dr. Gerhard Aschinger. Benno Keller obtained his PhD in 2003. He is currently working for the Swiss Competition Commission in Bern.

PETER LANG
Bern · Berlin · Bruxelles · Frankfurt am Main · New York · Oxford · Wien

Kolibri 360 GmbH
Ferdinand-Jühlke-Straße 7
99095 Erfurt, Deutschland
produktsicherheit@kolibri360.de

Druck:
CPI Druckdienstleistungen GmbH
im Auftrag der
Kolibri 360 GmbH
Ferdinand-Jühlke-Str. 7
99095 Erfurt